種から種へ
命つながる
お野菜の一生

はじめに

にらのお話

わざわざ野山まで出かけなくても、今暮らしている街の中で植物を楽しむことはできないだろうか。

そんなことを考えながら、2019年に『そんなふうに生きていたのね　まちの植物のせかい』という本を書きました。

駅前ロータリーや、通勤・通学ルート、買い物にいく途中の道などに生きる植物だって、そこにぐんぐん近付いていけば、とっても豊かな世界が広がっています。

たとえば、こんな感じ……。

街を歩いていると、とってもかわいい
星型の花を発見しました。

なんだろうこれは。と思い
他にも探してみると

もっとたくさん咲いている
ものもありました。

あっ、これがつぼみだ。

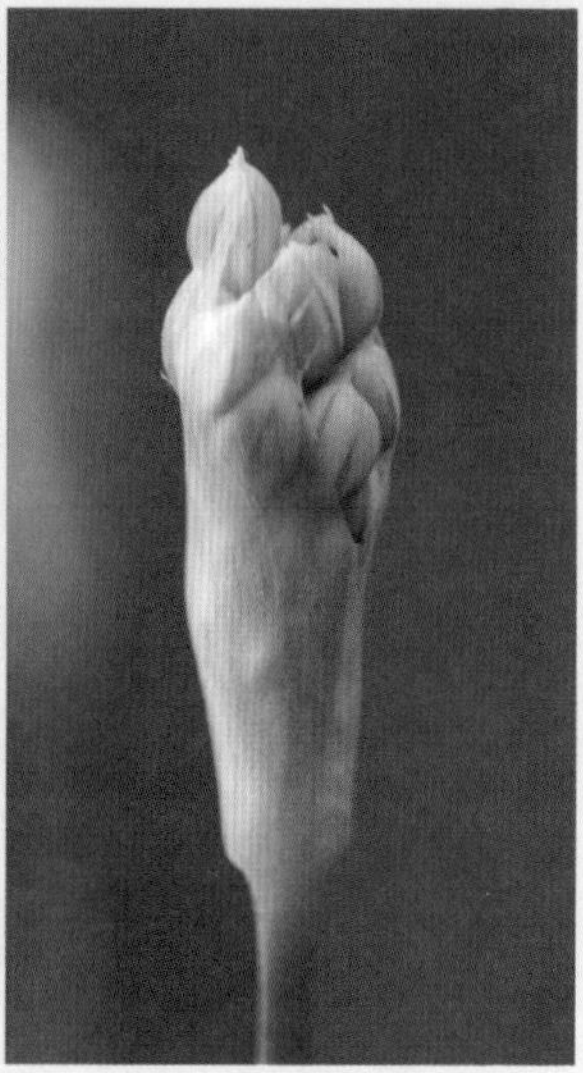

ぽこぽこっと花が飛び出してくる
様子がかわいらしいです。

一歩離れて見ると、
こんな姿をしています。

今度は
葉っぱに注目。

あれ？　このかたち、
もしかして……。

ちょっと思い当たることがあったので、葉っぱをちぎってにおいを確かめてみます。クンクン、この独特のにおい。やっぱり、あれか？

更にダメ押しで確認すべく、葉っぱをかじってみます。

おぉ！　これは間違いありません。にらの味だ！

あっ、
ここにも
生えてる。

野菜であるはずのあなたが、なんでこんなところに生えているのだろう。本来は畑にいるべきものなんじゃないの？

と疑問に感じつつも時は経ち、

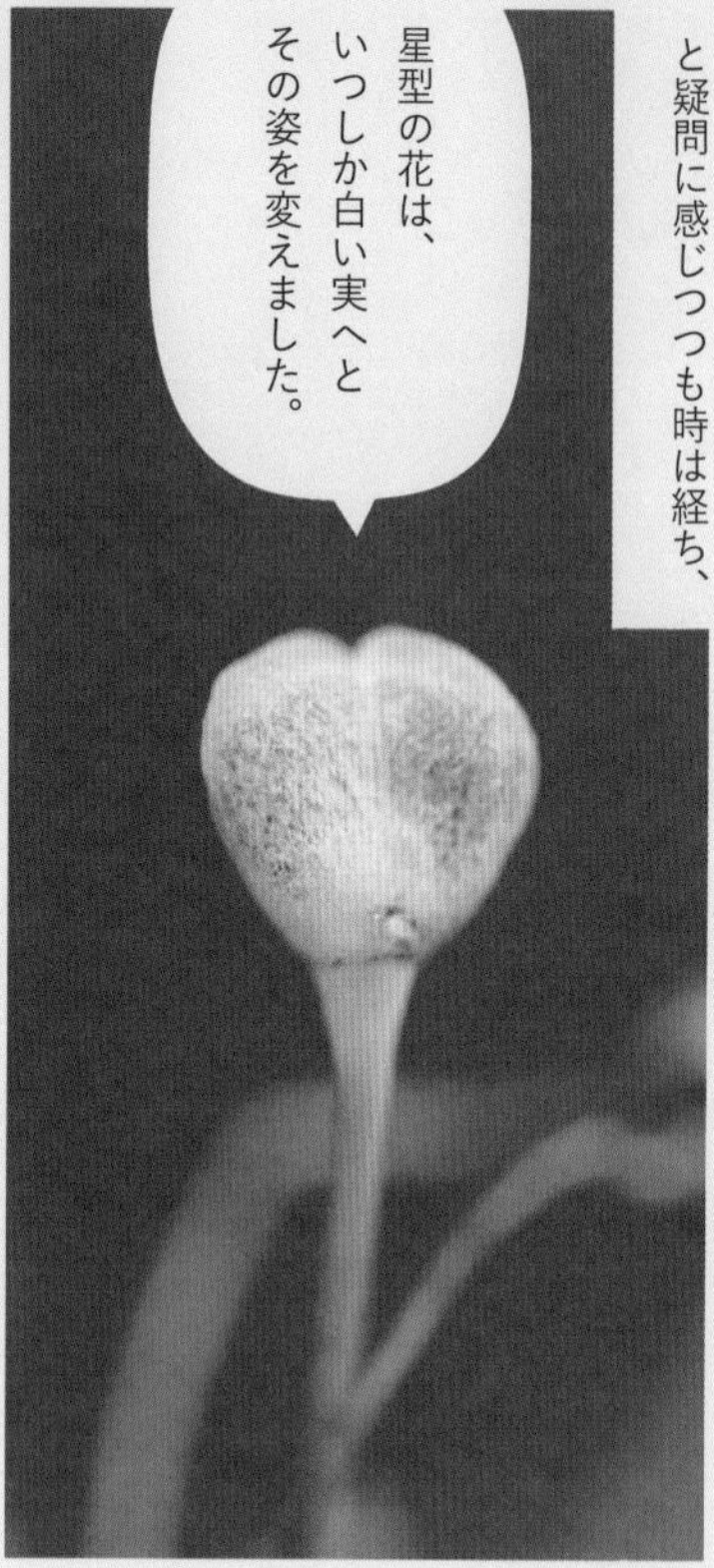

星型の花は、
いつしか白い実へと
その姿を変えました。

パカッと割れると、
中から黒い種が
出てきます。

あっ、そうか！　この種が、畑から路上へこぼれ出たのか。路上で花を咲かせ、種をこぼして、というのを繰り返すことで、街中にもよく生えるようになったのかしら。

てことは、この種って、うちの庭にまいても育つのだろうか。

さっそく実験。採取した種を庭にまいてみました。

さぁどうかな？　と見守ること数日。

出ました！
これが
にらの芽生え!!
にらのはじまりってこんなに
か細いのかぁ。ここから路上の過酷な
環境でも平気で生きていけるように
なるなんて信じられません。
結構たくましい植物なんだなぁ。

よし、あなたはこれからまた畑に生きる野菜として育ってくれよ。と声がけをしながら、もしかして、野菜って育てて収穫するだけじゃなくて、ちゃんと「植物の成長」として観察したら面白いのではないだろうか？ そんな考えが頭をよぎりました。だって、にらの花があんなにかわいいなんて知らなかったもの。

そう思ったらもう止まりません。次の瞬間にはノートに作付け計画を練りはじめ、やる気まんまんのわたし。ホームセンターに種を買いに走り、野菜観察三昧の日々が幕をあけることになったのでした。

しかしこのとき、わたしはまだ知りませんでした。野菜の世界が、どれだけ予想できない発見に満ちたものなのかを……。

目次

第二章　実を食べるお野菜

第三章　葉っぱを食べるお野菜

第五章　地下部分を食べるお野菜

第一章

種を食べるお野菜

落花生

科　名：マメ科

原産地：南アメリカ

ごま

科　名：ゴマ科

原産地：熱帯アフリカ

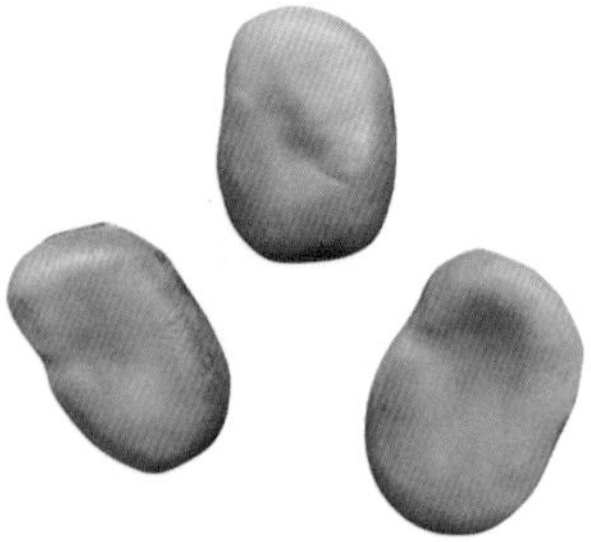

そらまめ

科　名：マメ科

原産地：西南アジア
（北アフリカとする説もある）

1月	2月	3月	4月	5月	6月	7月	8月	9月
		● 開花		◇ 収穫	◆ 種どり			

お米

科　名 ： イネ科
原産地 ： 中国西南部～インド東部
（複数の地域を起源とする説もある）

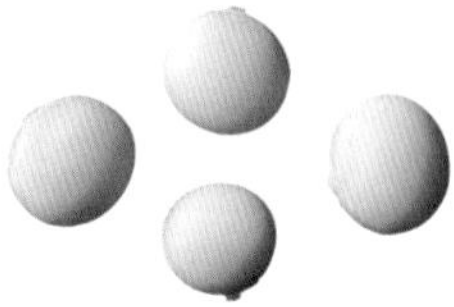

大豆

科　名 ： マメ科
原産地 ： 中国

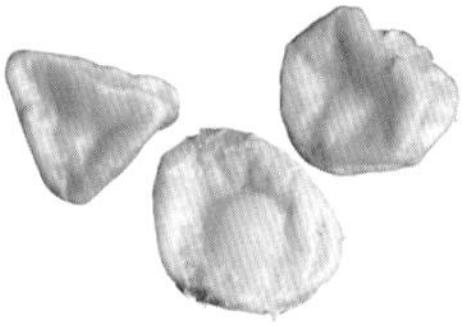

とうもろこし

科　名 ： イネ科
原産地 ： メキシコ～南米北部

観察メモ　○種まき　●開花　◇収穫　◆種どり

	4月	5月	6月	7月	8月	9月	10月	11月	12月
ごま			○種まき		●開花	◇収穫 ◆種どり			
落花生			○種まき	●開花			◇収穫 ◆種どり		
そらまめ									○種まき
大豆				○種まき	●開花		◇収穫	◆種どり	
お米		○種まき			●開花		◇収穫 ◆種どり		
とうもろこし		○種まき		●開花	◇収穫 ◆種どり				

※上記のカレンダーは著者がチャレンジした記録です。一般的な栽培カレンダーとは異なりますのでご注意ください。

種はこんなかたち（実物大）

種を食べるお野菜

ごまのお話

ある日、料理中にごまを使っていてふと気が付きました。

あっ、これって種そのものだ。

料理用のものはすでに炒ってあるので駄目だろうけど、炒ってないごまを庭にまいてみたら芽生えるのかしら。

ということで、育てる用のごまの種を入手し、6月に庭にぱらぱらっとまいてみました。

するとこんなに小さいのにちゃんと芽を出しました。

ごまっっっ!!!!
あなた、やっぱり種だったのね!!

6/28

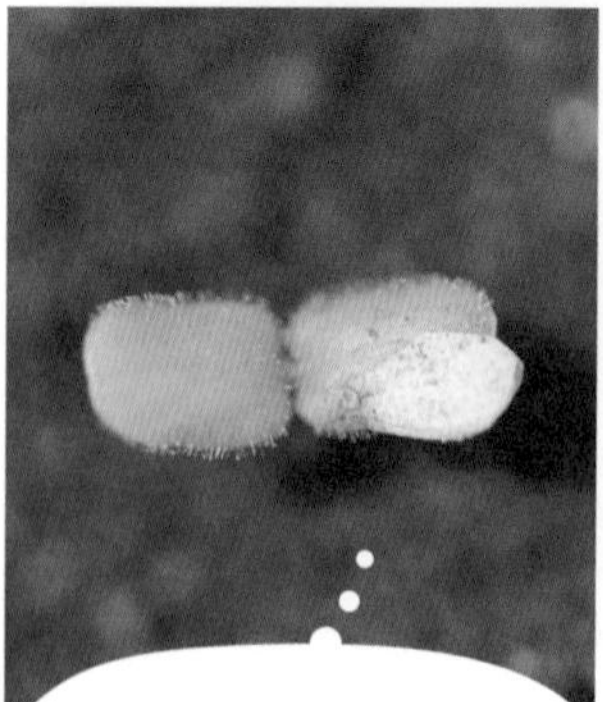

種って本当に凄い。と、その様子を見ていたら胸がドキドキしてきてしまったので、すぐに心に決めました。

※本書では、ひとつの株を定点観察したものに日付を表記しています。

あなたが実を結び、また
ごまになってかえってくるまで、
今年はずっと見守っているよ！

どんどん大きくなっていきます。

ちょっと大きくなりました。

夜は葉っぱを閉じてお休みしています。

7/24
葉っぱも大きくなってきました。

まいてから1か月弱ですっかり立派に。成長期ですねぇ。

8/5

おぉ！　これはまさか……。

花だ！
8/9

わたしは毎日見守っていたのでこれがごまだと分かりますが、いきなりこの花を見せられてごまだと分かる人は少ないのではないでしょうか。

花が落ちたあとには、こうして実の赤ちゃんがスタンバイ。

8/10

他の場所には花が落ちているものがありました。

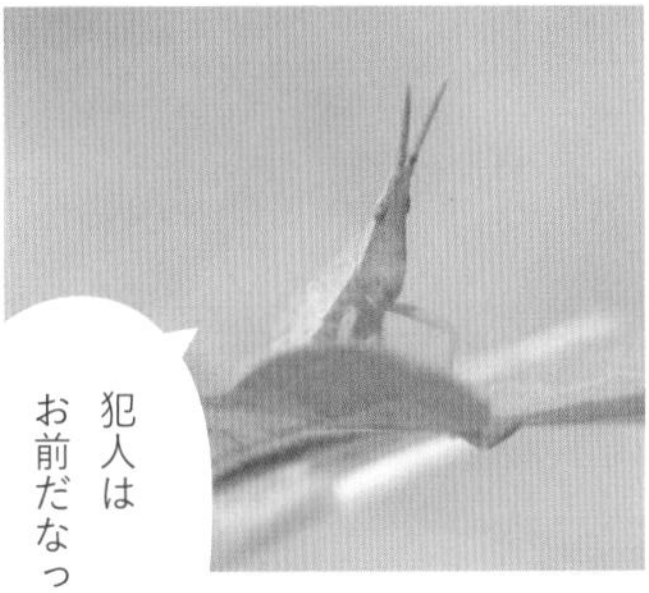
犯人は
お前だなっ！

と、色々心配しながらも時は経ち……

草丈115cm
それにしてもたくさん
食べられているなぁ。
大丈夫か、ごま。

うだる夏の暑さもなんのその。

実は少しずつ大きくなっていきます。

膨らんだ実は、その後少しずつ
茶色くなってきて

すっかりおでぶさん！

ついに
はじけます。
もうすでに季節は秋の入り口。
種をまいたのが梅雨どきだったので、
季節も随分と進んだものです。
これを上から
見てみると、
9/28

ごまだ！
さっそく実をひとつ
失敬して、おもむろ
に置いて撮影。

中はいくつかの部屋に分かれていて

その内のひとつを取り外すとこんな様子になっています。右下にちらっとごまが見えています。

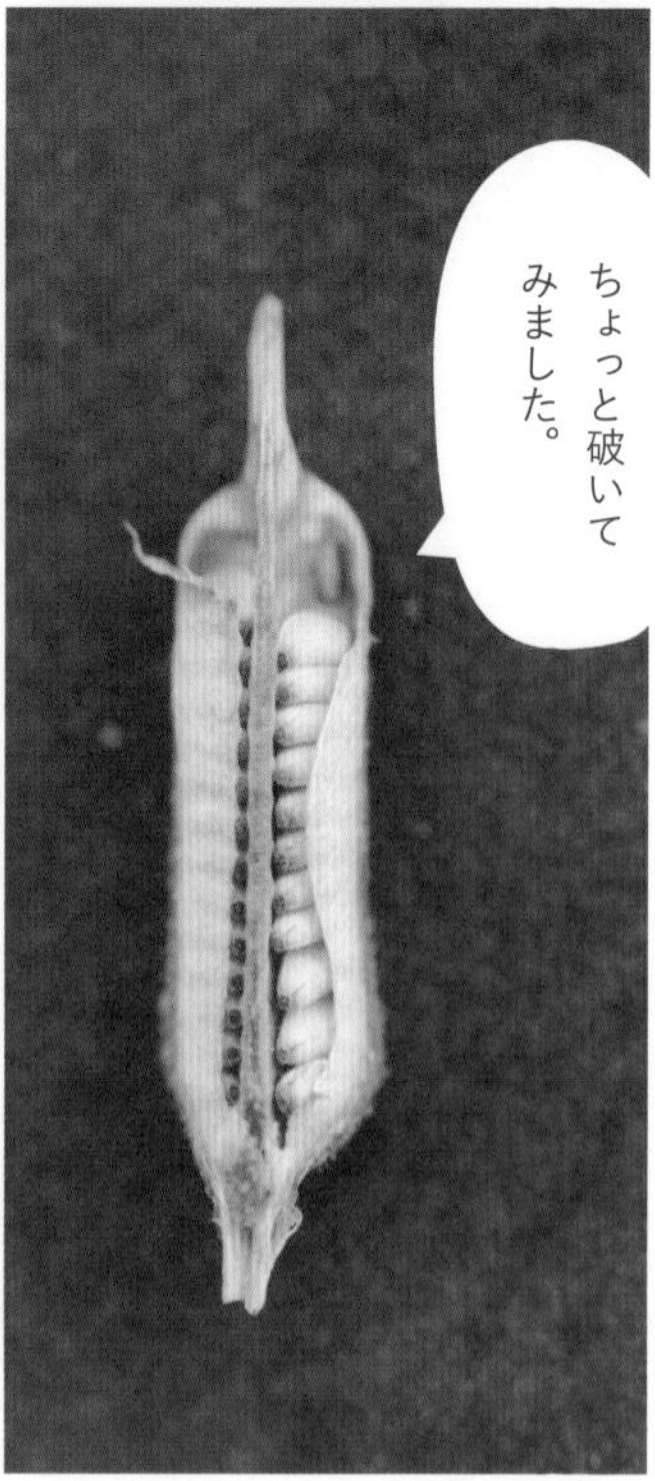

ちょっと破いてみました。

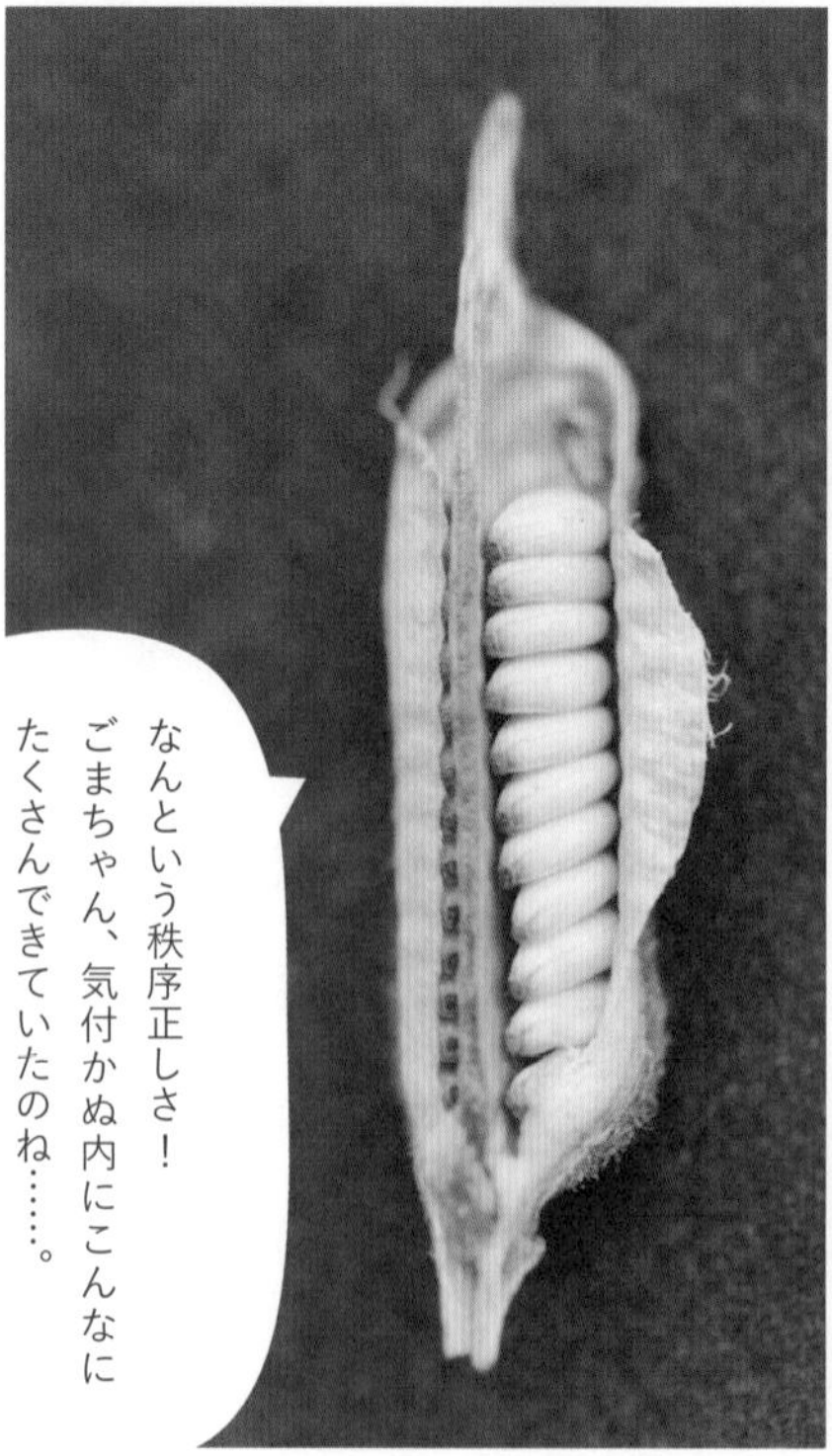

なんという秩序正しさ！
ごまちゃん、気付かぬ内にこんなにたくさんできていたのね……。

ひと粒、ふた粒……
と数えてみると、
その総数103粒！
ばぁ〜ん

あなたがうちの庭で芽を出してから今日で92日目。およそ3か月の長い旅を経て、ごま、無事にかえってまいりました！

ひとつの株にはいくつもの実が付くので、全体で考えるともの凄い数の種ができたことになります。たったひと粒のごまが、何千倍にもなってかえってくる。

これが種の力なんですね。

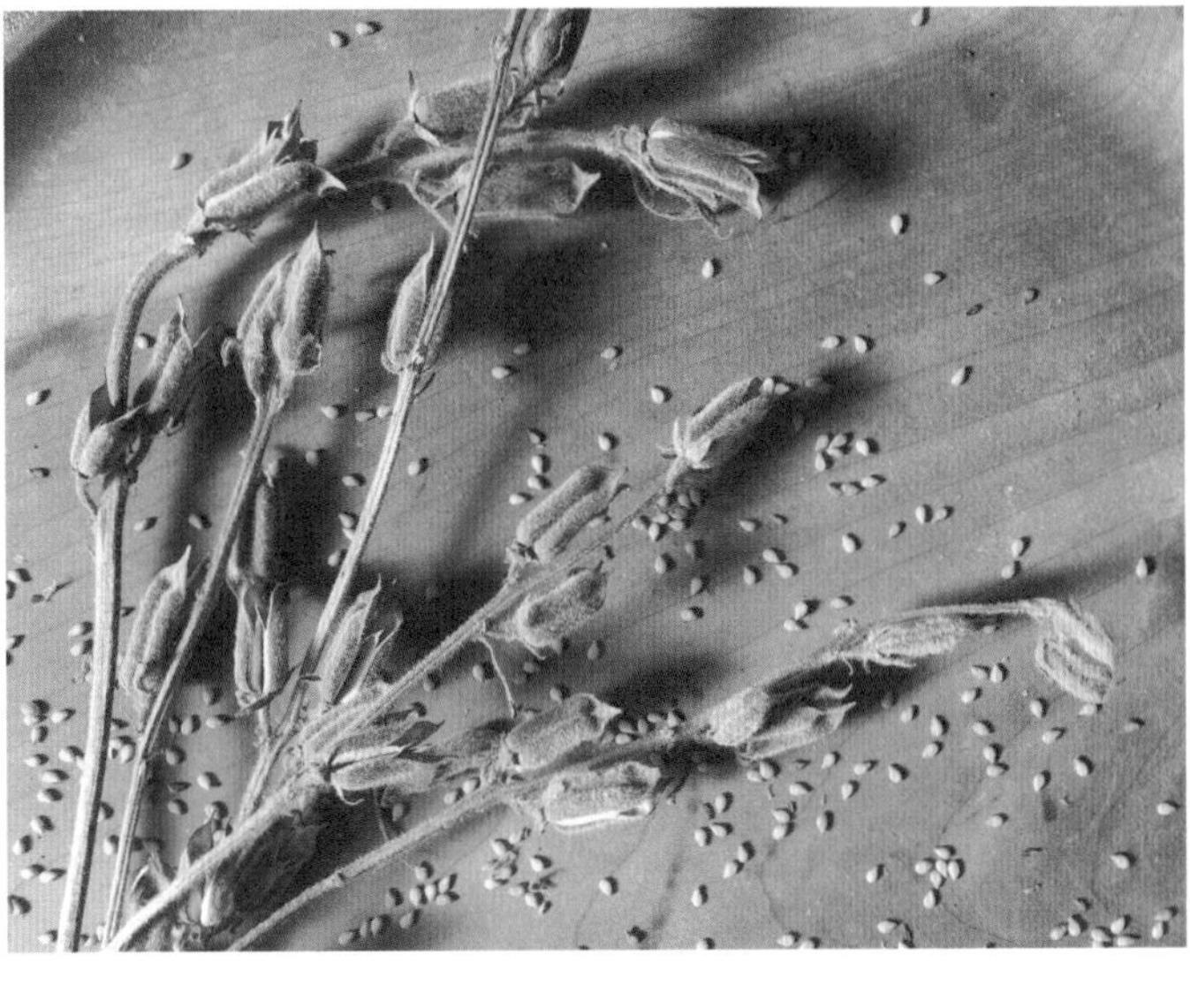

ごまの成長を確かめて、この世で一番偉大なのは種かもしれないな、と大げさに思いながら涙ぐむわたしなのでした。

種を食べるお野菜

落花生のお話

種はこんなかたち（実物大）

ごまの一生を見てとても感動したわたしですが、よく考えると種を食べている作物は他にもたくさんあるなぁと気が付きました。

落花生もそのひとつ。

これももしかして芽が出てくるのでは？　と思い、おもむろに庭に植え、5日ほど経った頃。

やっぱり芽生えた！
あれ、本来なら豆がパカッとふたつに割れて、
その中から葉っぱが出てくるはずなんだけど、どうもこれは割れなかったみたい。
どん！
6/22

大丈夫かな、育つかな。

と、いきなり心配になりましたが、芽生えはそのまますくすく成長していき

どんどん大きくなっていきます。

ここまでくるともうあの落花生の姿は思い出せませんね。

ん？

なんか黄色いのがある。

花だ！

これが落花生の花かぁ。

正面から見ると左右対称で蝶々のようです。これはマメ亜科に共通する花のかたち。この花を見るだけで、やっぱり豆の仲間なのね、と納得することができます。なかなかかわいいですね。

と、愛でているそばから、午後になればもう花は萎れてきて

くしゃくしゃになり

だらんと落ちていきます。
わたしここでピンときました。

はっ！　そういえば「落ちた花が生きる」と書いて落花生。
このまま花が地面の中に潜っていくのでは……？

というのも、収穫したことがある方はご存知だと思いますが、落花生の豆は地上ではなく地中にできるんですよね。

上の写真が落花生収穫時の様子。よっこいせと引き抜くと、豆が地中にいっぱいできているわけなのですが

ということは、この花がこれから地中に潜るということ？　そうじゃないと地中に実は付かないですよね。

いや、しかしこのか細い花がこれから潜っていけるようには到底見えないぞ。なんなのだ。きっと花が潜っていくための秘密があるはずだ。と、しばらく潜れ潜れ～！　とエールを送りながら観察していると

なんと、
決定的瞬間を発見。
花を付けたひょろひょろしたものの根元から、やけにしっかりしていそうな棒状のなにかが出てきました。

なるほど！　てっきり黄色い花がなんとかして土の中に潜っていくのだろうと思い込んでいましたが、そうではなくて、落花生は花が終わったあとに、また新たに子房《しぼう》の柄《え》を根元から伸ばしてくるという仕組みを持っていたのです。

これが伸びていき
ぷすっと地面に刺さるというわけ。
あぁ、これなら納得！

い、いやいや見てたらつい納得してしまいましたが、凄い方法ですね。こうした仕組みを持つ植物はそう多くないので、落花生の成長を庭で見られるのはとても貴重なことだと思います。

さて、それではこの土の中に潜り込んだ子房がどうなっていくのか、ちょっと土を失敬してのぞかせてもらうと

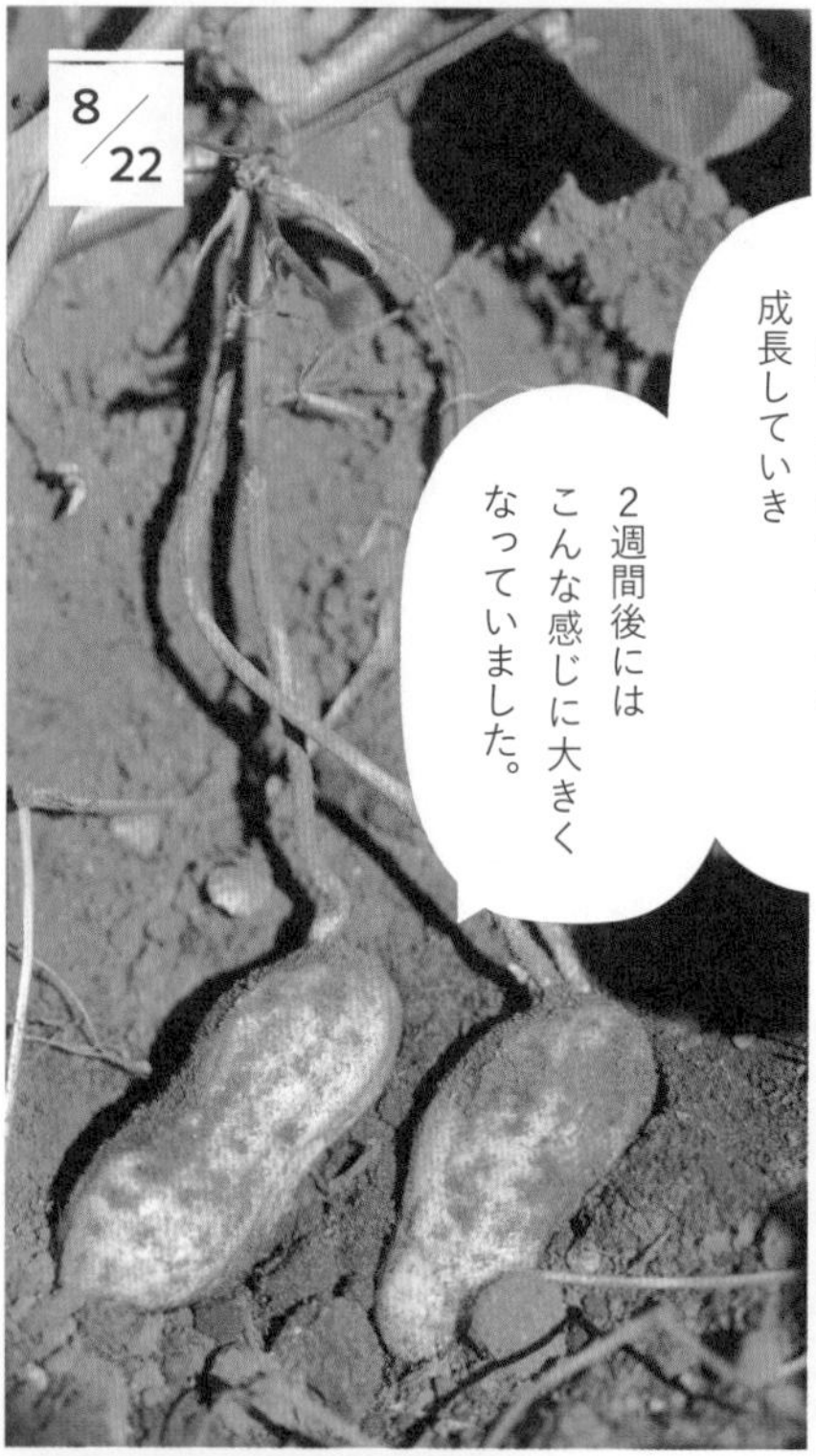
8/22
ミニ落花生ができていました。これが土の中で少しずつ成長していき
2週間後にはこんな感じに大きくなっていました。

もうすっかりよく見慣れた落花生です。

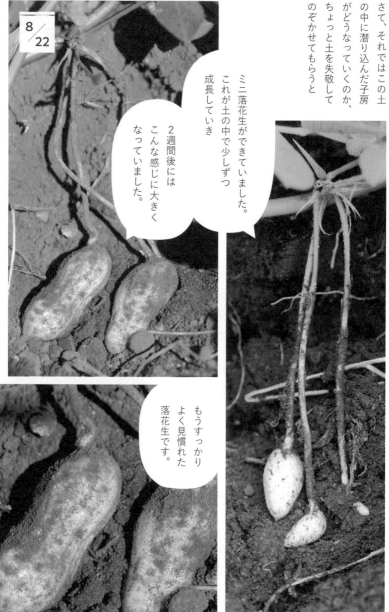

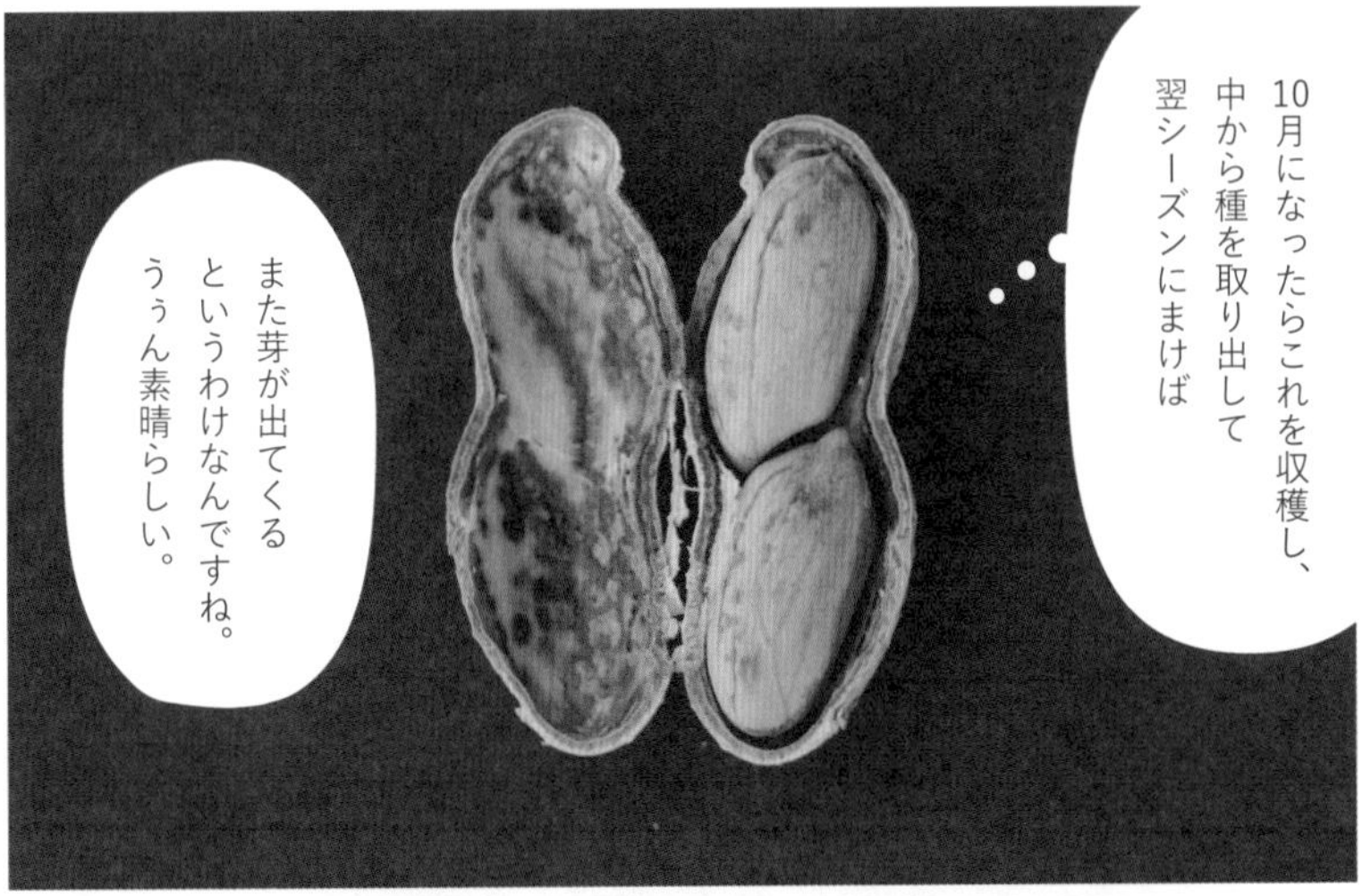
10月になったらこれを収穫し、中から種を取り出して翌シーズンにまけば
また芽が出てくるというわけなんですね。うぅん素晴らしい。

今度は豆がパカッとふたつに割れています。
なんだか1年見守ったら、この芽生えも、やったー！とバンザイしているように見えてきました。

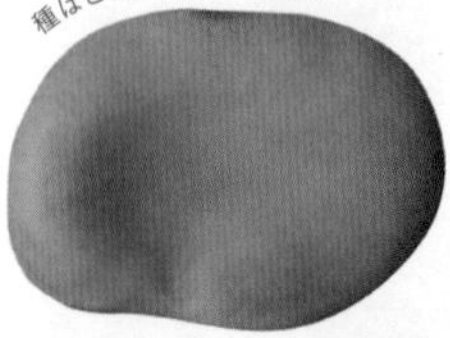

種はこんなかたち（実物大）

種を食べるお野菜

そらまめのお話

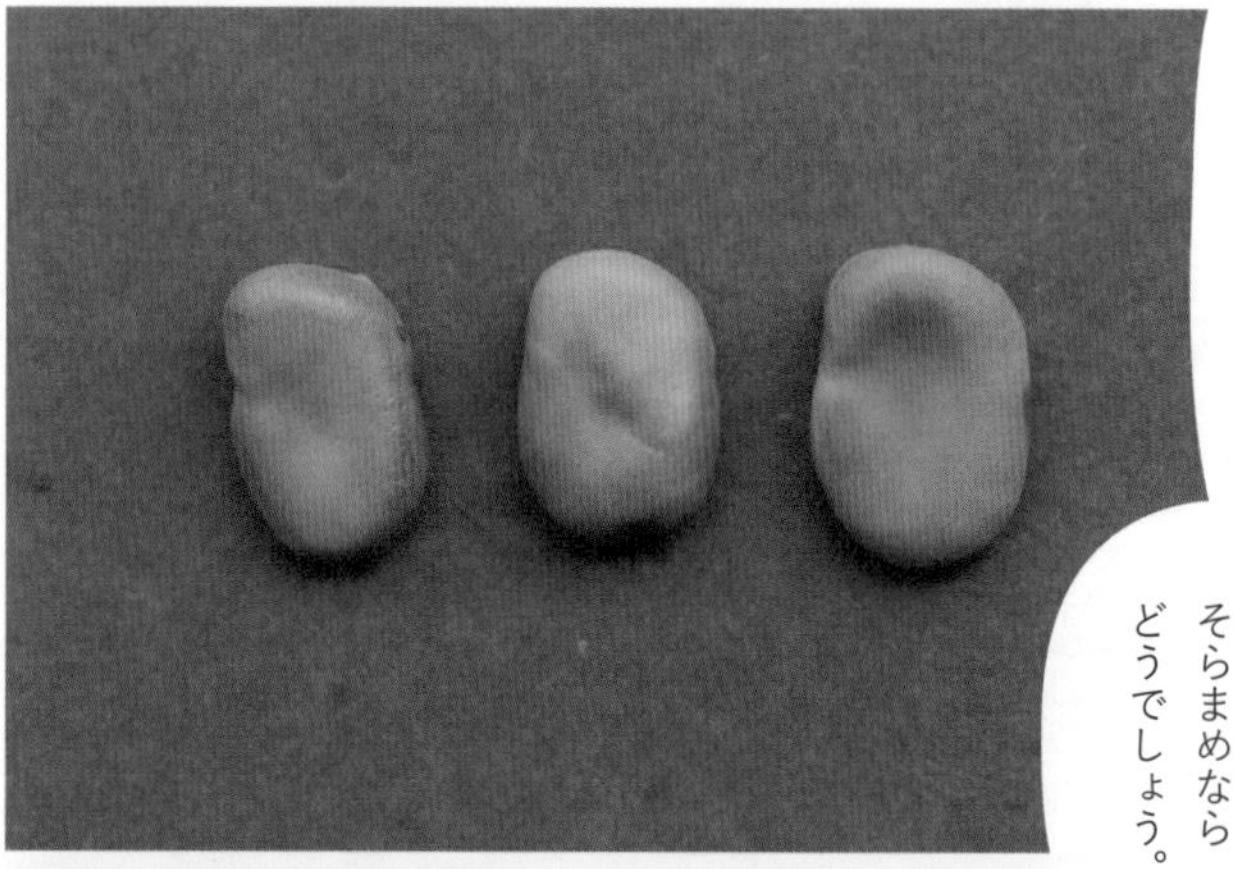

野菜に限らず、植物の種をまくときは、いつもどの部分から根っこが出てくるかなぁと予想を立てて楽しんでいます。

たとえば、このそらまめならどうでしょう。

まずじっくり観察。この黒い線が通称「お歯黒」と呼ばれる部分。

そしてその線の両サイドの片方にはくぼみがあって、もう片方にはくぼみがないのが分かるでしょうか。

こうして左右で非対称になっている種には、なにか、かたちの意味があるかもしれません。

根っこが出てくる場所の選択肢は
① お歯黒
② くぼみ
③ くぼんでいないところ
の3択になります。う〜ん。どこからだろう。
やっぱり無難にお歯黒からかな？
いかにもここが割れそうだもの。

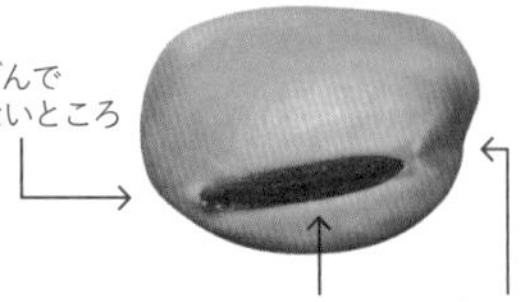

さぁ、いざ確かめてみましょう。
どこから根が出ても撮影できるように横向きに置いてスタンバイ。

この状態で待つこと9日間。

おぉ！
根っこが出てる！

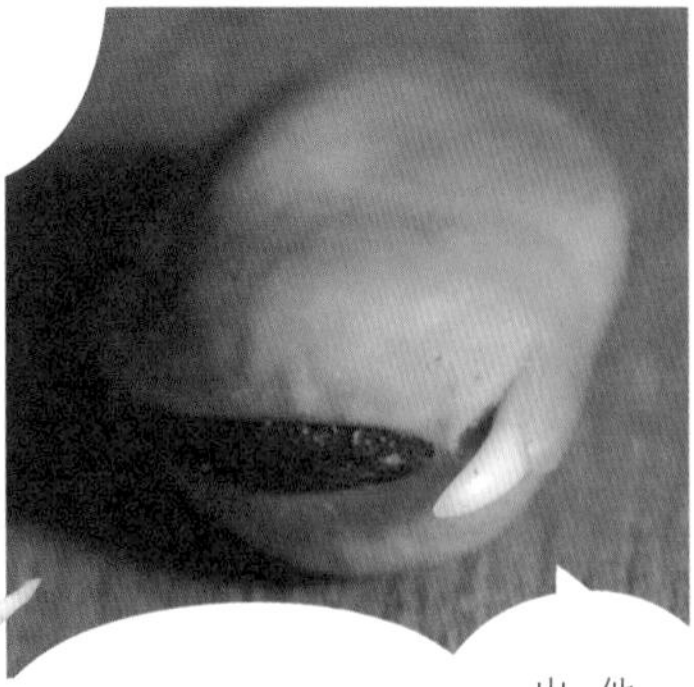

他のも見てみました。
出てる出てる！

どれもお歯黒からではなく、その隣の② くぼみから根っこが出てきています。

おぉ〜面白い！
と感動していたら、思わず引っこ抜いてしまいました。

こ、この中がどうなって
いるのか知りたいんだ。
ごめんよ、そらまめ……。

と、心で謝りながら種の皮を
むいていくと、こんな感じに
なりました。

これを
割ってみます。

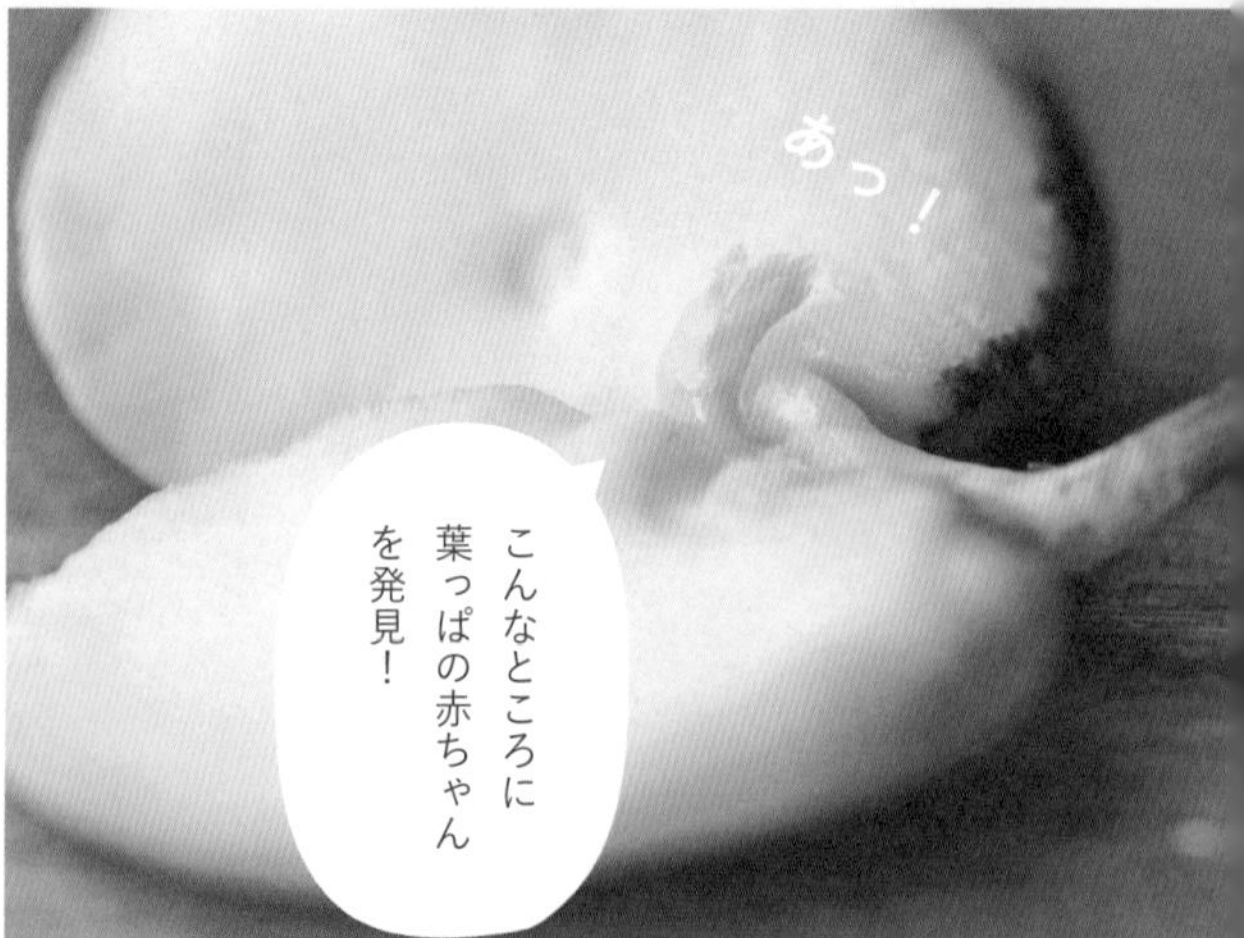
あっ！
こんなところに
葉っぱの赤ちゃん
を発見！

そらまめは見てのとおりのマメ科で、豆の仲間の種は、種そのものが子葉《しよう》の役割を果たします。子葉というのは、植物体の中で最初に出てくる葉っぱのこと。マメ科の子葉はとっても分厚くできているので、はじめから栄養をたっぷり持っています。その栄養を使って、次の葉っぱを出すことができるのです。

だから、この状態で放置していても、子葉の次の葉っぱが大きくなっていきます。こんな風に。

さすがにこれ以上は大きくなりませんでしたが、いかにはじめから栄養をたくさん蓄えているのかが、これを見ると分かります。

土に植えた方からは、こんな感じで葉っぱが出てきました。

少しずつ伸びていき

1/19
じゃーんと葉っぱが展開。

これが種をまいてから3か月後の姿。ほとんど大きくなっていませんが、この状態になるともうそろそろ

ここまでくればひと安心。庭の畑に移し替えることにします。そらまめは冬にこうして葉っぱを出しますが、春がくるまで開花はお預け。なにせ冬は寒いものでほとんど成長しません。

出ました！花のつぼみです。

3/13
翌日、咲きました。

パンダのような
カラーコーディネートで
かわいいですね。

ひとつ咲けばもう次々と咲いていき、
こんな調子ですっかり花盛りです。

この花が終わると、
その中には

そらまめのさやの
赤ちゃんがスタンバイ
していました。

よしよし、ちゃんと大きくなるん
だぞ。と楽しみに見守っていると

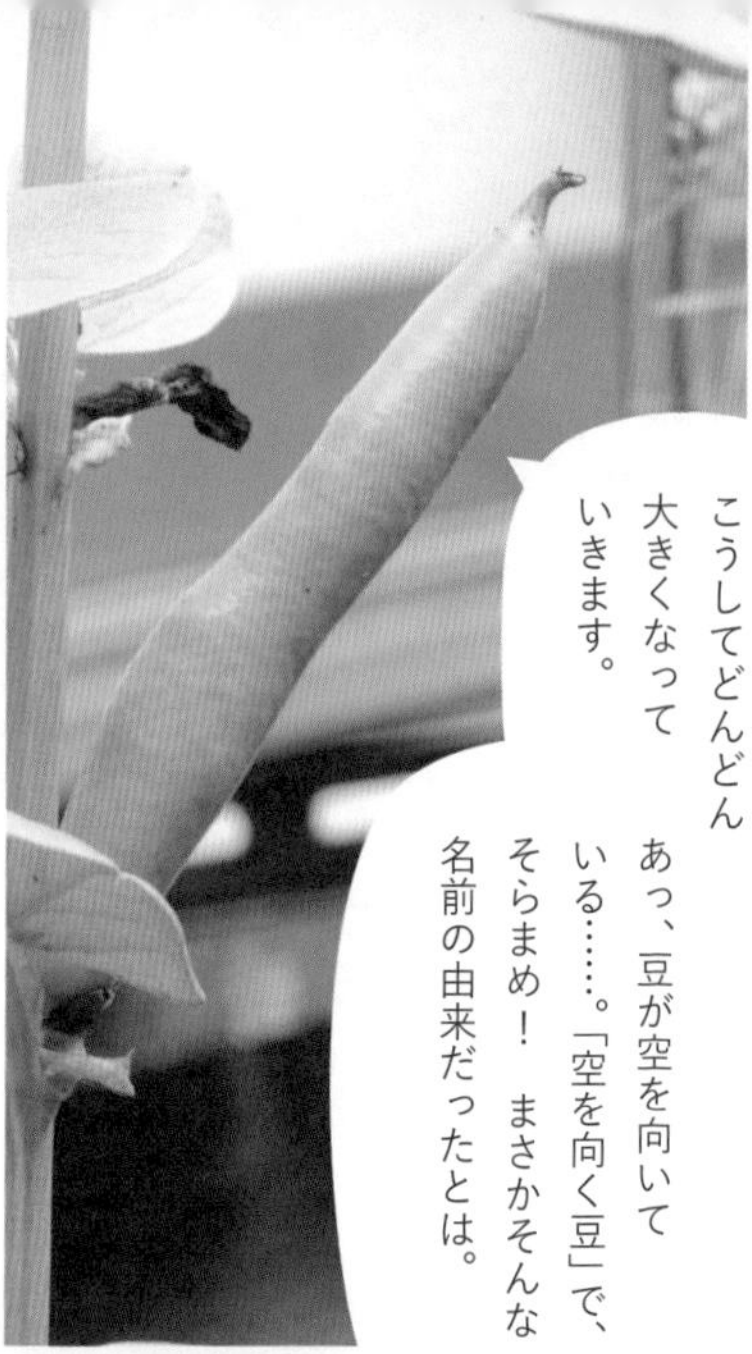

こうしてどんどん大きくなっていきます。

あっ、豆が空を向いている……。「空を向く豆」で、そらまめ！　まさかそんな名前の由来だったとは。

5/22

ぷくぷくっと膨れるとさすがに空を向いていられなくなるようで、こんな感じになりました。

よし、もう良さそうなので収穫させて頂いて、さやをあけてみようかな。

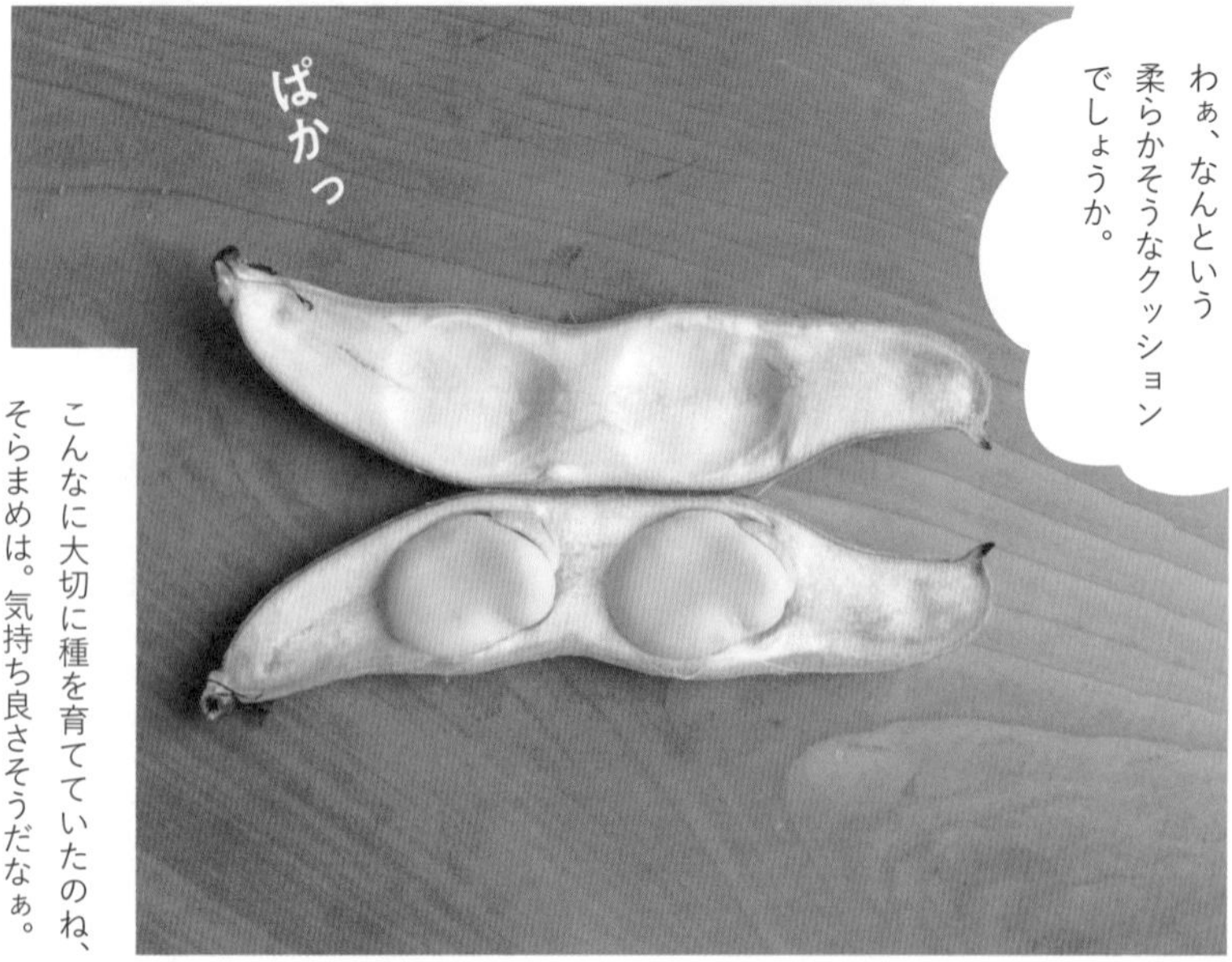

わぁ、なんという柔らかそうなクッションでしょうか。

こんなに大切に種を育てていたのね、そらまめは。気持ち良さそうだなぁ。

冒頭で、ここから根っこが出るのでは？　と予想していたお歯黒は、さやと豆がつながっていた部分の名残りだったのだということもついでに分かりました。

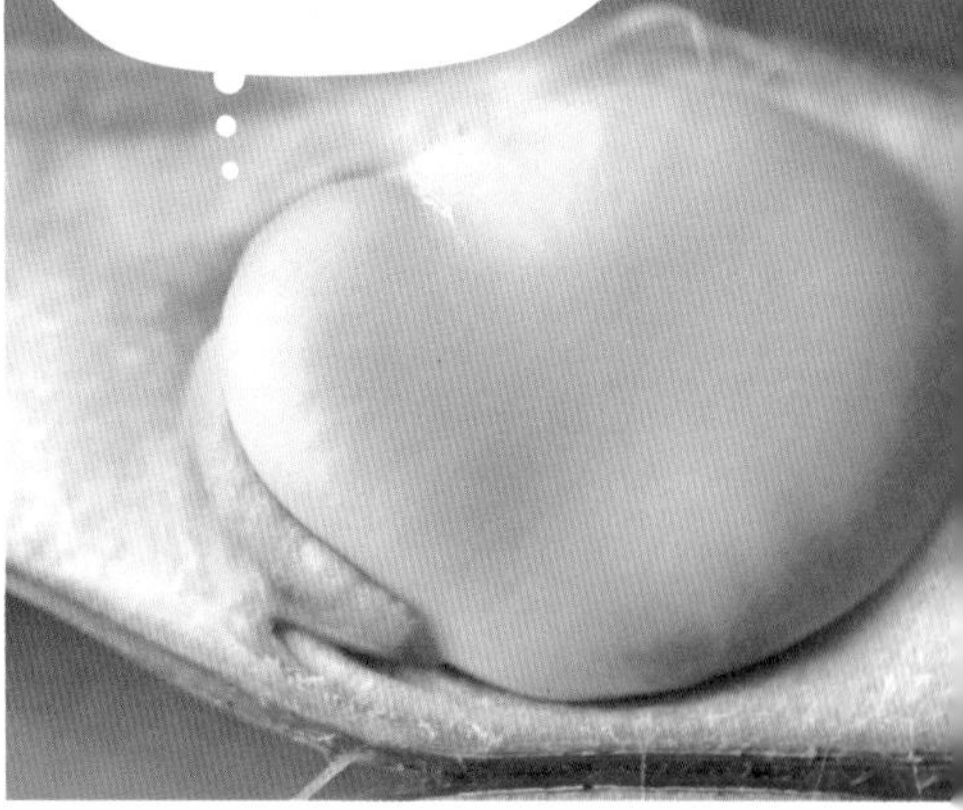

採れたてのそらまめは茹でて美味しくいただき、数個だけ収穫せずに残しておきました。すると、いつの間にやらこんなにスケスケになっていたそらまめ。

ちょっとシワシワになってしまいましたが、種どり完了。これがまた冬に発芽するのだから面白いものです。

前回の落花生の一生と比べて、同じマメ科でもその生き方は随分と異なるものなのだなぁと思います。次回、もうひとつ違う豆を育ててみて、更に豆の魅力に迫ってみたいと思います。なにを隠そう、豆好きなのです。わたしは。

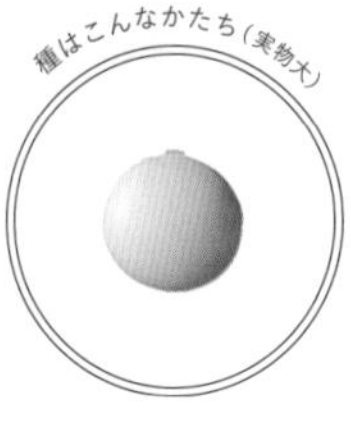

種を食べるお野菜

大豆のお話

豆と聞いて思い浮かぶものと言えば、
やっぱりこれじゃないでしょうか？

おにはーそと、

ふくはーうち！

でお馴染みの大豆です（娘がお面を保育園で作ってきてくれました）。今年もポリポリ、年の数だけ食べていると、これまた気になった。

これも、芽生えるのかな……。

ということで、まだ炒っていない大豆を入手して、植えてみました。

う〜ん。ほんとに芽生えるだろうか。

なんて心配していても、やっぱりぴょこんと芽生えてきます。

あれ、ちょっと待って。この芽生え方、さっき見たそらまめと少し違いますね。

大豆は種が地面よりも上に持ち上がってる！

さっきのそらまめは種が地面に触れたまま芽生えていました。

豆の仲間は「種そのものが子葉の役割を果たします」と、そらまめのときに書きました。具体的には「2枚ある子葉が合わさってひとつの豆のかたちになっている」ということ。そしたら、このそらまめの子葉だってパカッと割れてふたつに開くのかなぁと思いますが、そらまめの子葉はこのままずっと開きません。

でも、大豆の芽生えのその後は、子葉が更に高いところまで持ち上がって開くんです。

ちょっとしたことですが、こういうのも実際に育てたからこそ気が付く発見です。豆も種類によって育ち方が違うんですね。

さて、大豆の子葉の上から、また新しい葉っぱが出てきています。それが大きくなると

こんな感じの葉っぱになります。

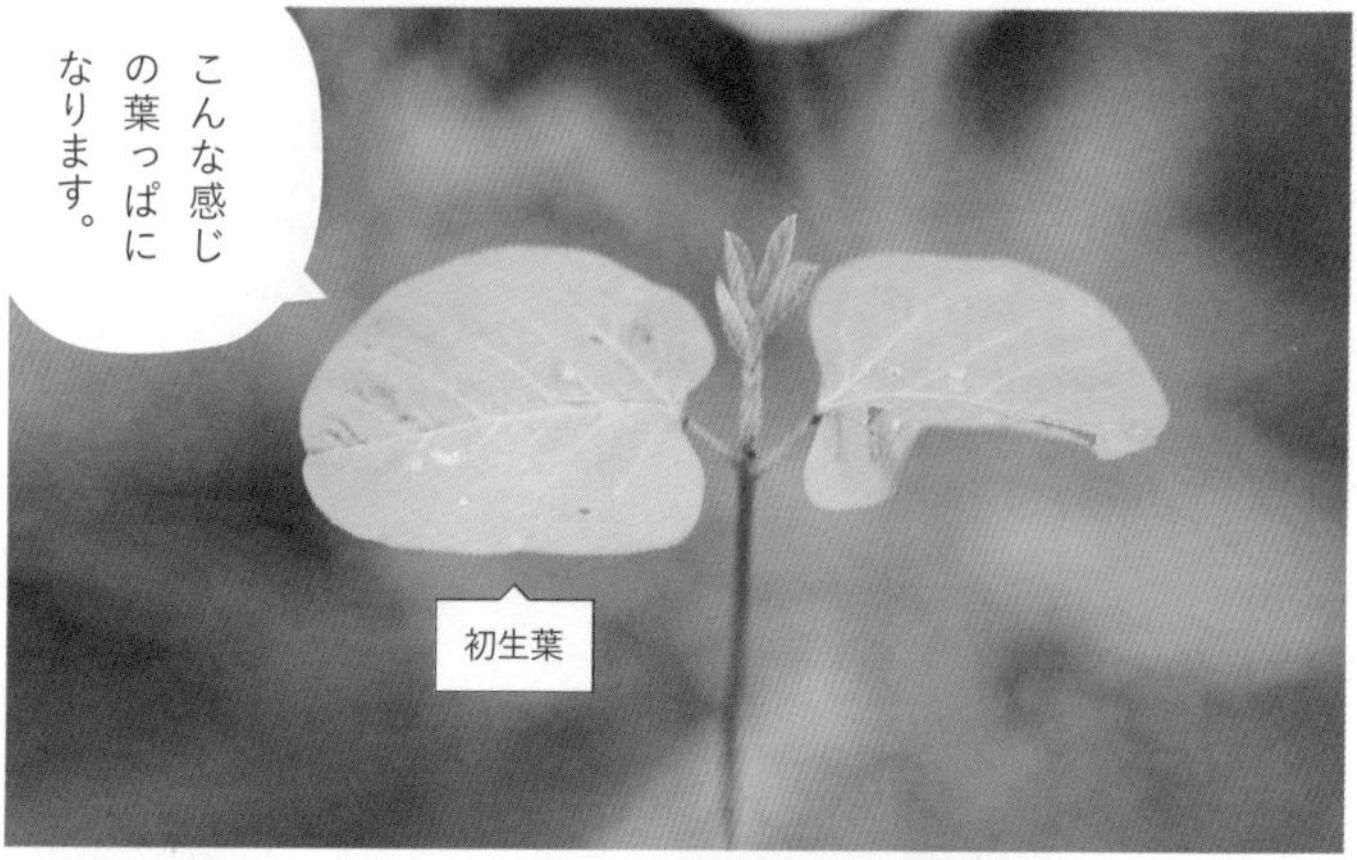

子葉の次に出てくる葉っぱといえば、本葉《ほんば》でしょ？と言いたいところですが、大豆の場合には子葉と本葉の間に初生葉《しょせいよう》というものがはさまります。上の写真の葉っぱがそれです。

それでは本葉はどういうものかと言うと、こんなかたち。

3つの葉っぱが1セットになって、1枚の葉っぱとカウントします。

ちょっと分かりにくくなってきたので、
全体を横から見てみましょう。

こうして見ると、この3パターンで
それぞれ葉っぱの大きさと、
かたちが違うのが分かると思います。

大きさとかたちが違う
からにはなにかがある……。
わたしなりに解釈すると
こんな感じになります。

マメ科の種は、その中身がほとんど葉っぱ（子葉）でできています。大豆はその中にたくさん栄養が蓄えられているので、それを使ってまず地下部に根っこを出し、地上部に初生葉を出します。そこまでがんばったら子葉の役割は終了。上の写真のように黄色くなって取れてしまいます。

そして今度は、初生葉が太陽を浴び、光合成をすることで新しく栄養を作ります。それを利用すると、本葉を出すことができます。というように、子葉→初生葉→本葉とバトンタッチしながら成長を続けているわけですね。

こんな風に今まで知らなかった違いに気付くと、なんだか愉快な気持ちになってはこないでしょうか。

とはいえ、やっぱりこうして咲いた花を見つけた方がテンション上がりますかね。

えっ、なになに？どこに咲いているのかって？

ここですよ。ここ。

小さーい！
実際のサイズ
8mm

そらまめの花は大きかったのに、大豆の花はこんなに小さいなんて。もしかして成長悪かったかな……？

そんなわたしの心配をよそに、花が咲き終わると、その付け根から大豆のさやが出てきます。でもまだ凄く小さいです。

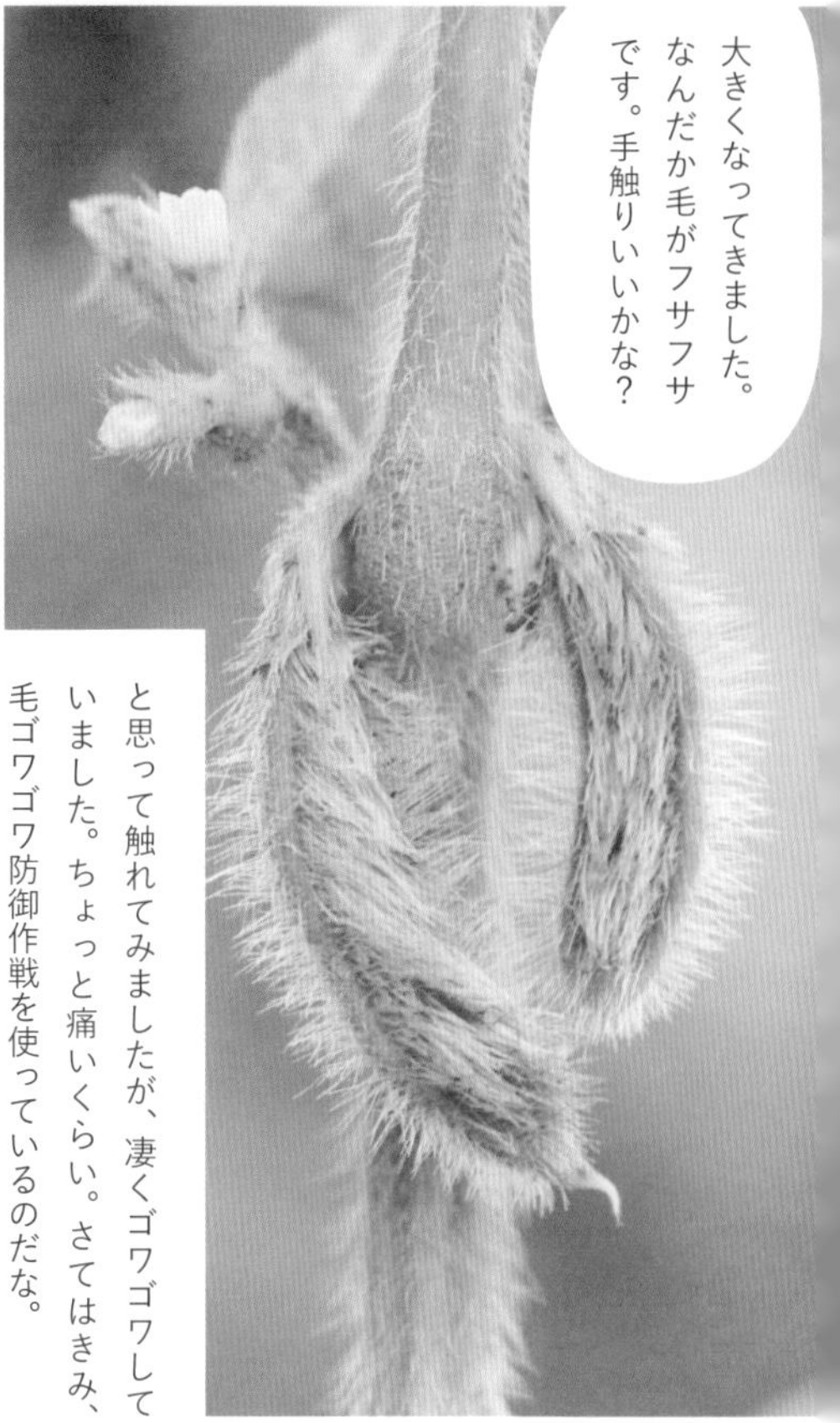

大きくなってきました。なんだか毛がフサフサです。手触りいいかな？

と思って触れてみましたが、凄くゴワゴワしていました。ちょっと痛いくらい。さてはきみ、毛ゴワゴワ防御作戦を使っているのだな。

なんて勝手に言いながら見守ると、こんな姿に。

わーお！　これは見覚えがあるぞ。あれ。あれだよ。ビールと一緒につまみたいやつ。

我慢し切れないので少しだけ収穫。

これを塩茹ですれば、ほら。枝豆です。

くぅ〜美味しぃ！

これが収穫したときの様子。

あっ、根っこになにか付いてる。ちょうどいいから見ておくか。

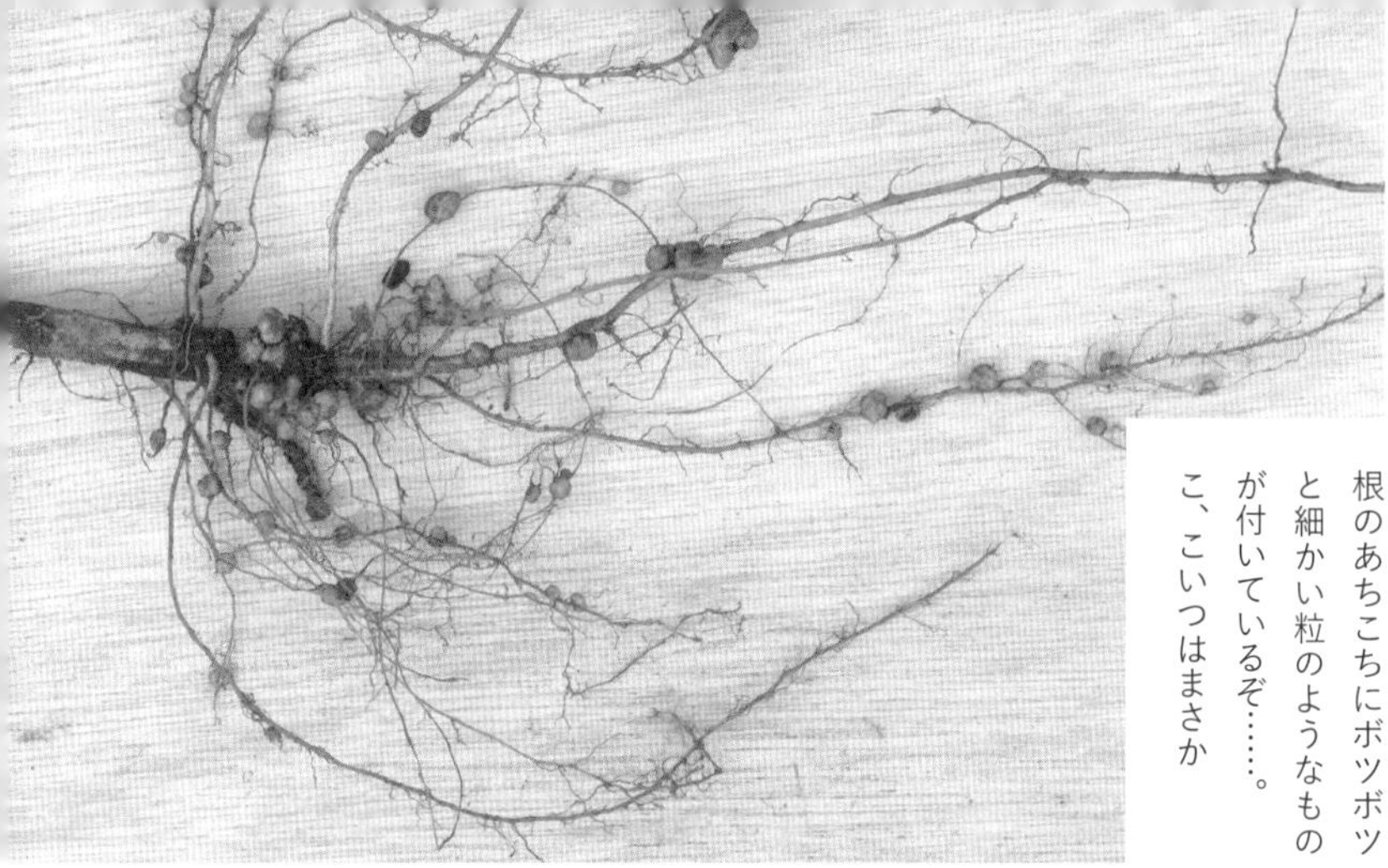

根のあちこちにボツボツと細かい粒のようなものが付いているぞ……。こ、こいつはまさか

マメ科の植物の根っこにくっ付く根粒菌《こんりゅうきん》と呼ばれる細菌のかたまりだ!!

根粒菌はマメ科植物が作る栄養を根っこから吸収して生きていて、その代わりにマメ科植物にお返しをしています。それが、窒素です。窒素は植物にとってはとても重要なもので、これがないと成長することができません。窒素は空気中にたくさん存在していますが、困ったことに、植物は空気中にある窒素を取り込むことができないのです。

そこで、この根粒菌は地面の中にある窒素をアンモニアなどに変えて、マメ科植物が吸収しやすいようにしてくれています。この共生関係があるので、豆は窒素分の少ない痩せた土地でも育てることができます。特に養分が多いとは思えないうちの庭でもすくすく育つのは、この根粒菌のおかげだったのですね。ありがとう。

収穫しなかった大豆を庭に残しておくと、秋にはこんな風にカラカラになっていきます。

ここでわたし、うっかり大豆の存在を忘れて、そのまま庭に放置してしまいました。

気付いたときにはこんな姿に。やばい、やってしまった。枯れたか？　と慌てて駆け寄ると

すっかりカッサカサです。おぉ、こ、これは、どういう状態？

ドキドキしながらひとつ採って、さやをあけてみると

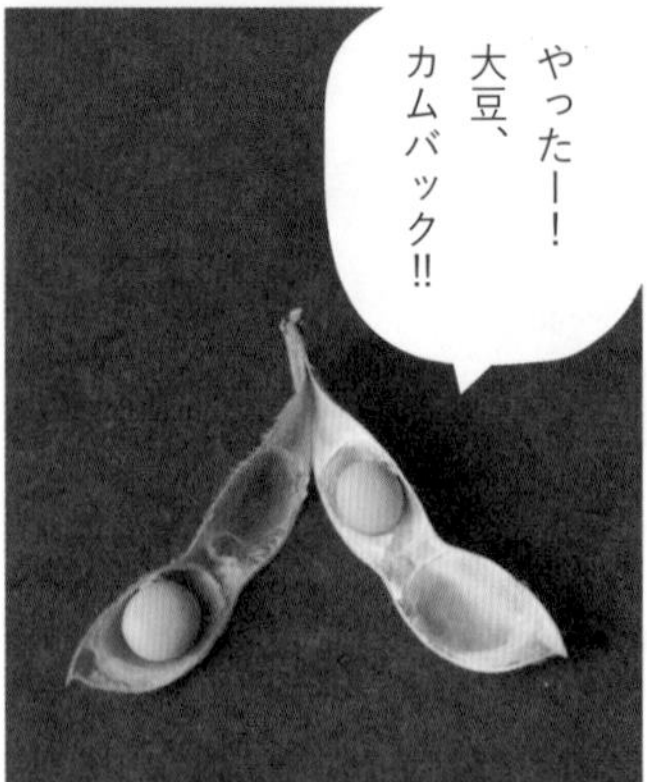

やったー！
大豆、
カムバック‼

あぁ、びっくり。枯らしてしまったかと思いきや、すっかりもとの大豆の姿になって戻ってきていたんですね。おかえり、大豆！

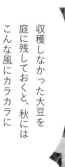

[大豆のお話 補足　子葉を見比べてみよう！]

豆の仲間は「種そのものが子葉の役割」をして、かつ「そらまめと大豆では芽生えたときの子葉の開き方と位置が異なる」ことを確認しました。
それでは、他の豆はどうなのでしょうか。追加で実験してみることにしました。

左から落花生、大豆、小豆の3種類の豆を用意して

その順番で並べて植えます。

芽生えてきました。ここから、それぞれの子葉（種）の開き方と位置に注目します。

地上高く持ち上がって
葉っぱそのものになる
（大豆）
地面すれすれで
パカッと開く
（落花生）
地中に
潜ったまま
（小豆）

落花生は地面すれすれに子葉が持ち上がって開き、大豆は結構高いところまで子葉が持ち上がり、もう葉っぱそのものになっています。そして小豆はというと、なんとこれは地面に潜ったまま。三者三様、様々な方法があるようです。こういうのも実際に見てみると面白いので、色々な豆で試してみてください。

種を食べるお野菜

お米のお話

種はこんなかたち（実物大）

これまで特に意識せずにごまや大豆を食べていましたが、実際に育ててみると、植物としては種を食べているのだということがよく分かってきました。ですが、なにか大事なことを忘れている気がします。なんだろう。考えていたらお腹がすいてきました。よし、ひとまずご飯を食べよう。うん。やっぱりお米は美味しいなぁ。

もぐもぐ……。
あ、あれ？
もぐもぐ……。
あぁっ!!

そういえばこれも……種なんじゃない？あまりに身近すぎてうっかり忘れていましたが、こりゃ絶対に種ですね。

だって、こういう稲穂の中に入ってるわけでしょ。

ここに。

割ってみよう。
きっと米粒が中に
入って……

いない！
どこにいった！
お米!!

つい慌ててしまいましたが、よく見ると細長く黄色い物体が中から出てきていることに気が付きました。

この姿、
さては
雄しべかな？
ってことは、これって
花だったということ？

気を取り直して、
数日後にもう一度
見にいってみました。
今度は稲穂に付
いていた粒々が
開いています。

ひとつ取ってよく見ると数日前に見たときは短かった黄色いものがすーっと伸びて、外に飛び出しています。このかたち、やっぱり雄しべみたいです。となると、雌しべだってきっとあるはずなんだけど。どこだろう？ と細かく見ていくと、この粒の根元のほうに

こんなところに！
ひっそりと、ギザギザの雌しべがいました。この状態だと分かりにくいので、雌しべだけ取り出してみることにします。

あっ、ギザギザの雌しべの下に子房を発見！この小さな緑色の部分です。

受粉が完了すれば、緑色の部分が膨らんでお米になるわけですね。お米の赤ちゃんってこんな姿だったんだ。

お米がたんわり実っている姿はよく写真なんかでも見るけど、お米の花ってちゃんと見たことなかったなぁ。

よく見るのはこういう
状態の稲穂ですよね。
田んぼが金色になったら
お米の収穫どき。

花のときは緑色で
直立していた稲穂
が、すっかり茶色に
なり、その重さでう
なだれています。

このときに
パカッと
あけてみると

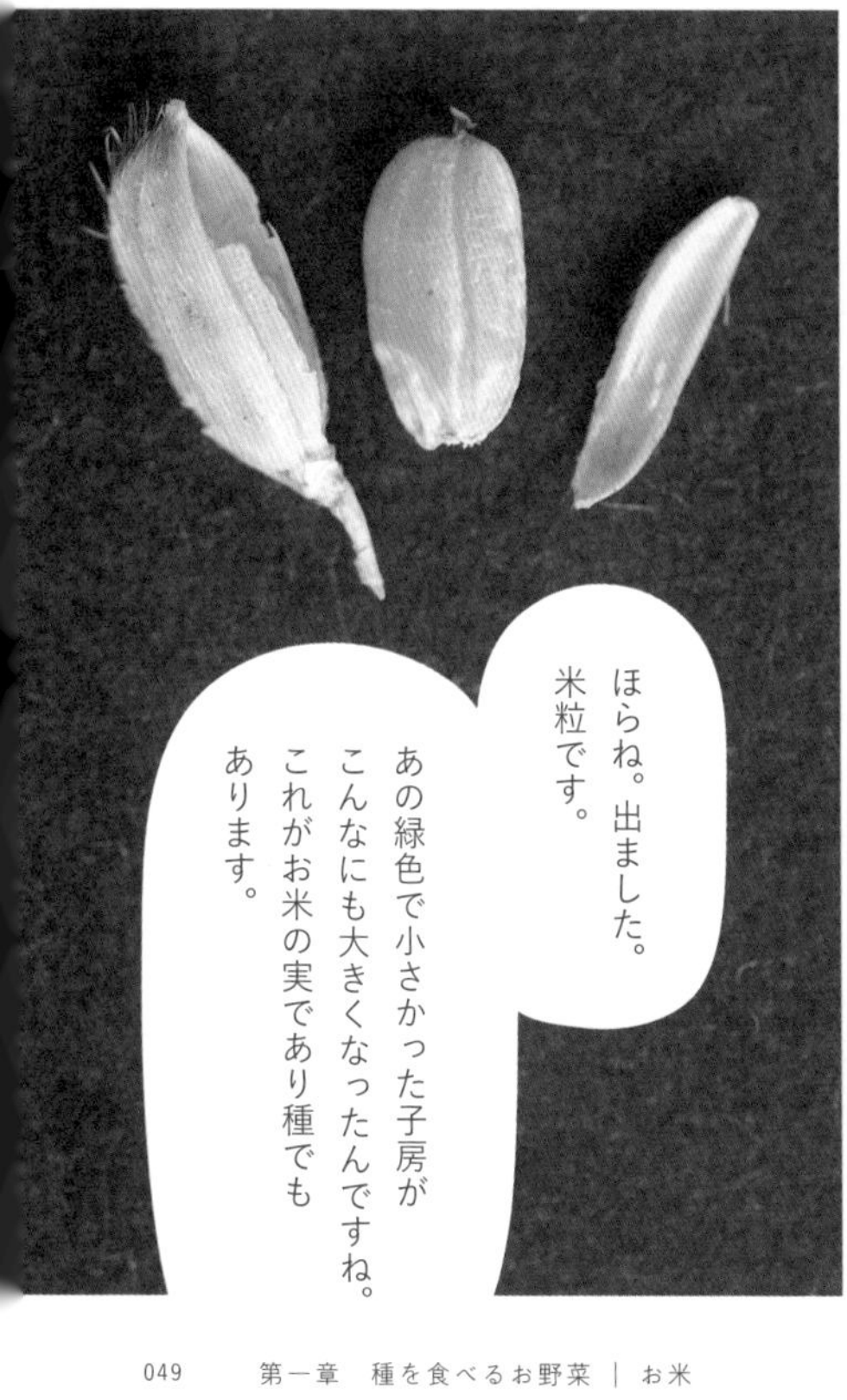

ほらね。出ました。
米粒です。

あの緑色で小さかった子房が
こんなにも大きくなったんですね。
これがお米の実であり種でも
あります。

ところで、今回はお米を撮影するにあたって東京の国立市にある「NPO法人くにたち農園の会」さんの田んぼにお邪魔させて頂きました。なぜかと言うと、お米は水田で育てるのが普通だからです。自分の家の庭に水田を再現することはさすがにできず、こればっかりはわたし自身が田んぼに伺うしかなかったわけです。

くにたち農園の会さんは「くにたちはたけんぼ」という農園を軸とした地域子育て活動をされていて、地域の方と交流しながら田んぼを作っているので、わたしの取材も快く受け入れてくださいました。

でも、お米の花を見ながらやっぱりこう思ったんです。家に水田を作れなくても、お米から芽を出すことくらいならできるのではないかと。せっかくお米は種だということが分かったので、更に違う角度からも証明したいじゃないですか。

ということで、春にチャレンジしてみることにしました。

まだ外側のもみがらが付いた状態のお米を

苗ポットにまいてみます。

適度に水やりをして見守ること1週間

おぉ‼
出てきた。
だけど、
これ本当に
お米かな？

なにか他の草の種が紛れ込んじゃった可能性もあるもんね。と、これだけ見ても半信半疑だったのでちょっとだけ掘り起こしてみました。

葉っぱの下には
ちゃんと米粒が
いました。

しかも白い根っこも生えています。
やった！　これでお米が種であることは疑いなしです。

なんとか、ここまでは自分でも育てることができました。

これが水田で青々と育ち、
金色の稲穂を付けたら、
またお米になって
かえってくるんですね。

ご飯は、ともするとなにも意識せずにパクパクと食べてしまいますが、あのひと粒ひと粒がすべて種なんだと思うと、その味に有難さが加わってくるように思います。しっかり噛んで、いただきます！

種はこんなかたち（実物大）

種を食べるお野菜

とうもろこしのお話

さて、種を食べる作物の観察はこれが最後になります。

忘れちゃいけない
とうもろこしです。

なにせ世界三大穀物のひとつですからね。小麦やお米と並んで世界の食を支える重要な作物なので、これもどんな生き方をしているのか確かめてみないといけません。

まずは
種まき……
とその前に。

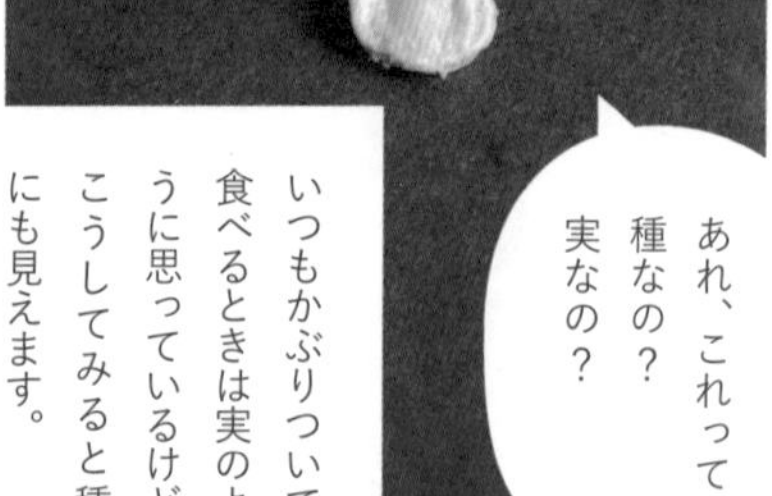

あれ、これって
種なの？
実なの？

いつもかぶりついて食べるときは実のように思っているけど、こうしてみると種にも見えます。

ということで
ひとまず断面から
見てみます。

なるほど
なるほど……

うん……
よく分からないや……。

気を取り直して今度はひと粒ずつ取って拡大してみます。
おっ、これなら分かるかも！
透けて見える白い部分、ここが胚《はい》で、
そのまわりにある黄色い部分が胚乳《はいにゅう》だ。

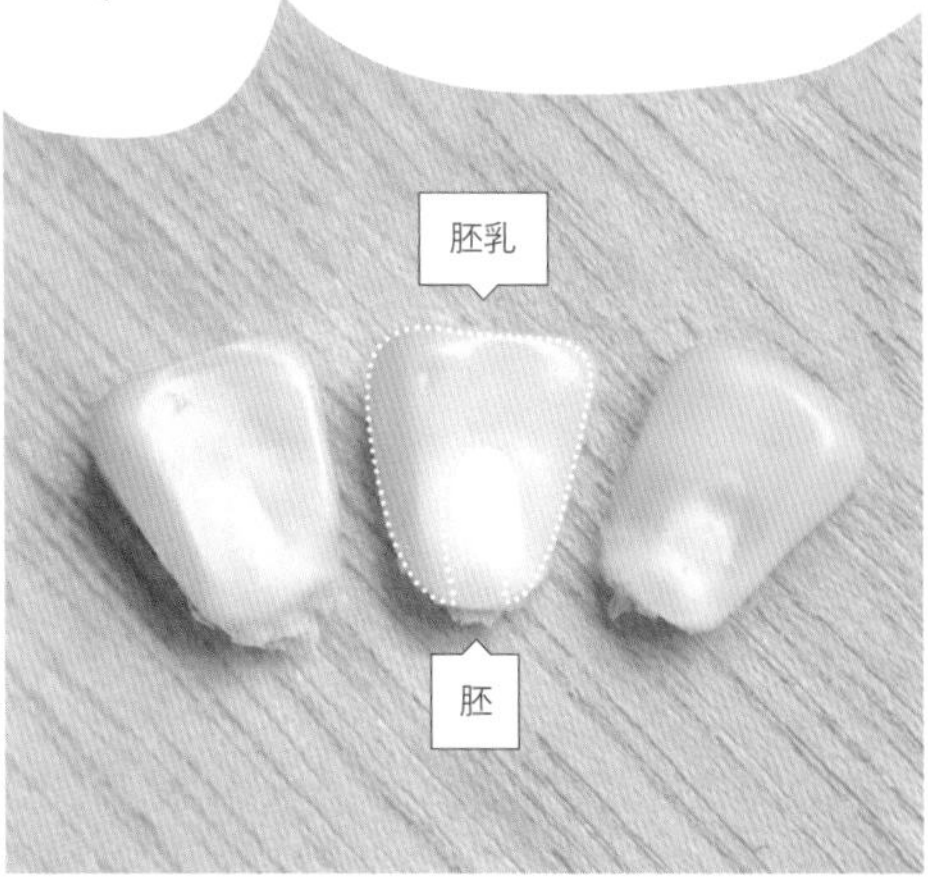

胚というのは、これから根っこや葉っぱになっていく部分のことで、そのときに使う栄養が胚乳の中に入っています。なので、胚と胚乳は種の一部ということになります。
でも、この粒々をよく見ると、胚と胚乳がそのまま外に露出しているわけではなく、うすい皮に包まれているのが分かります。ということはこの皮が果皮《かひ》。すると果肉はどこに？　という話になるのですが、とうもろこしの場合はほとんど果肉がなく、果皮と一体になっています。なので、この黄色い粒はほとんど種だけど、じつは実でもある。ということですね。

それはさておき、粒々を乾燥して保存しておいたものを土の上に置いてみると……

数日後、なにか
出てきました。

もう少し経つとこんな感じに。
右に出ているのが根っこで、左に出て
いるのが葉っぱです。あの白い胚が変
化したものがこれらです。

いでよ！
とうもろこしの
芽生え！

この先は、庭より観察しやすい
農家さんの畑で見ていきます。

ね、こんな調子ですくすく
大きくなっていきます。
あっ、ストップ!
上からなにか
出てきています。
こんなの。
近付いてみると、
ヒラヒラしたもの
がいくつも付いて
います。
これ、雄しべですね。
中には花粉が入って
いて、風でフワフワ
飛んでいきます。
下に落ちている
黄色いものが花粉。

そして、雄花が咲いたあとに時間差で
別の場所から出てくるのがこれ。

とうもろこしの
赤ちゃんです。

このてっぺんから
出てくるひげが
きれいなんですよね。

日が経つと、ひげもどんどん
伸びていきます。

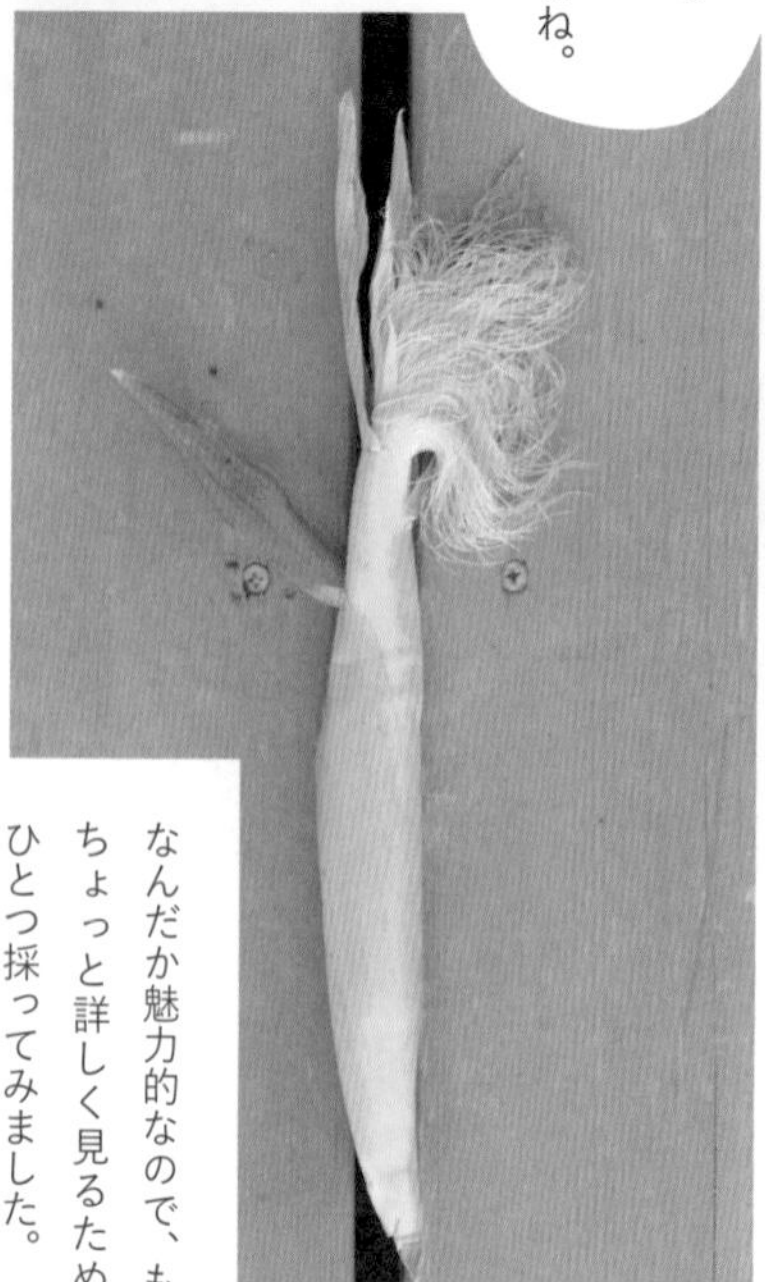

なんだか魅力的なので、もう
ちょっと詳しく見るために
ひとつ採ってみました。

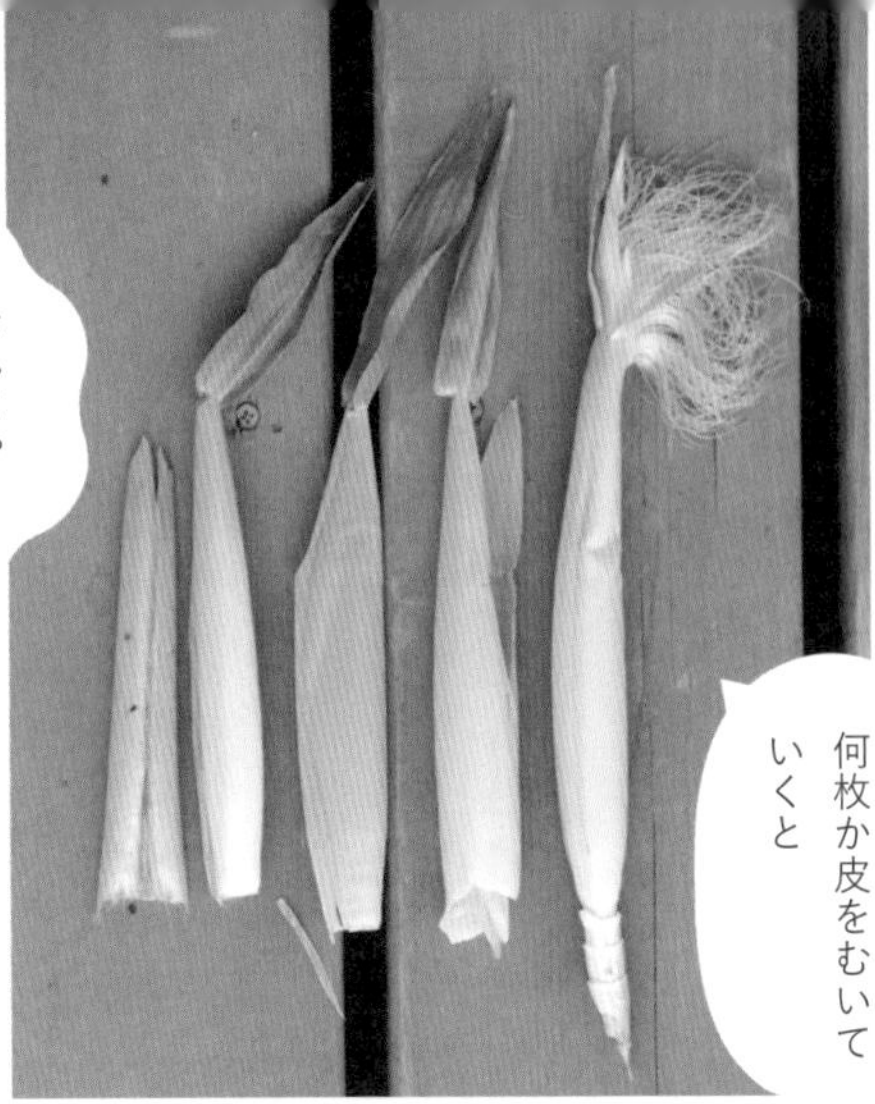
何枚か皮をむいて
いくと

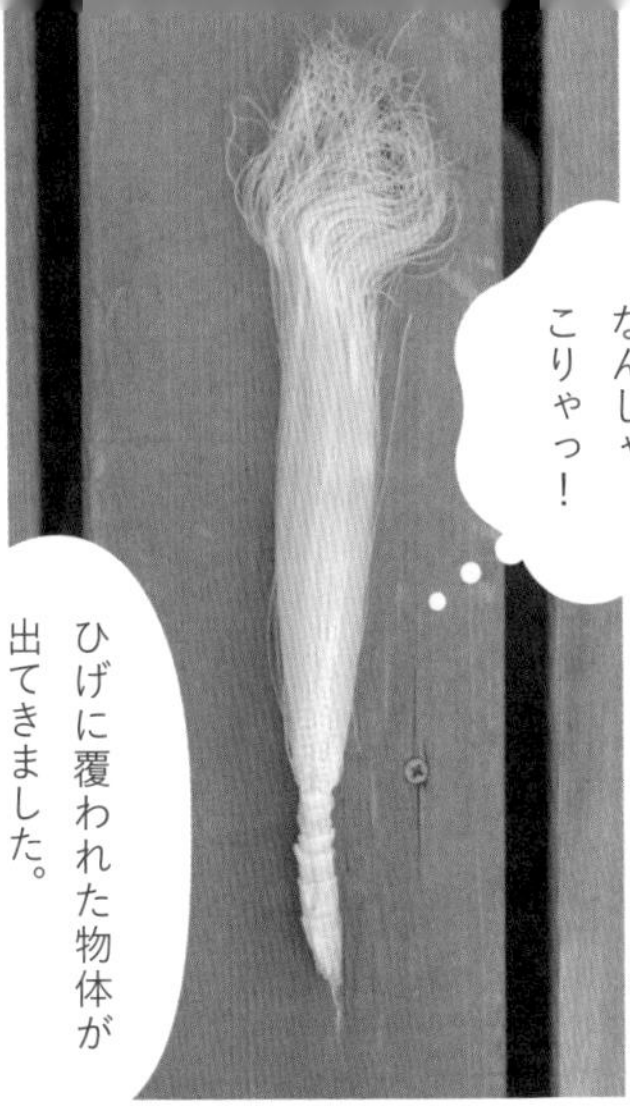
ひげに覆われた物体が
出てきました。
なんじゃ
こりゃっ！

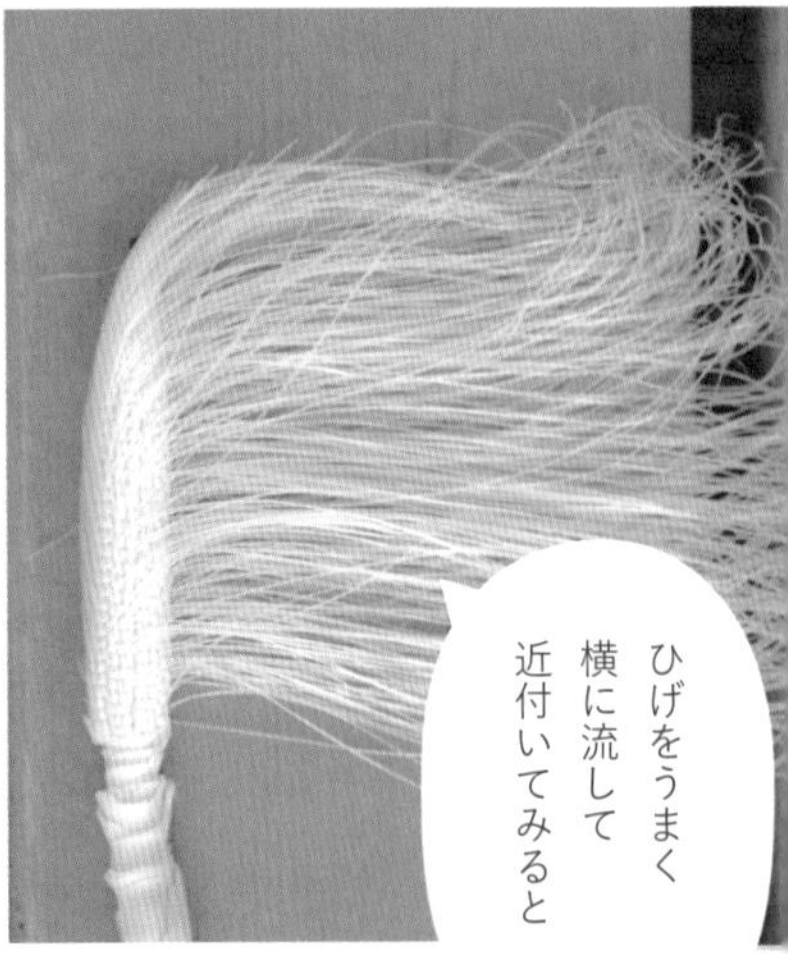
ひげをうまく
横に流して
近付いてみると

ひげの一本一本が、中に隠されていた粒々にそれぞれくっ付いているのが分かります。この粒々、見覚えありますよね。そう、はじめに確認したとうもろこしの実（種）のもとです。これはまだ受粉する前なので、とても小さい状態です。

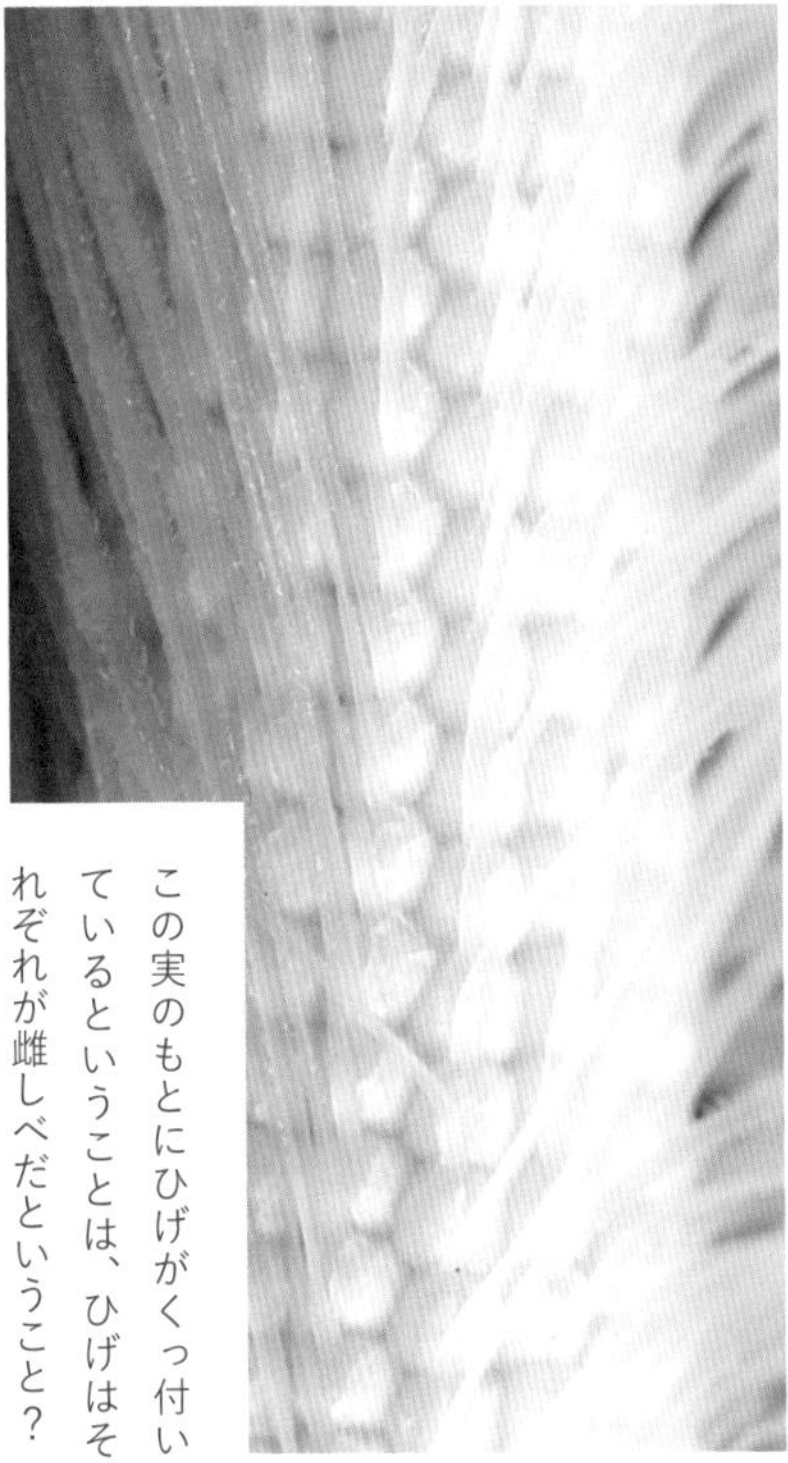

この実のもとにひげがくっ付いているということは、ひげはそれぞれが雌しべだということ？

そういえば上から見るとひげがこんな感じで広がっていて、飛んできた花粉を受け取る準備ばっちりに見えます。

うーむ。どうなのだろうか。この疑問を確かめるべく、ちょっと実験をしてみることにしました。先ほどのひげが出ていたものの中から、ひとつ選んで

外に出ていたひげを

切っちゃいました。さぁ、どのような変化を見せてくれるのでしょうか。

それから2週間ほど経ち、またとうもろこしを見にいくと、ひげを切らなかった方はこんな感じで大きくなり

皮をむけば当然のようにとうもろこしができていました。

それではひげを切ったとうもろこしがどうなったかと言うと、

じゃあん。

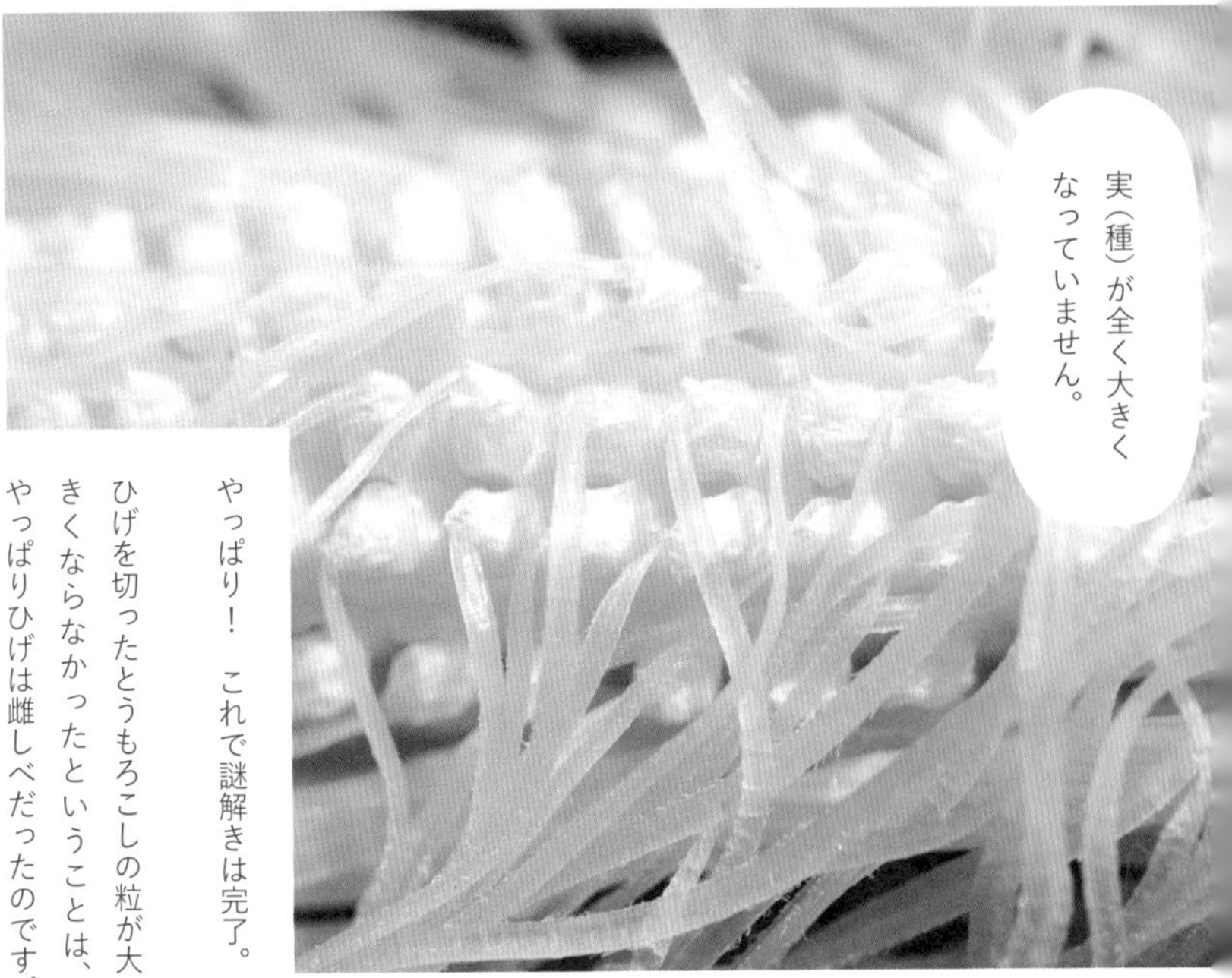
実（種）が全く大きくなっていません。

やっぱり！　これで謎解きは完了。
ひげを切ったとうもろこしの粒が大きくならなかったということは、やっぱりひげは雌しべだったのです。

ここで、改めて雄花と雌花の位置関係を見ると、上に雄花があって、下に雌花（のちのとうもろこし）があることが分かります。上にある雄花から花粉が舞い下りてくるときに、もし雌花のひげが外に出ていなかったら、その花粉を受け取ることができません。受粉ができなかったら、実（種）も大きくなることができないのです。

雄花
雌花

並べてみると、大きさの違いがよく分かります。

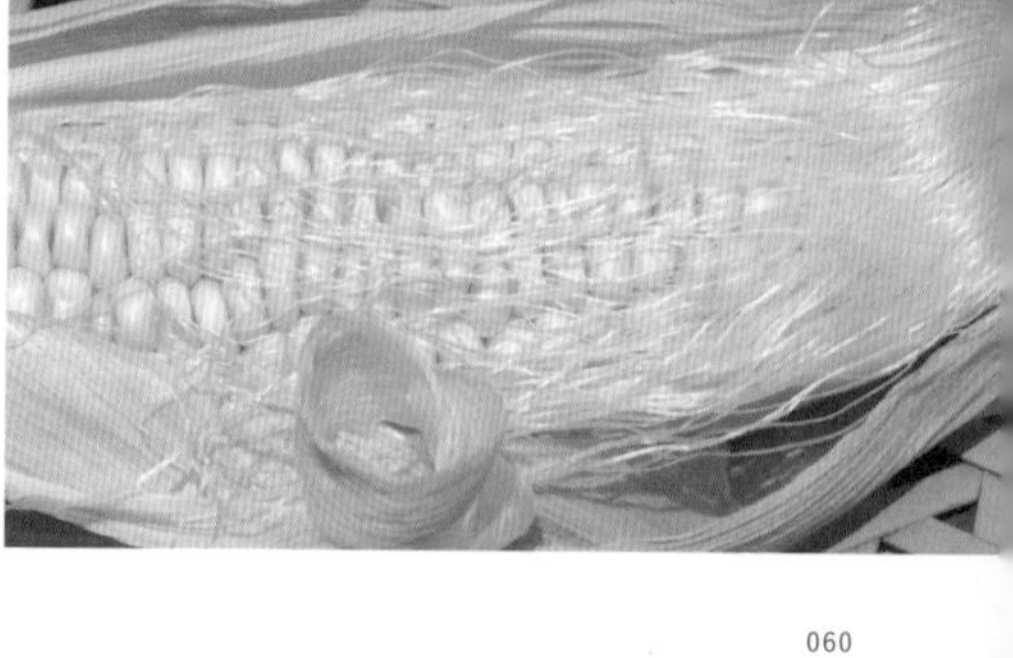

いつも食べるときに、邪魔だなぁこのひげ。なんて思っていましたが、とうもろこしにとってはとっても大事な部分だったのですね、これは。

ちなみに、まだ受粉する前の小さな実はヤングコーン（またはベビーコーン）として売られていることがあります。

焼くとこんな感じに。
これがまた美味しいんだ。

恥ずかしながらわたし、今までヤングコーンは、こういうかたちをしたとうもろこしの種類だと思っていたのですが、そうではなくて未熟なとうもろこしの実だったのですね。

とうもろこしは、ひとつの株の中でいくつもの実を付けますが、その全部を付けたままにすると栄養が分散して小さいとうもろこしがたくさんできてしまいます。なので、適度に間引きをして栄養を集中させる実を選抜する作業が行われ、そのときに間引きされたとうもろこしがヤングコーンとして出回ります。

いやあ、知らないことだらけだなぁ。野菜の世界は。

コラム

その〝とき〟はいつ？
野菜の種をまくタイミング

素人なりに6年間野菜を育ててみて、なんとなく思っていることがあります。それは、「野菜は種のまきどきが重要」ということ。早くまいてしまうと、種は待てど暮らせど芽生えてきません。遅くまいても駄目で、もし芽が出てきても、その先の成長は大体良くないように感じます。まきどきが良かった場合、芽生えのときから生き生きしていて、収穫まで順調に進む可能性が高まるようです。このことは、人の手で種をまかない野草の芽生えを見ていくと、腑に落ちる思いがします。

たとえば同じサイクルで成長する野草のカラスノエンドウと、野菜のそらまめ（P.28）を比べてみます。どちらも秋頃に発芽し、小さい姿のまま冬を越して、翌春の暖かくなった頃に花を咲かせます。同じサイクルでも全く違うのは、種のまかれ方です。カラスノエンドウの実は、熟すと黒くなり、乾くとさやが捻じれるようにして自然に割れて、中にある種が外に飛び出します。初夏にばらまかれた種はそのまま土の中で待機し、秋がきたときに「今だっ！」と自ら芽生えます。気温変化などの条件をきっかけに、カラスノエンドウが自然の流れの中でそのタイミングを見計らうのです。対してそらまめは、人に植えられます。発芽に好条件な日があったとしても、そのときにわたしが種をまかなければ機会を逃してしまいます。タイミングが過ぎてから種をまかれても、そらまめとしては「なんだよ～もうあと数日早くしてほしかったのに……」と思っているかもしれません。

種をまく人の責任は重大で、これがとにかく難しいのです。なにせ季節はカレンダー通りには進みません。毎年気温は変わり、本当は種をまきたいのに雨が続くこともあります。その年の季節の流れ方を敏感に察知し、人の方が自然に合わせて行動することが必要なのです。でも、これはやろうと思ってすぐにできることではありません。この作業を毎年続けていらっしゃるのかと思うと、自然に詳しい農家さんが多いことにも納得です。この本を書いていて一番痛感したのは、農家さんの凄さかもしれません。いつかわたしも、自然の動きをくみ取って野菜を育てられるようになりたいものです。

カラスノエンドウの実

カラスノエンドウの芽生え

第二章 実を食べるお野菜

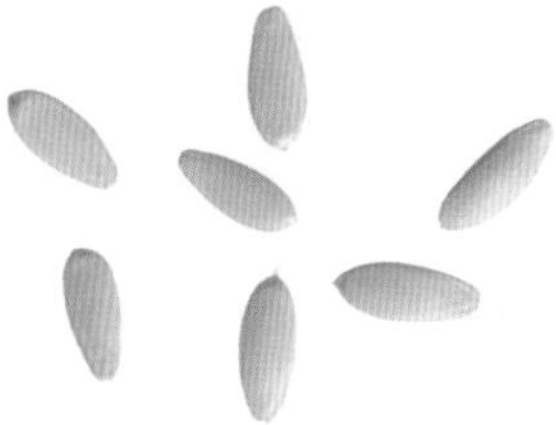

きゅうり

科　名：ウリ科
原産地：インド西北部

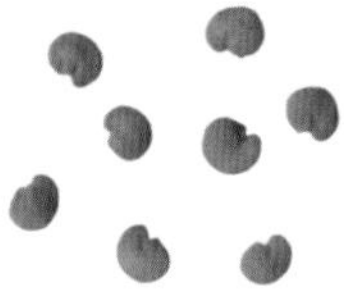

なす

科　名：ナス科
原産地：インド東部

ゴーヤー

科　名：ウリ科
原産地：インド

1月	2月	3月	4月	5月	6月	7月	8月	9月

ピーマン

科　名 ： ナス科
原産地 ： 中南米

オクラ

科　名 ： アオイ科
原産地 ： 東北アフリカ

ミニトマト

科　名 ： ナス科
原産地 ： ペルー・エクアドル一帯

とうがらし

科　名 ： ナス科
原産地 ： 中南米

観察メモ　○種まき　●開花　◇収穫　◆種どり

	4月	5月	6月	7月	8月	9月	10月	11月	12月
なす	○種まき		●開花	◇収穫		◆種どり			
きゅうり	○種まき		●開花	◇収穫		◆種どり			
ゴーヤー	○種まき		●開花	◇収穫		◆種どり			
オクラ		○種まき		●開花	◇収穫		◆種どり		
ピーマン	○種まき		●開花	◇収穫		◆種どり			
とうがらし	○種まき		●開花			◇収穫 ◆種どり			
ミニトマト	○種まき		●開花	◇収穫 ◆種どり					

※上記のカレンダーは著者がチャレンジした記録です。一般的な栽培カレンダーとは異なりますのでご注意ください。

種はこんなかたち（実物大）

実を食べるお野菜

なすのお話

第一章では、種を食べる作物を観察しました。私たちが口にする作物には他にどんなものがあるかなぁと考えると、やっぱりぱっと思い浮かぶのは、その実を食べる野菜のこと。

たとえば、なす。

ね。もうどう見ても実ですからね。

などと考えながら隣を見ると、なすの花のつぼみを発見。

夏野菜の代表選手なので、我が家の庭でも毎年のように育てています。この収穫どきがなによりたまらないのですよね。今年もニヤニヤしながらなすを収穫。どれどれ、今晩は麻婆茄子にしようか、それともシンプルに煮浸しかな。

もう少しで花が開くねぇ

とそっと触れてみるとフワフワと気持ちの良い手触り。

更にその隣には開いた花も発見。この紫色の花びらがまたあざやかではありませんか。

よっ、いい花
咲かすねぇ。

と観察していると、

あっ、右上に
トゲを発見……。

これ、収穫のときに刺さって痛いんだよな。

続いて花が終わるとこんな感じになります。

あっ、
ここにもトゲ。

あぁっ、もう駄目だ。トゲが気になって進めない。しょうがない、先に見ておこう。と近付いてみると

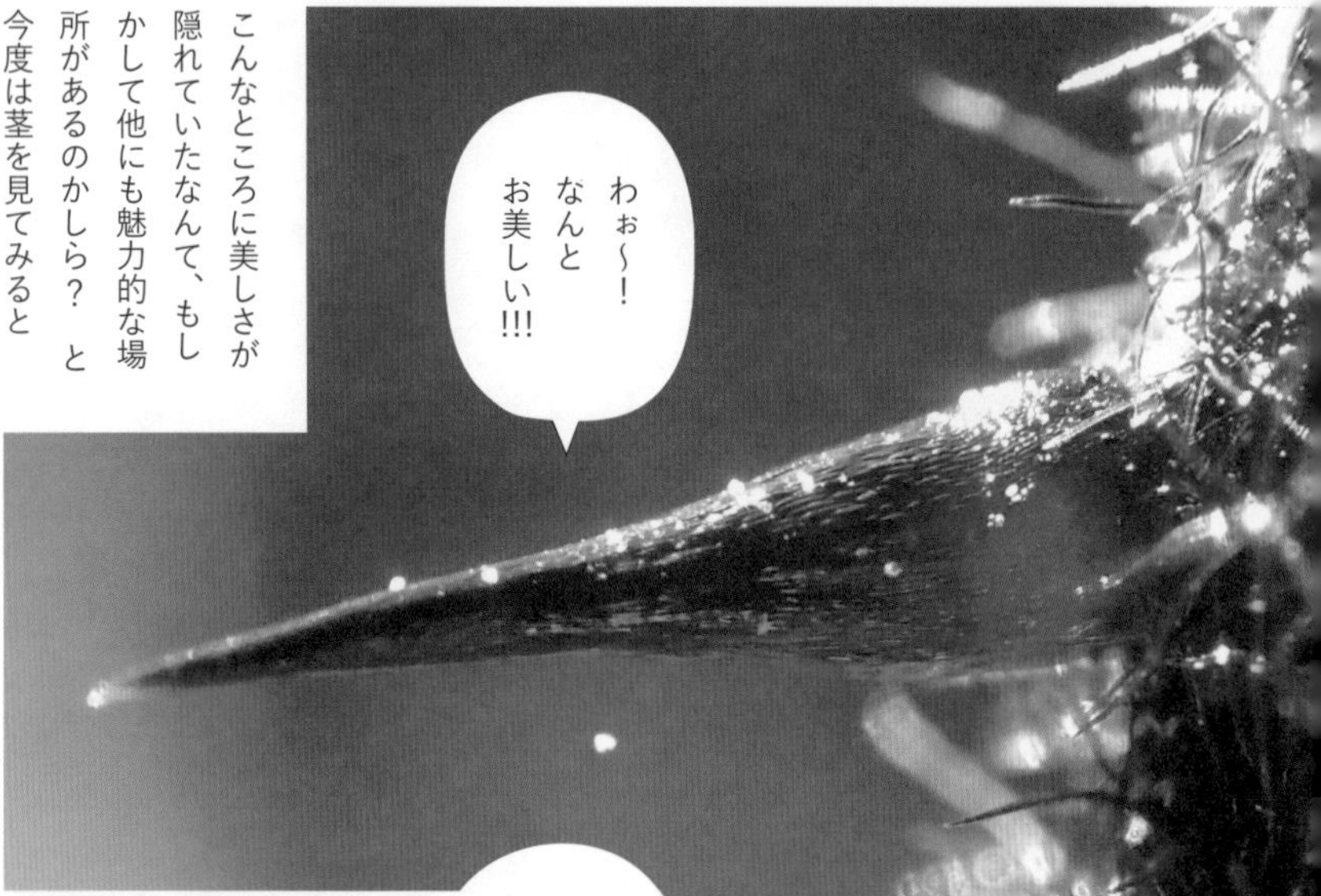
わぉ～！
なんと
お美しい!!!

こんなところに美しさが隠れていたなんて、もしかして他にも魅力的な場所があるのかしら？　と今度は茎を見てみると

むむ、
なにか白いものが
付いていますね。
近寄って
みましょう。

なんと……

星型の毛！
これぞ星状毛《せいじょうもう》!!
凄い。なす、想像以上に
見ごたえ抜群です。

食材としてなすを見ていると気が付きませんが、こうして見るとやっぱり野菜も植物なのだなぁと思わせられます。だっておそらく、鋭いトゲは動物の食害から実を守るためで、星型の毛は虫を通せんぼするためのものでしょうから。つい忘れてしまいますが、野菜だってもとを辿っていけば野生の植物だったときがあるのですものね。

そんなことを考えながら、もうひとつ見ておきたいものを思い出しました。確か、なすの花の雄しべは少し変わったつくりをしているんじゃなかったっけ。

?

花の中心に近寄ってみると、雌しべのまわりの雄しべが筒状になり、先端に穴があいているのが見えます。この雄しべをぽんぽんと叩いてみると

ほら出た出た！
小さな花粉が
たっくさん。

花を訪れた虫が振動を起こすと、筒の中から花粉が出てきて、それが虫にくっ付いて他の花に運ばれていくという仕掛け。それがうまくいくとあのぷっくり美味しいなすができ上がるというわけですね。

ということは、これが受粉に成功した実の赤ちゃんということ。

少しづつ大きくなって、見慣れたなすの姿になっていきます。

さぁそしていよいよ収穫。さっそく真っ二つに切ってみると
わぁ、美味しそう！

……と喜びつつ、わたしはここでひとつ疑問を見つけてしまいました。このうっすら見えるつぶつぶって、種なの？

ほら、なんだか心もとない見た目をしています。ひと粒つまんで、軽く爪を立てただけでつぶれてしまうほどの柔らかさです。

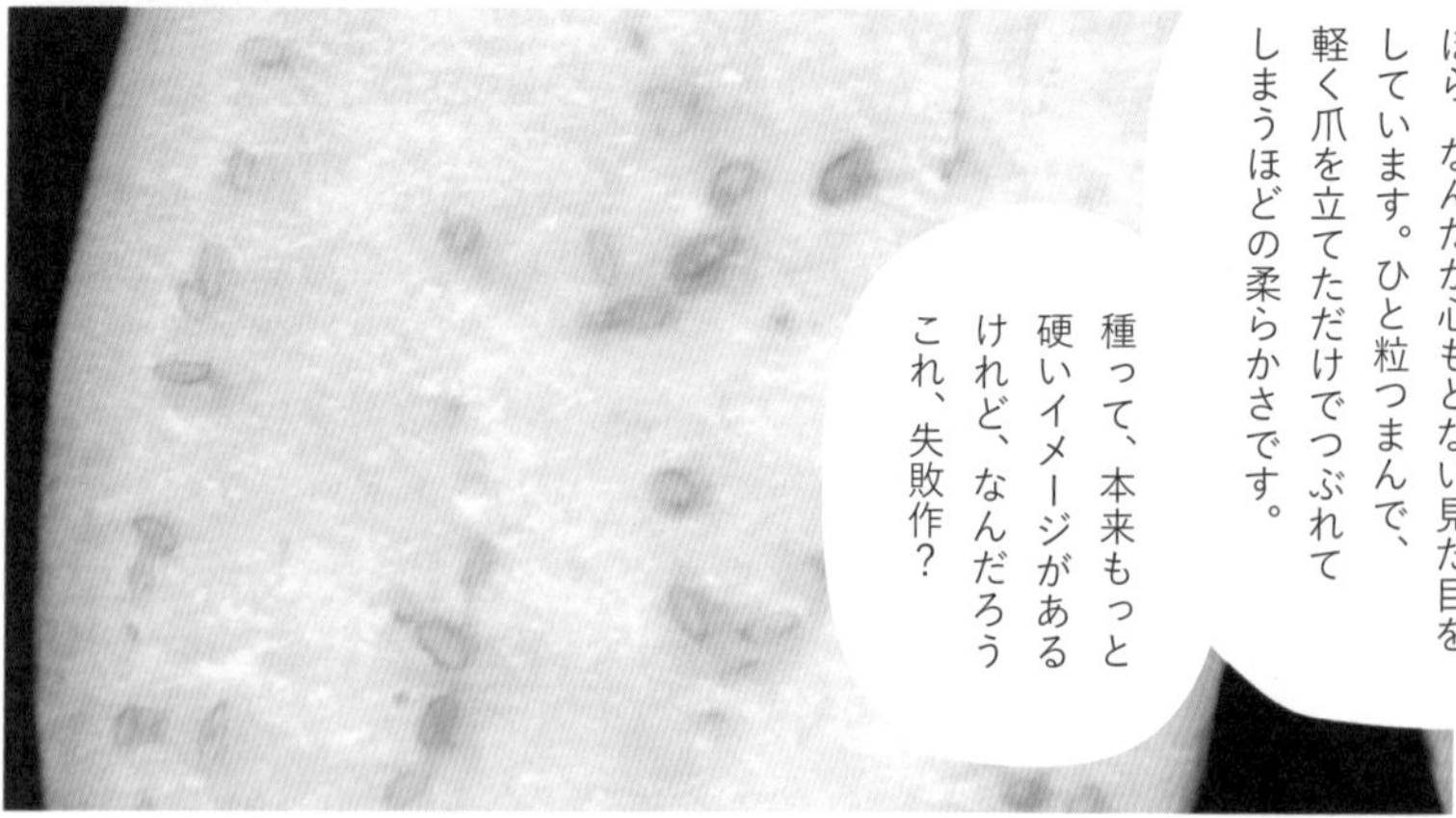
種って、本来もっと硬いイメージがあるけれど、なんだろうこれ、失敗作？

植物が実を作る目的は、鳥や動物に食べてもらい、糞《ふん》の中に種を紛れ込ませること。できる限り遠くへ自分の子孫を運ぶための重要な手段が実なはず。でもこのなすの中の種はどうにもまだ未熟な様子。うーむ。

さっき、なすももとを辿れば野生の植物なんだなぁなんて感慨深くつぶやいていたのに、肝心の種が作れないんだったら、やっぱり植物としての仕組みはもうなくなってしまったのでしょうか。もっと観察すればもしかしたらなにか分かるのかもしれません。

庭のなすは残念ながら全部収穫してしまいました。そこで、ご近所の農家さんに相談をして、また別のなすを観察することに。

ひと口になすと言っても色々な種類があり、こんな丸いかたちのものもあります。これは小布施丸茄子《おぶせまるなす》という種類。先ほどはこの状態で断面を見ても種が柔らかかったので、今度は思い切ってもっとあとになってから断面を見てみることにしました。1か月後の9月。改めて畑にお邪魔すると、

えっ、なにこれ。
大きい……。しかも黄色くなっている……。
どん

収穫時の小布施丸茄子はソフトボールくらいの大きさだったのに、これはフットサルのボールくらいのサイズです。1か月の間に随分と大きくなったものです。驚いてばかりもいられないので、ドキドキしながら断面を見てみます。

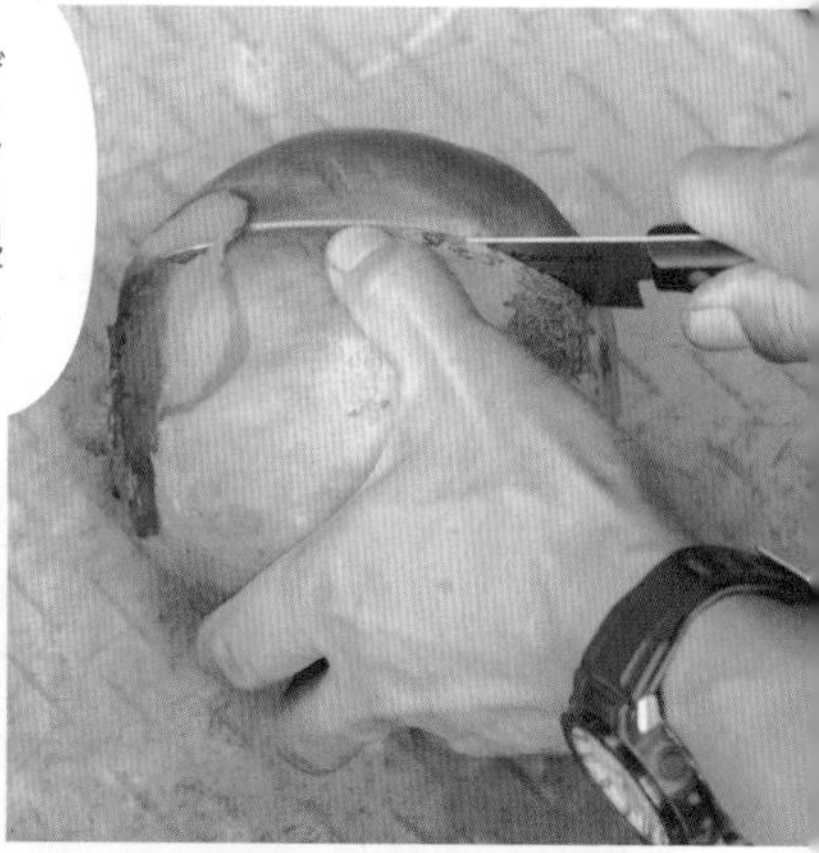
ザクッと包丁を入れると

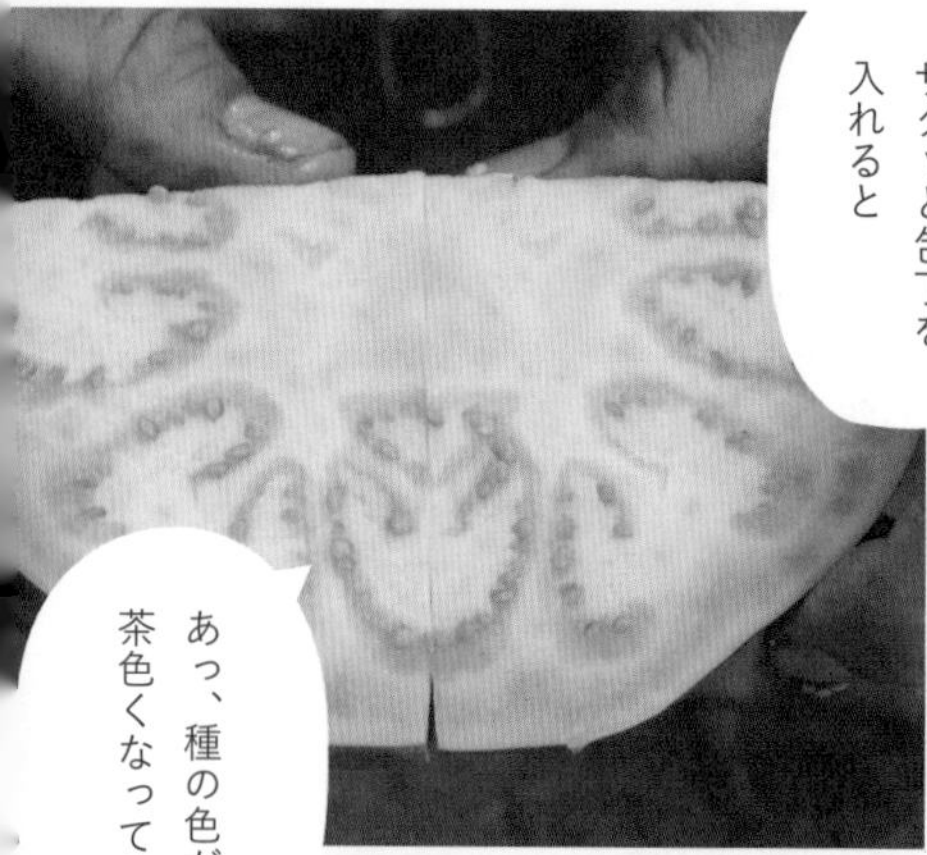

あっ、種の色が茶色くなってる。

触ってみると、この種は硬くて簡単にはつぶれません。これなら間違いありません。やっぱりなすの実の中の粒々は種だったようです。

これでようやく疑問は解決。はじめに切った紫色のなすは、じつは植物としてはまだ未熟な状態で、そのあとの黄色いなすこそが、本来の熟した姿だったのです。このときまで待って断面を見ないと、なすの熟した種を見ることはできないというわけですね。

人にとっては食べ頃だとしても、植物として考えるとじつはまだ未熟だった。というのは野菜と野生植物の違いを考える上で、ちょっとしたポイントになりそうです。

取り出した種は水洗い。
なんだか生き生きしています。
これが本当に種である証拠は、
翌年に確かめることができます。
乾燥させて保存しておいた種を
翌春にまけば

ちゃんと芽が
出てきました！

なすの知らなかった一面が見られてちょっと感動。しかし、これはなんだか面白そうな予感がしてきました。実を食べる野菜、もっと観察してみなくっちゃ。

種はこんなかたち（実物大）

実を食べるお野菜

きゅうりのお話

会社員時代の秘かな楽しみが、週末の庭仕事でした。金曜日になるとデスクワークをしながら、だんだんと気もそぞろに。明日……明日になったら絶対あの写真を撮るんだ。と最後のメールをばしっと送信しウキウキと帰宅。翌朝さっそく撮ったのがこの写真。

どうだっ！

きれいでしょう。ふふふ、この写真撮りたかったんですよね。これ、一体なんなのかと言うと、

きゅうりの若い実の拡大写真だったのでした！　黄色い花の付け根に伸びる緑色の部分。ここをよく見てみると

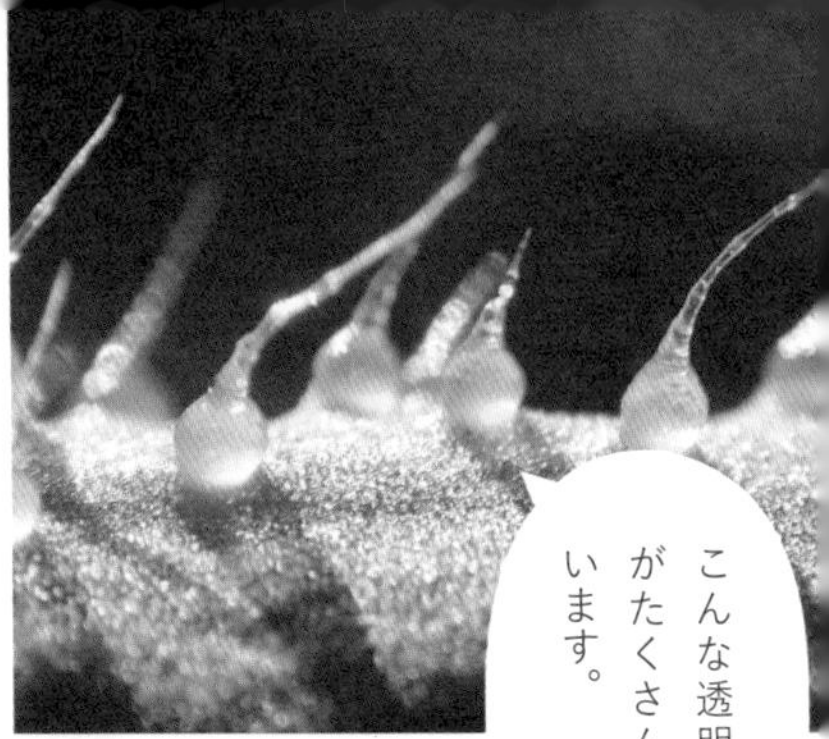
こんな透明なトゲ
がたくさん付いて
います。

なんでしょうかこの芸術点の高さ。これぞ自然のアート作品です。触ると少し痛いので、きっと若い実を動物などに食べられないように付けているものだろうと推測はできますが、ぽろっと簡単に取れてしまうのでどれくらい効果があるものなのでしょうか。野菜を植物として観察していると、こんな調子で次々と疑問と発見が押し寄せてきます。

今度は
花に注目。

先ほどのなすの場合は、ひとつの花の中に雄しべと雌しべが揃っているつくりをしていました。ですが、きゅうりの花はそうなっていません。こちらには2種類の花が別々に咲くのです。

これが雄の花で
これが雌の花。

雄花の付け根にはなにもありませんでしたが、雌花にはすでにきゅうりの赤ちゃんが付いているのが分かるでしょうか。

こんな小さなときからすでに実が付いています。それにしても凄いトゲトゲ。素晴らしい鉄壁のガードです。こうしてひとつの植物の中で、雄の花と雌の花がそれぞれ分かれて付くものを単性花《たんせいか》と呼び、なすのように雄と雌の両方の性がひとつの花に入っているものを両性花《りょうせいか》と言います。植物の性も様々なのだということが、家庭菜園でもよく分かります。

これは雌花のつぼみ。

きゅうりはその後どんどん大きくなり

見慣れた姿に成長していきます。

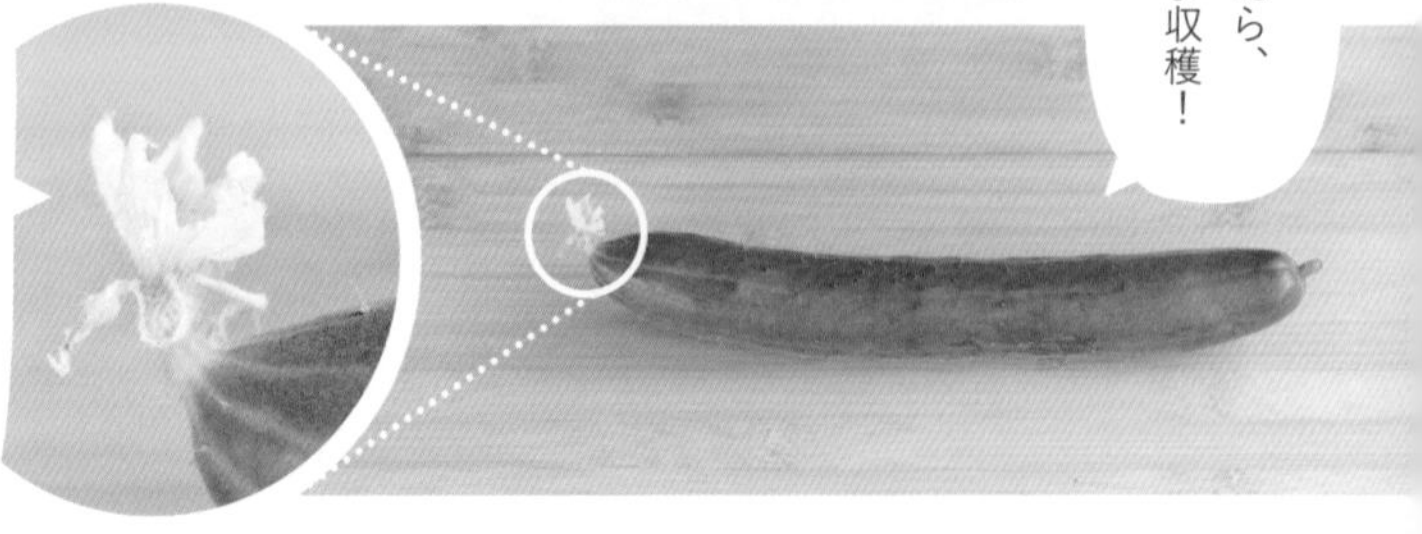

成長したら、いよいよ収穫!

先端にちょこんと、まだ花の名残りが付いていました。これまたかわいいです。

きゅうりは花が咲いてからおよそ1週間で食べ頃の大きさになるので、その実の成長の速さには驚かされます。

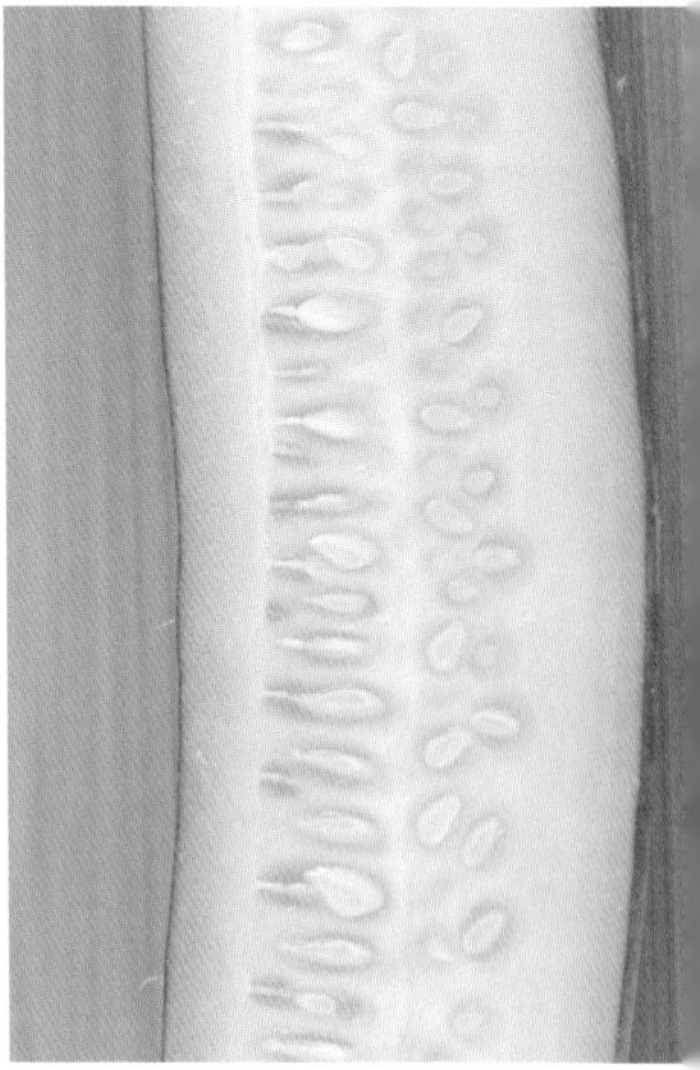

縦にスパッと切ってみます。

ん〜！瑞々しくていいですね。

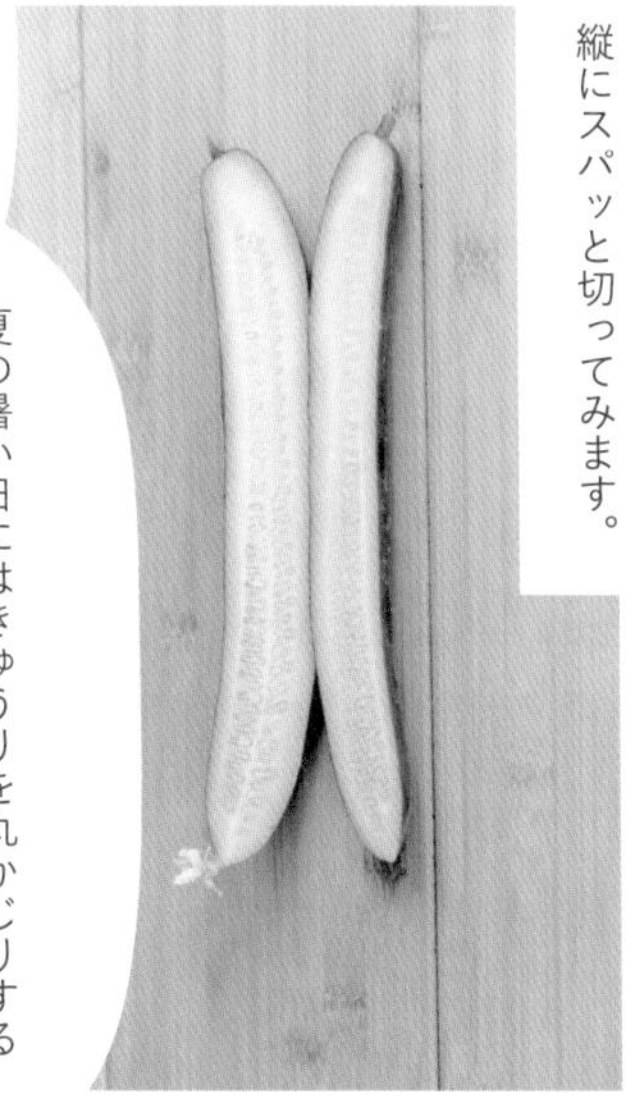

夏の暑い日にはきゅうりを丸かじりするだけでリフレッシュできるので、わたしはきゅうりが大好きです。さぁ、今日も暑いしひと口パクリ……と、その前に。

この断面を見て、なすと同じ疑問が湧き起こってきます。そうです、この種、まだ未熟なんじゃないの？　という問題。でもこれはすでに解決済み。きっときゅうりも、もう少し経ってから収穫すれば熟した種に出会えるんでしょう？　ということで、これまた農家さんに相談してきゅうりのその後を見せて頂くことにしました。

今回見せて頂いたのはこれ。四《すう》葉《よう》胡瓜《きゅうり》と言うもの。中国の華北地域のきゅうりだそうです。

表面のシワシワの感じが、
よくスーパーで売っている
きゅうりとは違う雰囲気を
していいます。きゅうりにも
色々あるのですね。

さて、

この四葉胡瓜を収穫
せずにこのまま置いて
おくとどうなるか。

それがこれです。

どーん！
大きい！

そして黄色い！
これまた随分と雰囲気が
変わるものです。

この黄色く大きくなったものをざっくり割ってみると……

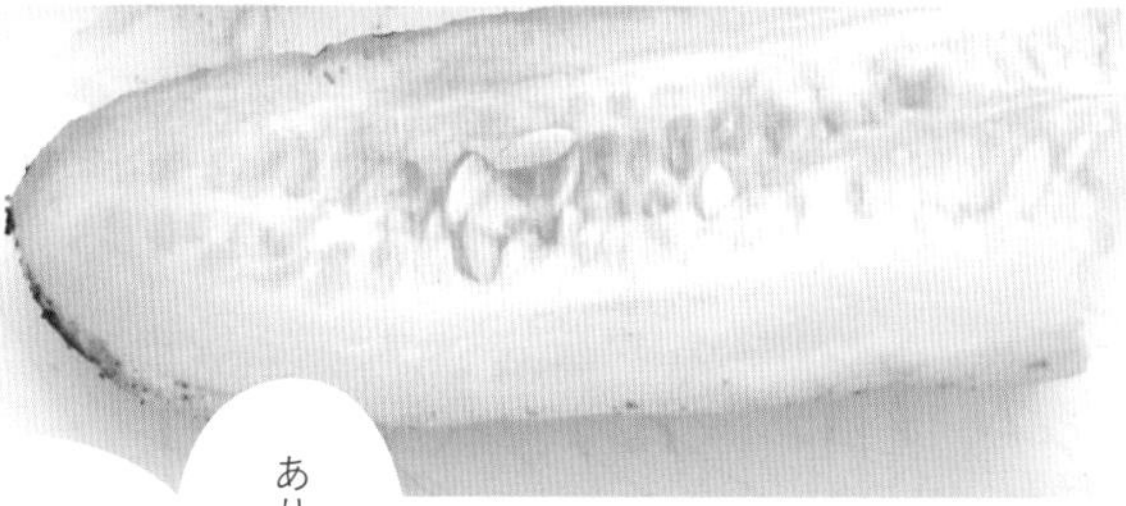

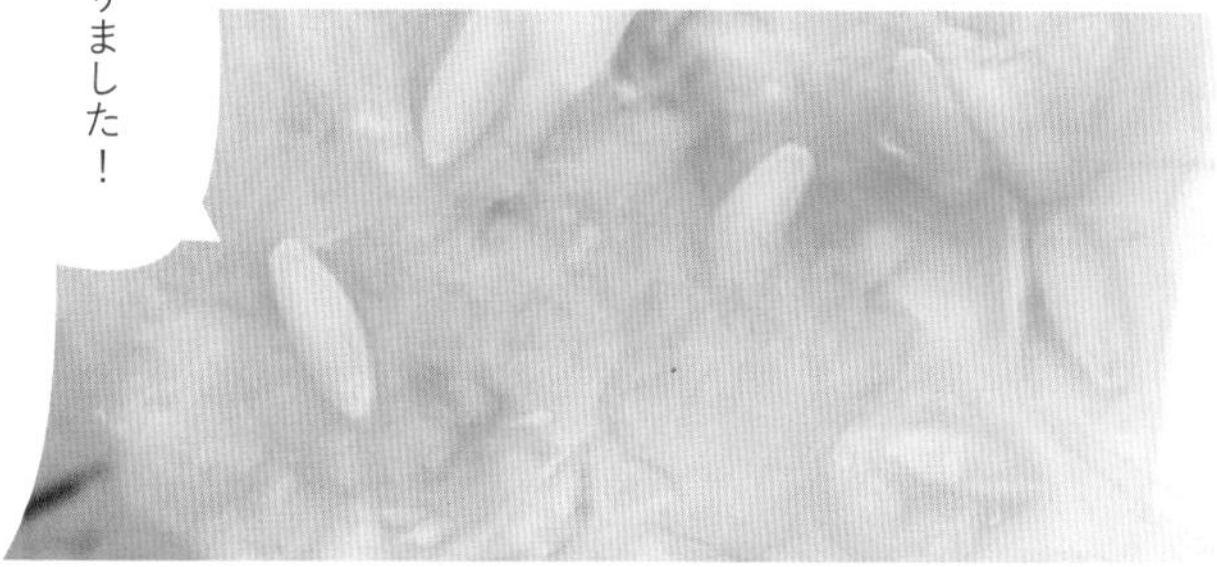

これが熟して大きくなった種です。ここまで待たないときゅうりの種には出会えないのですね。

きゅうりは漢字で書くと「胡瓜」。その他に「黄瓜」と書くこともあります。これはまさにこの熟したきゅうりの状態を見て付けられた名前のようです。今は緑色のきゅうりの味が好まれるので、未熟な状態で収穫し出荷されるようになりましたが、昔は完熟して黄色くなったきゅうりを食べていたことがあるようです。そのときの名残りが漢字に残っているわけですね。

今と昔では食も違ったのかと思うと、昔の暮らしにまで想像が及んでいって、野菜作りの楽しさが深みを増してくるように思えます。

これが種から芽生えた四葉胡瓜の様子。

こうして野菜も世代交代をしていきます。なんだか野菜の種どりの世界も面白そうなので、自分でもちょっとだけ挑戦してみたいなぁと思ってきました。

実を食べるお野菜

ゴーヤーのお話

種はこんなかたち（実物大）

野菜には、食べるタイミングと種が熟すタイミングが異なるものがあるということが分かったところで、こういう野菜は他にもあるのだろうか？　と考えてみると、やっぱりこれでしょうか。

沖縄でよく見る野菜、ゴーヤーです。

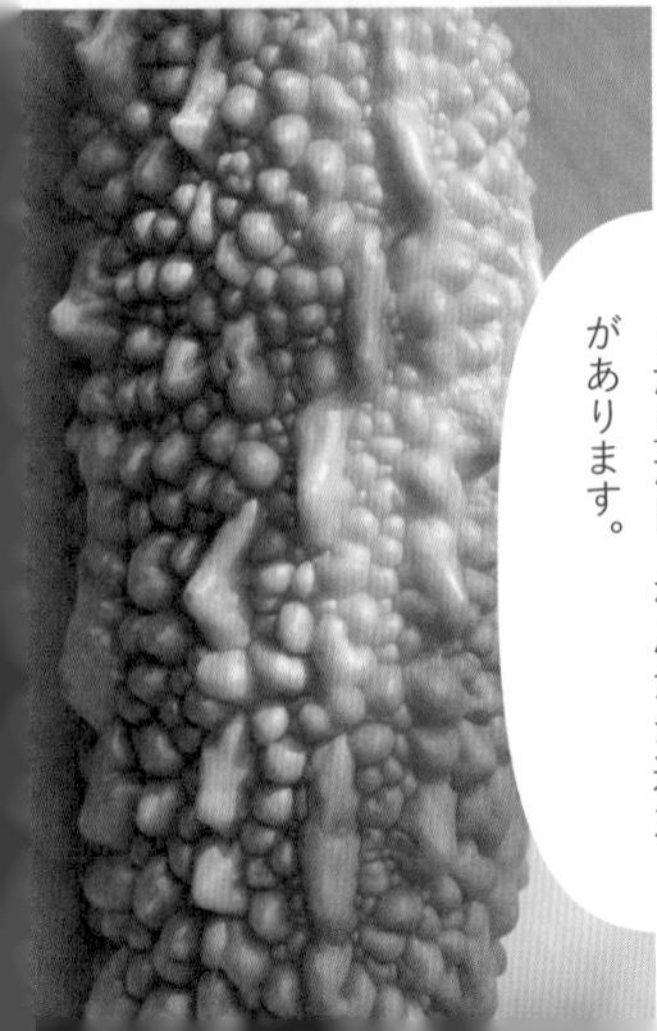
見てください、このゴツゴツした見た目。なんだか迫力があります。

こうして、がしっとつるをからみつけて葉っぱを伸ばしていくので、都市部でも夏の日差しをよける緑のカーテンとして活躍しています。

このつるもよく見ると案外面白く

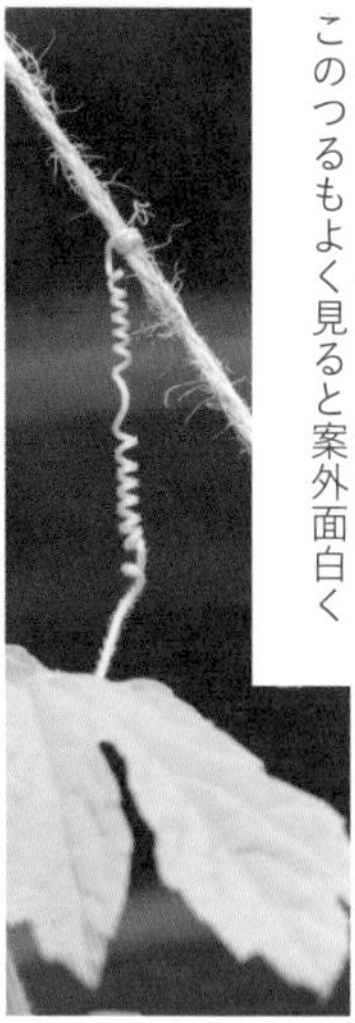

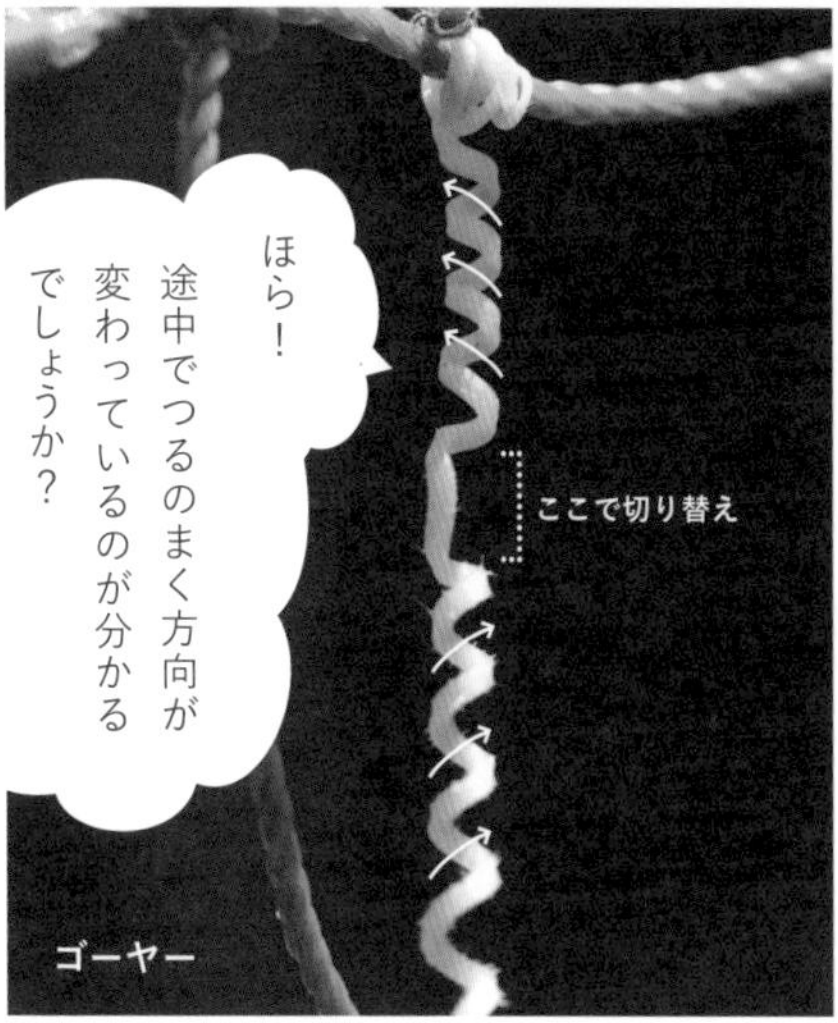
ほら！
途中でつるのまく方向が変わっているのが分かるでしょうか？
ここで切り替え
ゴーヤー

これはゴーヤーに限らずつる性の植物がよく行う方法で、つるのまく向きを途中で変えることによって、引っ張られる力に強くなり、かつ戻る力も増すことになるのだとか。

先ほどのきゅうりのつるも、よく見ると途中でまく向きが変わっていました。こんなところにも工夫が仕込まれているのですね。

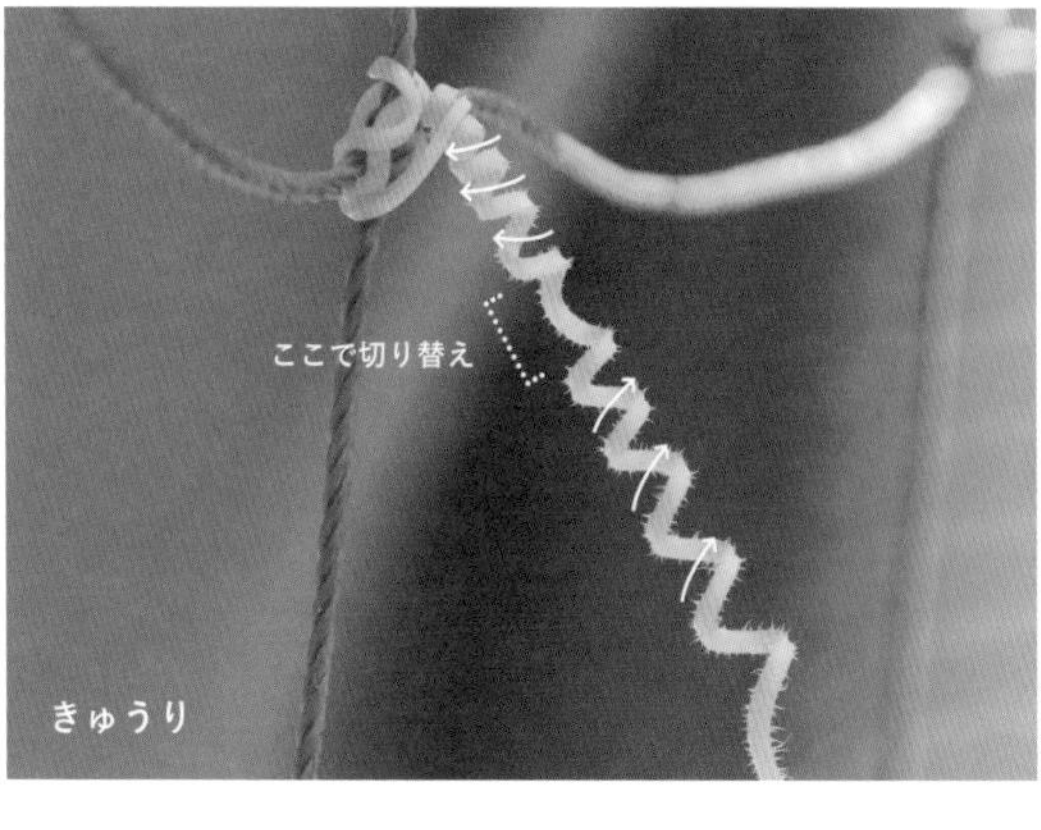
ここで切り替え
きゅうり

ゴーヤーもきゅうりもウリ科の野菜なので、花の特徴も似ています。

これがゴーヤーの雄花。花の根元にはなにも付いていません。

雌花には実の赤ちゃんがはじめから付いています。

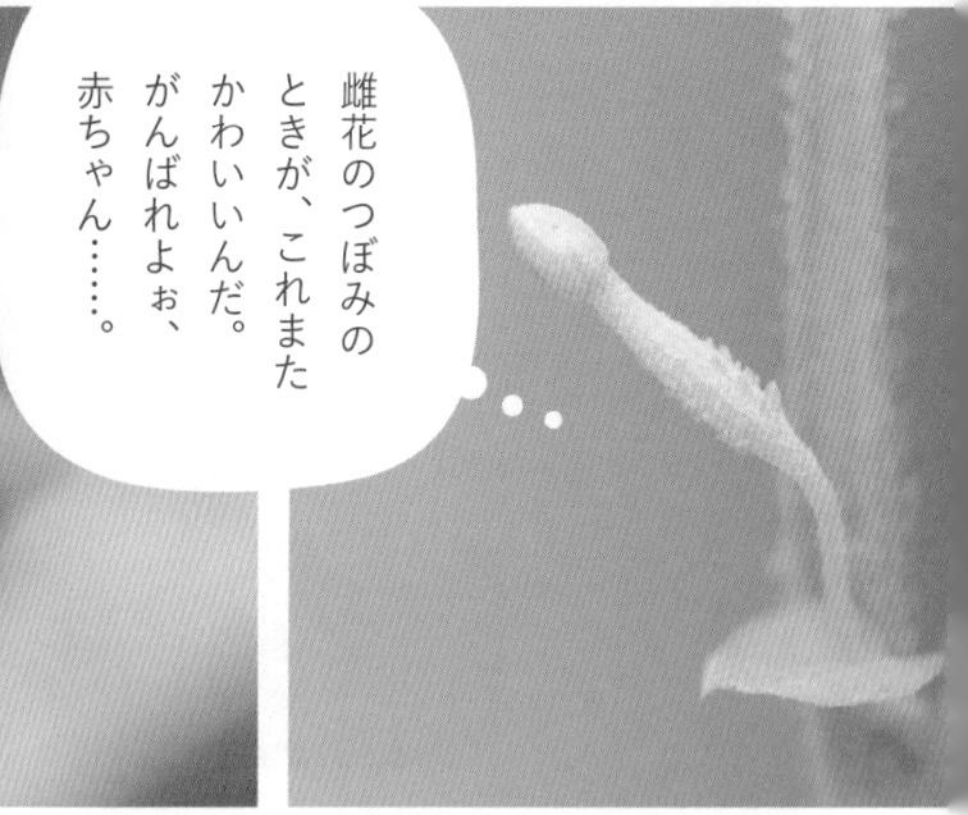
雌花のつぼみのときが、これまたかわいいんだ。がんばれよぉ、赤ちゃん……。

ゴーヤーの場合、雄花の雄しべは黄色で

雌花の雌しべは緑色。

というのもおもしろ観察ポイント。これはどうして色が違うのだろうか。と考えている時間も楽しいものです。
ゴーヤーはうまくすれば次々と実が大きくなって、家庭では食べ切れないほどの量が一気に収穫できるのですが、中には採り切れず放置してしまうものが出てきます。すると登場するのが……

これ！　驚きの存在感。
オレンジ色のゴーヤーです。

なにこれ、腐っちゃったのかな？と一瞬不安になりますが、なすときゅうりの謎を解いたあとなので、もう予想がつきます。きっと実が熟したんだね。

自然に割れた実の中から
出てくるのは……

えぇっ!!
な、なにこれ……。

あ、赤い。奇抜すぎるこのファッション、これはどう考えたらいいのでしょうか。

い、いやいや。種でしょ。これはきっと種。そう、種のはず。と自分に言い聞かせながら赤い衣を外してみると

あぁよかった。やっぱり種だ。これは知ってる。こういうの植えたもの。春に。

もう、こんなに驚かせてくれるなんて、ゴーヤーも憎いやつだなまったく。と、試みに赤い部分を口にしてみると、あれ、なんだかちょっと甘い？　もうひとつパクリ。うん、甘い。これは甘いぞ。

なるほど、となればこれもきっとゴーヤーの作戦に違いありません。この赤く甘い衣で鳥や小動物を誘って食べてもらい、糞の中に紛れて遠くへ運んでもらうことを狙っているのでしょう。ゴーヤーの作戦もなかなかなものです。

でも、私たち人間が食べるのはまだ未熟な緑色のゴーヤーです。こんな風にゴーヤーチャンプルーになると美味しいですものね。

本来は食害からその実を守るための苦さなのに、人間には喜ばれて食べられてしまうなんて、ゴーヤーにとってすれば「ちょっ、ちょっと待って……！　そういうことじゃないんだけど……」と大慌てかもしれません。

そう思うと、もしかして人間ってちょっと変わっているのかも？　とも思えてきました。ともあれ、せっかく頂いた命ですので、今日も有難くいただきます！

種はこんなかたち（実物大）

実を食べるお野菜

オクラのお話

野菜の一生を観察していると、その途中で思わず息を呑む美しさに出会うこともあります。

たとえばこれ。

スベスベと滑らかな手触りで、ちょっと強く触れると傷んでしまうほど繊細な花びら。花の開き方も規則正しくて、端正な印象を受けます。

なにこれ。観賞用の花なんて植えたっけ？　と思ってしまいそうですが、これだってじつは野菜なんです。

ちょっと引いて見るとヒントが。花の下にツンと立ち上がった実が見えます。このかたち、見覚えありませんか？

そう、これはオクラだったのです。

オクラはアオイ科に分類される植物なので、大きく捉えると、あの南国のハイビスカスと同じグループに属します。だからこんなにきれいな花を咲かせるのですね。こういう美しさも自分で育ててみてはじめて見ることができた姿なので、やっぱり野菜を育ててみるというのはいいことだなぁと思います。

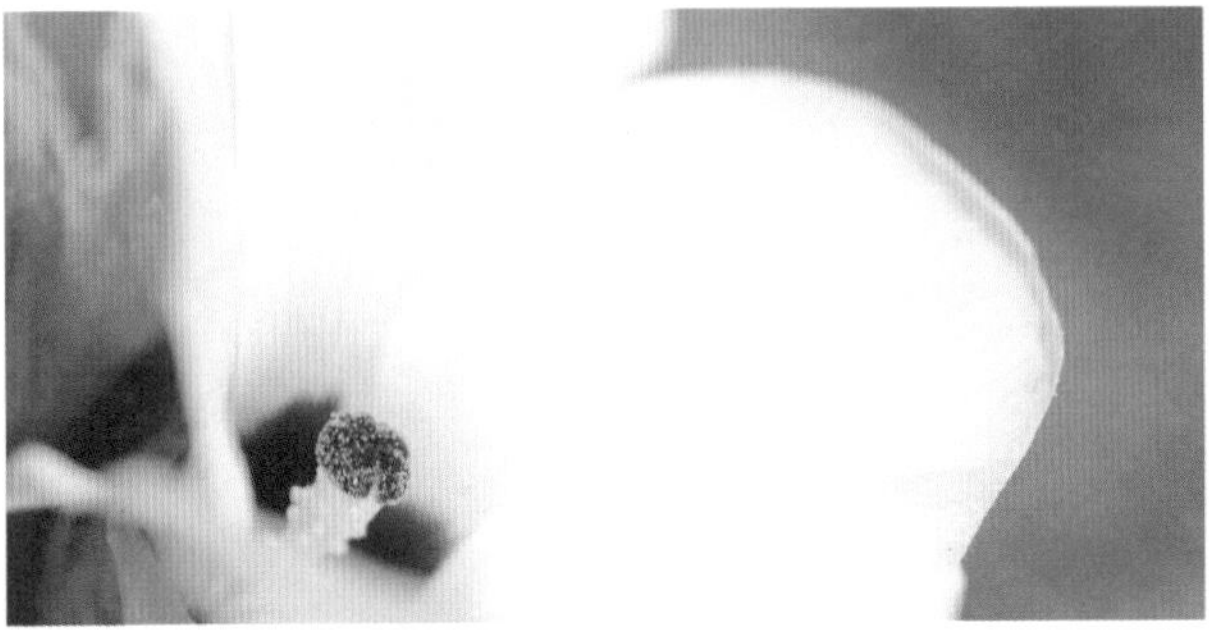

花に見惚れて色々な角度から写真を撮っていたところ、雌しべの柱頭《ちゅうとう》になにかが付いているのを発見。一気に近付いてみると

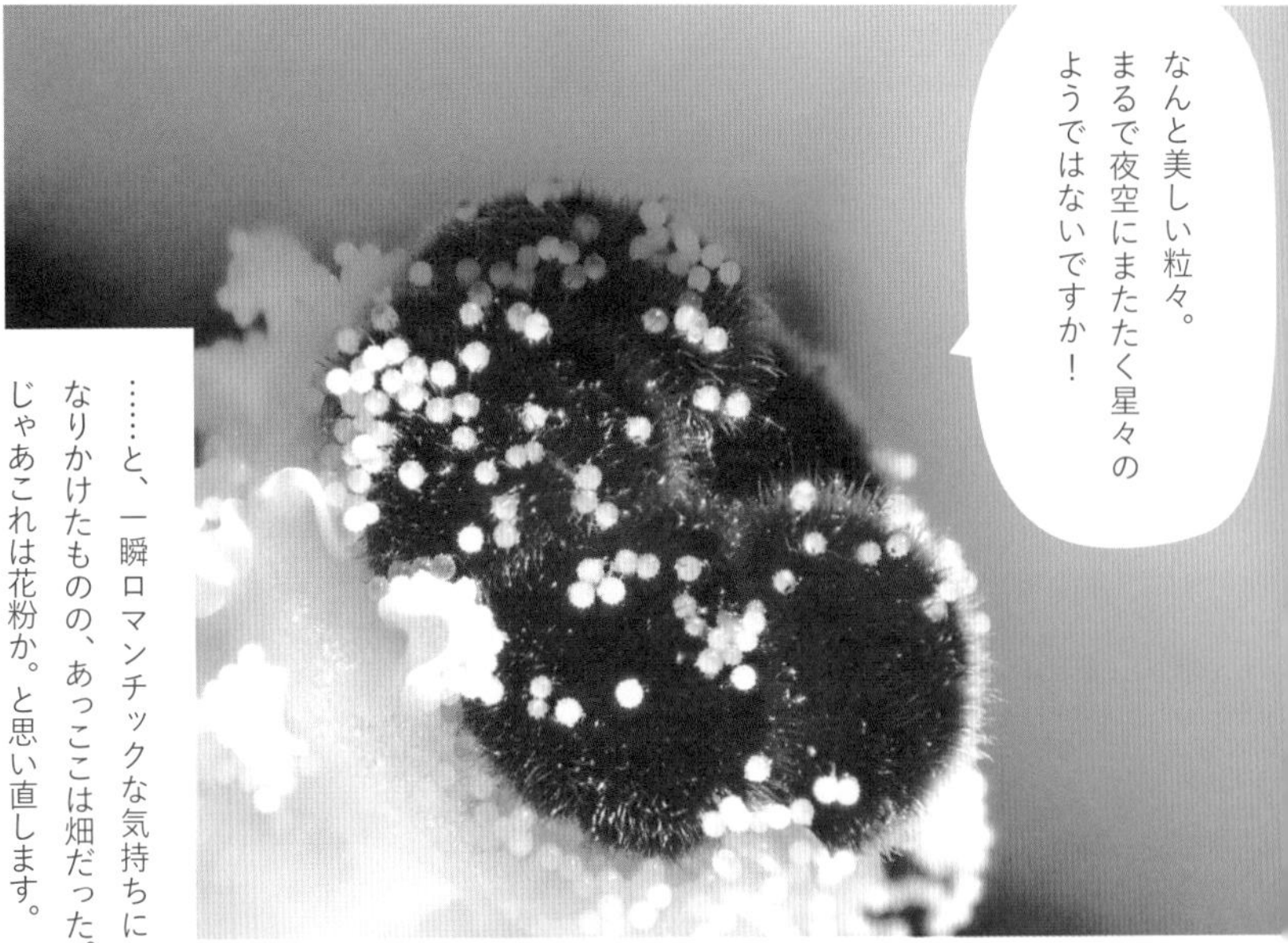
なんと美しい粒々。まるで夜空にまたたく星々のようではないですか！

……と、一瞬ロマンチックな気持ちになりかけたものの、あっここは畑だった。じゃあこれは花粉か。と思い直します。

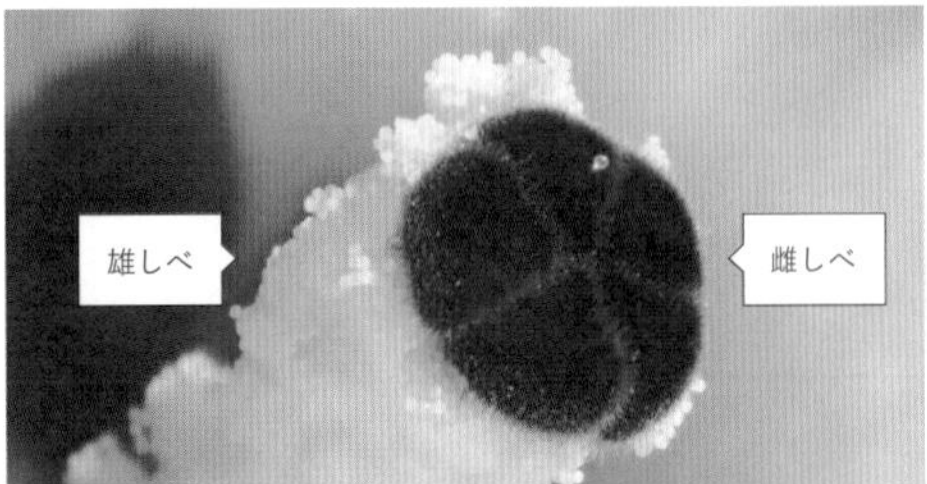
雌しべ
雄しべ

こちらが開花してすぐの花の中心部分。先端の赤茶色が雌しべの柱頭で、その下にある黄色い部分が雄しべです。この写真だと花粉がゴチャゴチャしていてよく分かりませんが、花粉が出尽くしたあとにもう一度見てみると

ちょっとすっきりして分かりやすくなったでしょうか。花粉が入っていた葯《やく》が見えるようになりました。でもまだどれが雄しべなのかいまいち分からないのがオクラの花のちょっと難しいところ。それもそのはずで、じつはオクラは5本の雄しべがくっ付いて1本に見えるというつくりをしているので、そもそも形態として分かりづらいかたちをしているのです。

ともあれ、オクラはこの雄しべから出た花粉を、別の花の雌しべの柱頭へ虫に運んでもらうようです。

ところで、受粉が成功すると実が大きくなっていくわけですが、まだ花が咲いているこの時点では、オクラの実の赤ちゃんはどこにあるのでしょうか。

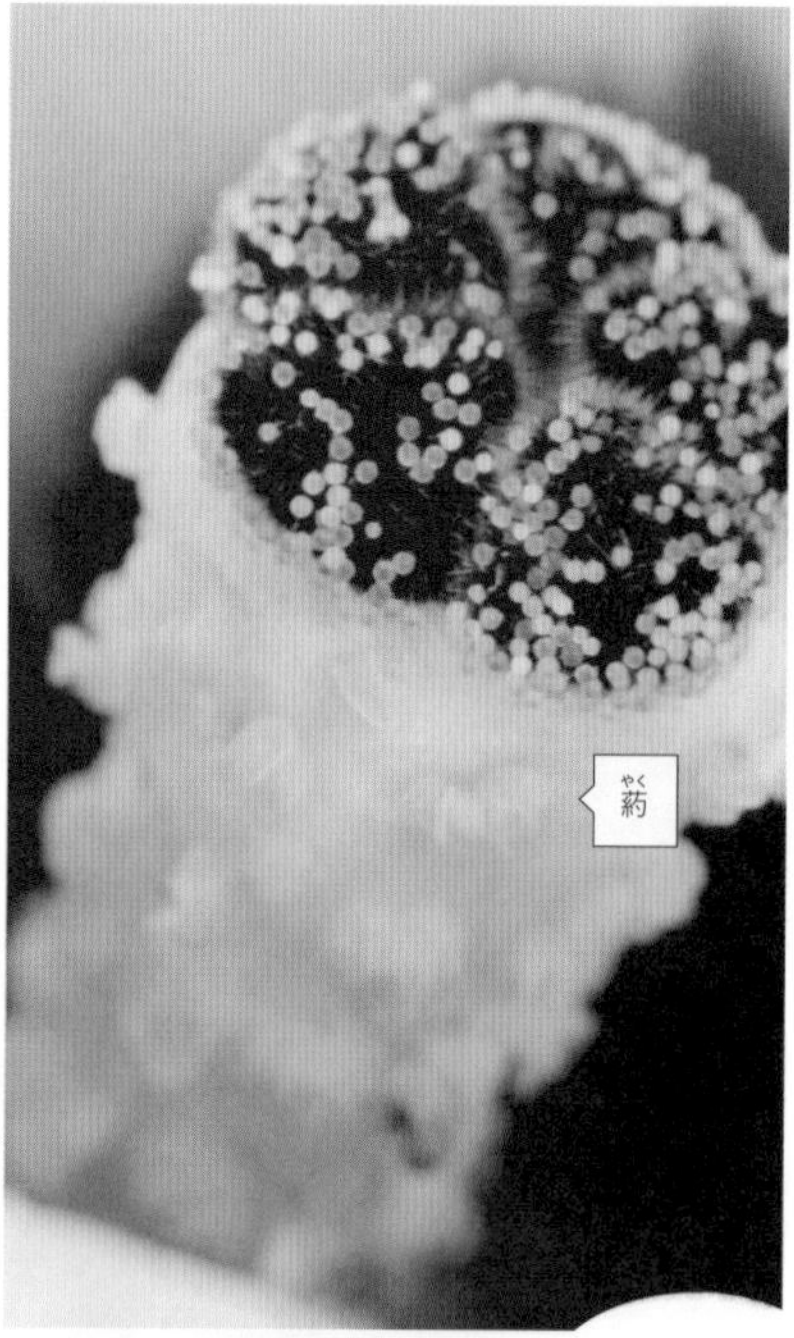
葯《やく》

実がどこかにあるようには見えないですよね。
うぅむ、外から見ても分からない、そんなときは奥の手。

えいやーっ
と花を真っ二つに切ってみます。

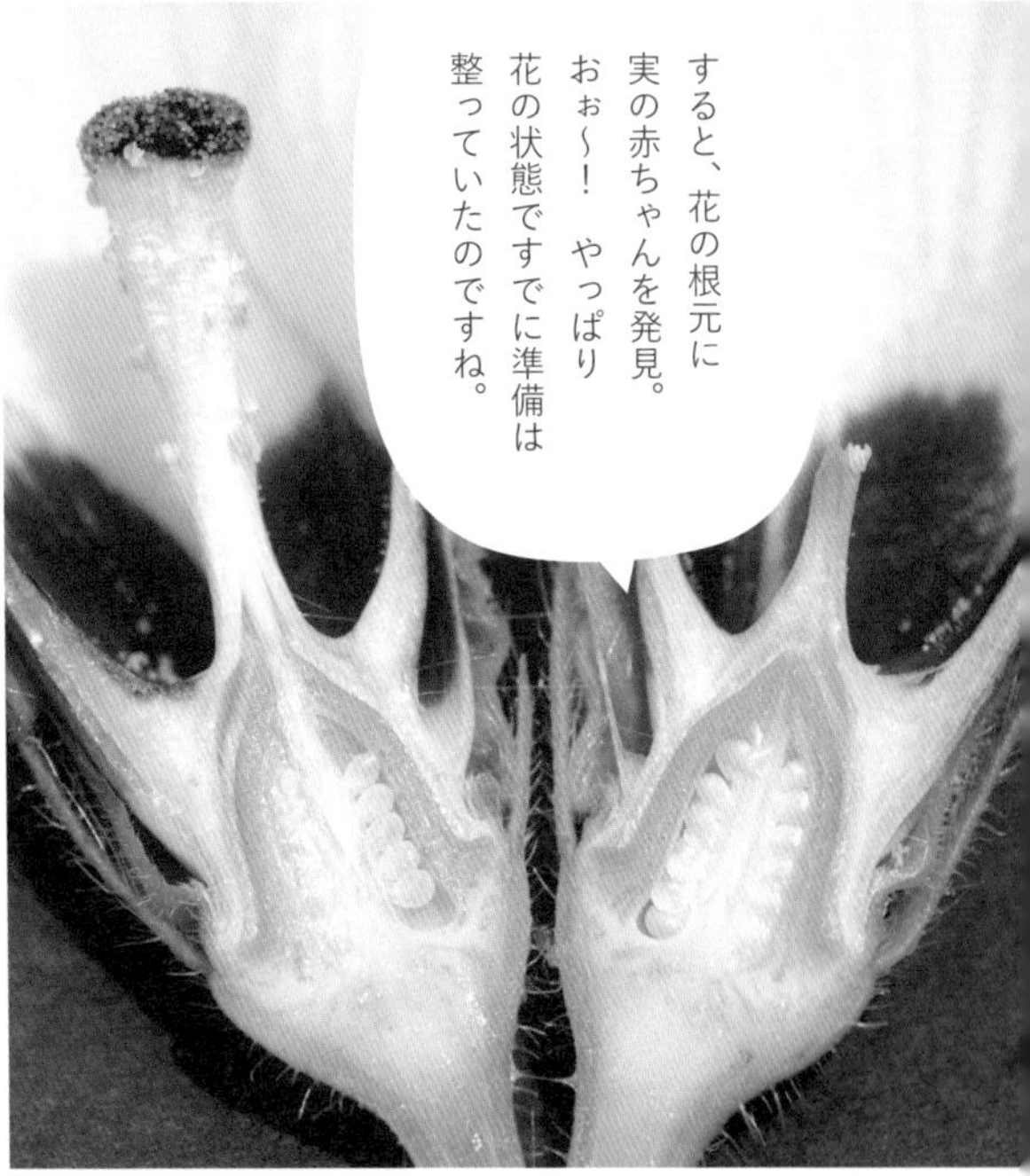

すると、花の根元に
実の赤ちゃんを発見。
おぉ〜！　やっぱり
花の状態ですでに準備は
整っていたのですね。

受粉が成功し、花びらが散ったあと、準備されていた実がどんどん大きくなっていきます。

たまに、花の名残りを頭に付けたままのものもあって微笑ましいです。

もう少し待つと、よく見慣れたオクラの姿になります。ん〜美味しそう！

ここで収穫して縦に切ってみると

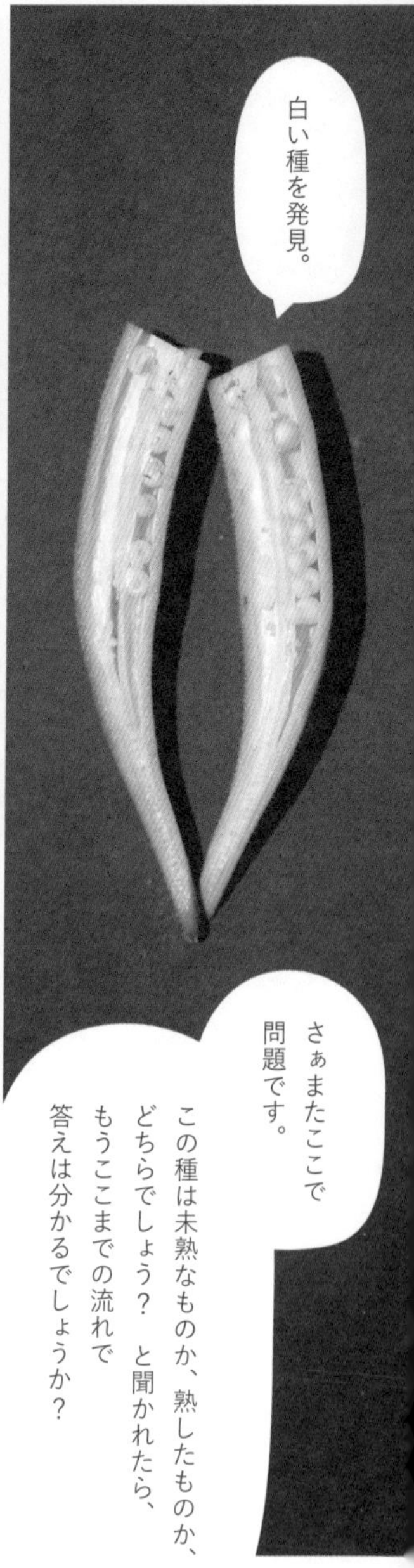

さぁまたここで
問題です。

この種は未熟なものか、熟したものか、
どちらでしょう？　と聞かれたら、
もうここまでの流れで
答えは分かるでしょうか？

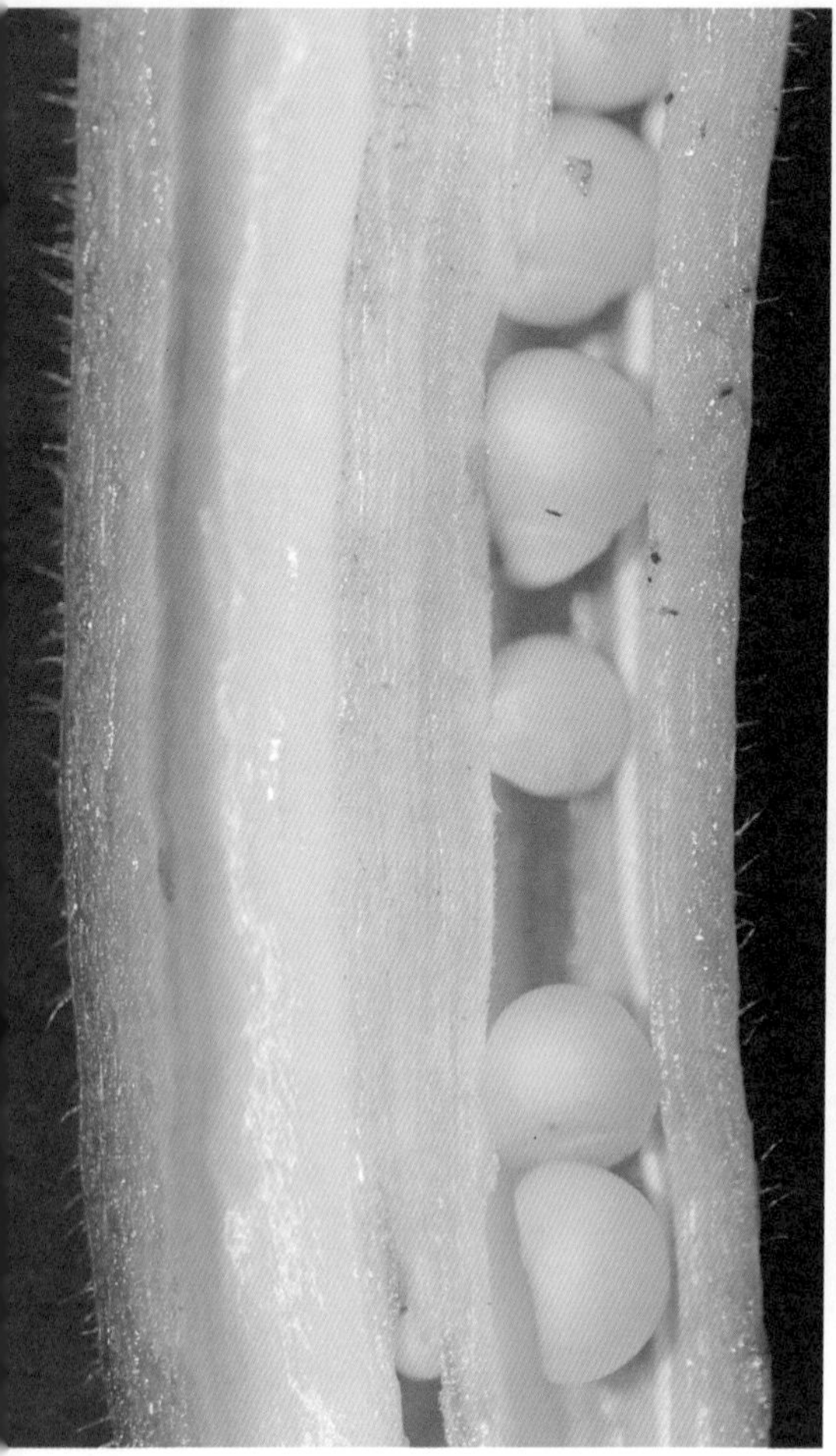

そうです。これもまだ未熟な状態の種なのです。その証拠に、私たちはオクラをこの白い種ごと食べていますよね。このときはまだ柔らかいんです。

となれば、オクラにもやっぱり次のステージがあるはず。ということで、引き続き見守っていきます。

オクラを放っておくと、その株自体がどんどん大きくなっていきます。そして、真夏には緑色だった実が、10月過ぎになるとこんな感じに。

わぁ、すっかりカサカサだ……。
しかも長い。こんなオクラの姿はじめて。

この状態で中身を取り出せば

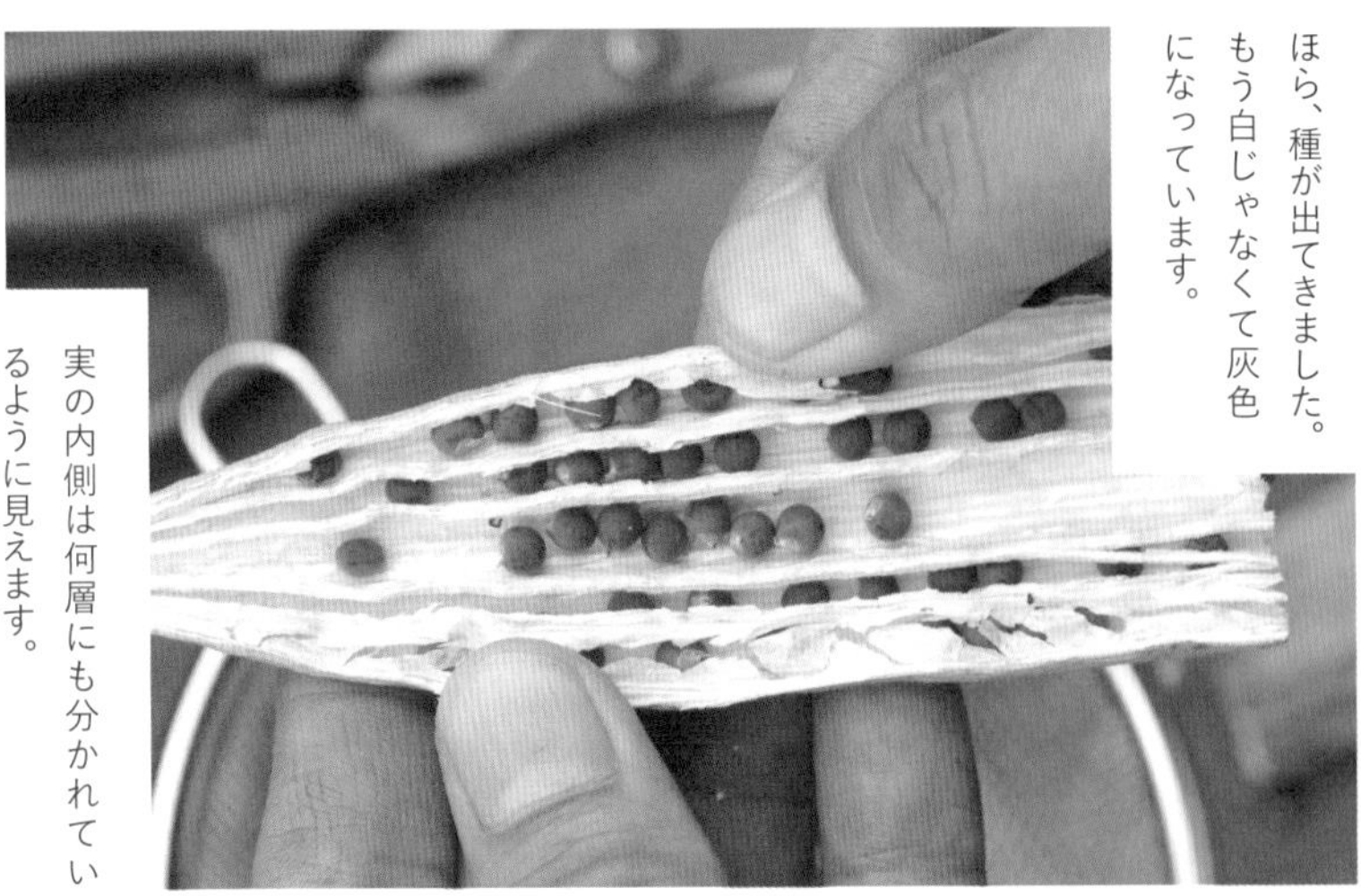

ほら、種が出てきました。もう白じゃなくて灰色になっています。

実の内側は何層にも分かれているように見えます。

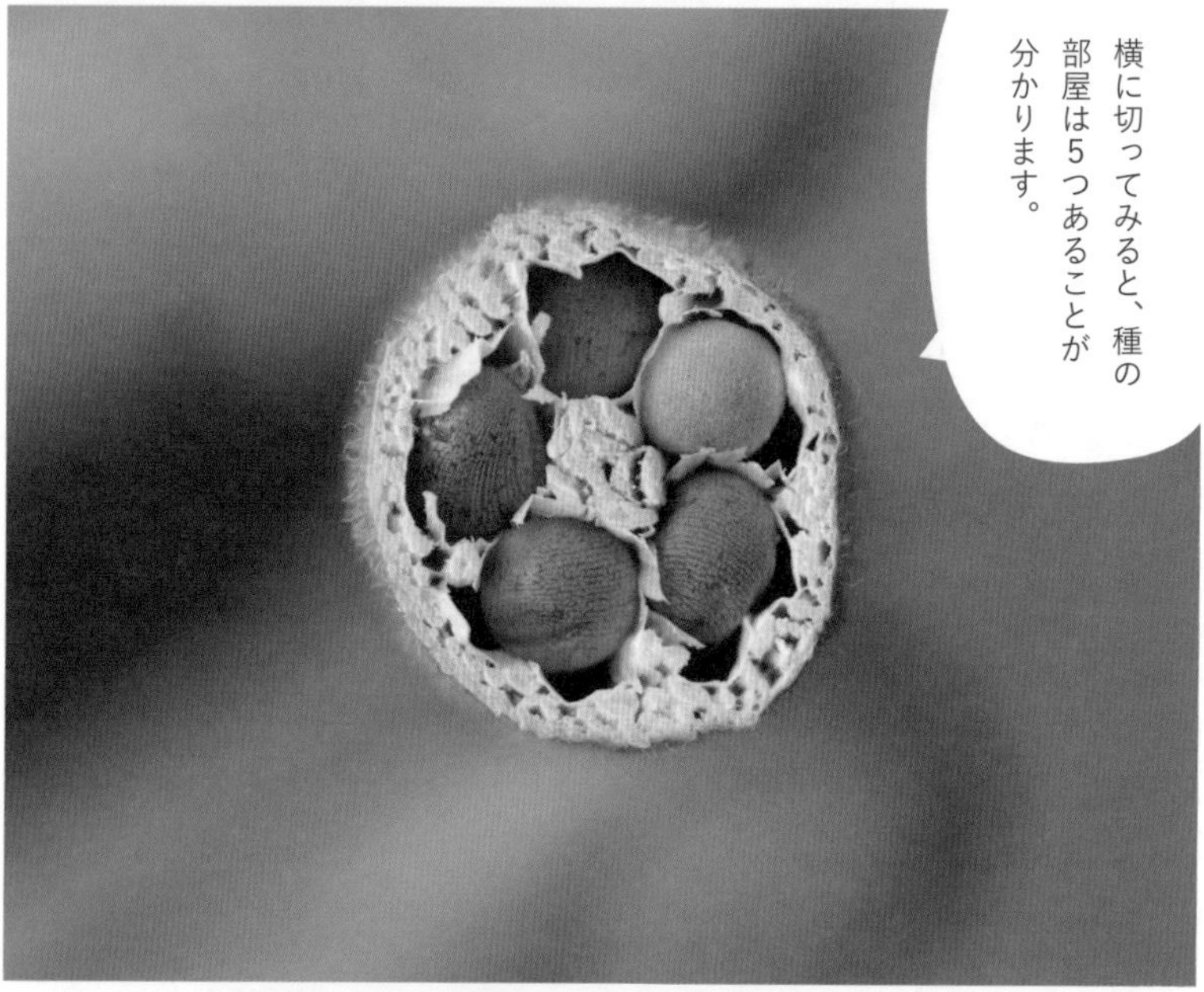

横に切ってみると、種の部屋は5つあることが分かります。

そういえば、雌しべの柱頭も頭が5つに分かれていました。

花びらも5枚あるし、どうもオクラは「5」がルールになっているみたいです。こういう何気ない発見から植物への興味が更に膨らんでいくのです。

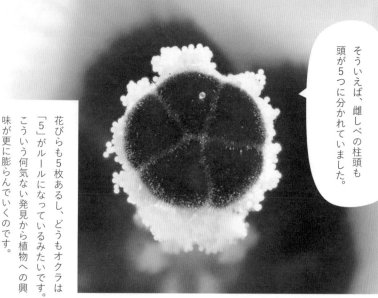

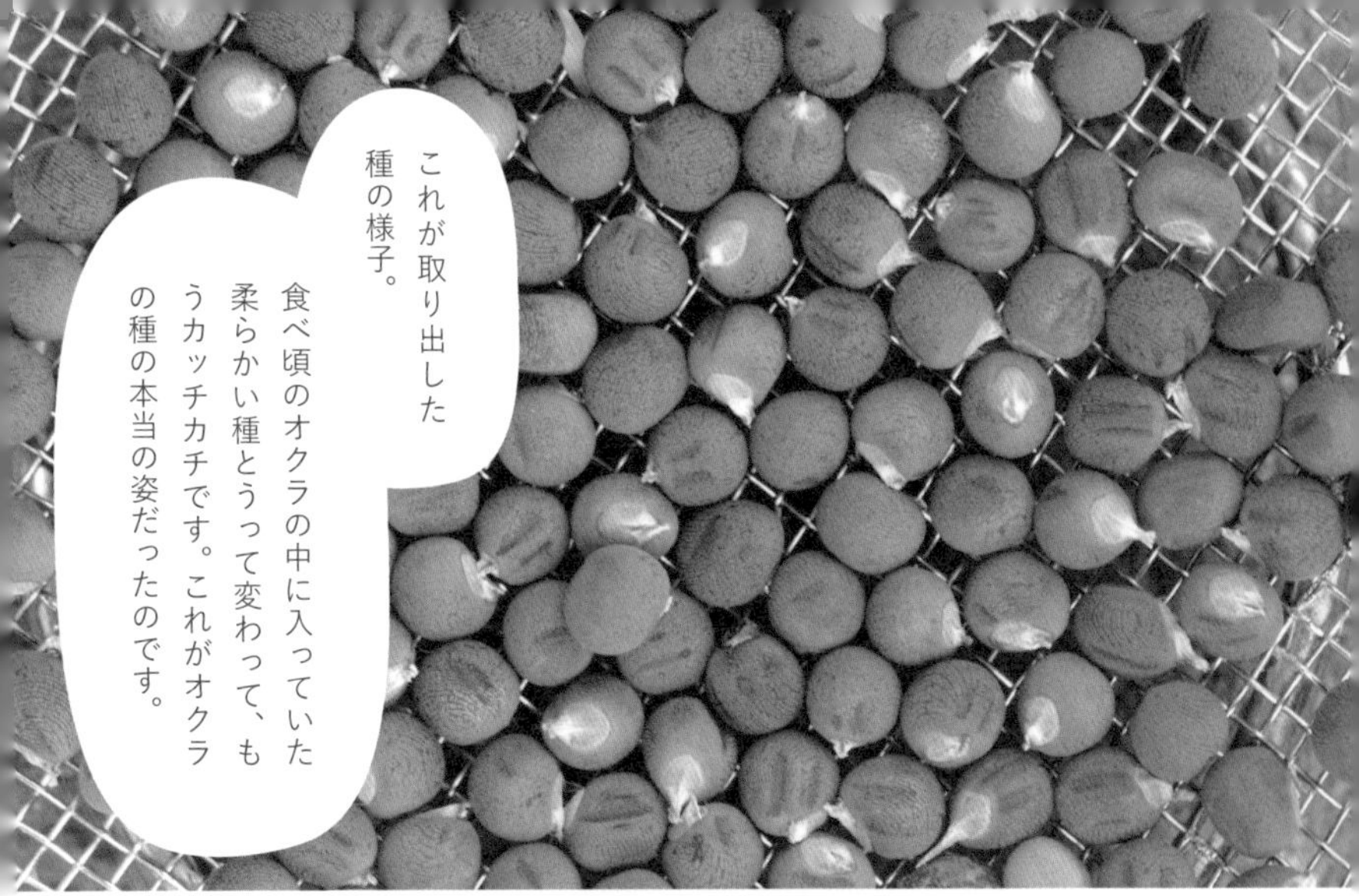
これが取り出した種の様子。
食べ頃のオクラの中に入っていた柔らかい種とうって変わって、もうカッチカチです。これがオクラの種の本当の姿だったのです。

翌シーズンに種をまいたら出てきた芽生え。

当然と言えば当然なのですが、ちゃんと種から種へとリレーがつながる様子を見ているととても嬉しくなります。

当たり前のようなことも、自分の目で見ることの楽しさがここにはあるなと思います。なんだか、どんどん楽しくなってきました！

実を食べるお野菜

ピーマンととうがらしのお話

ここまで、食べるタイミングと種が熟すタイミングに時間差がある野菜を追いかけてきましたが、ちょっと気になっていた存在があります。

それがこれ。ピーマン。

どうして気になっていたのかと言うと、

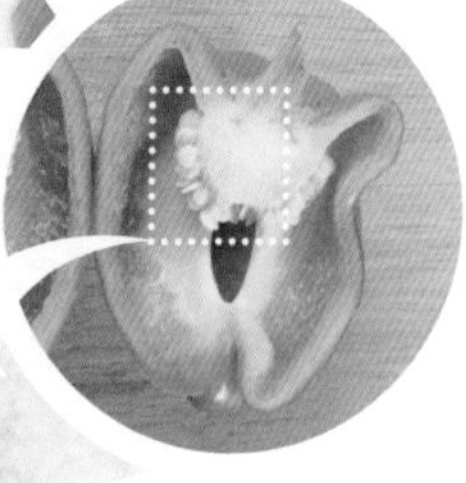

ピーマンを縦に切ったときに出てくるこの種。

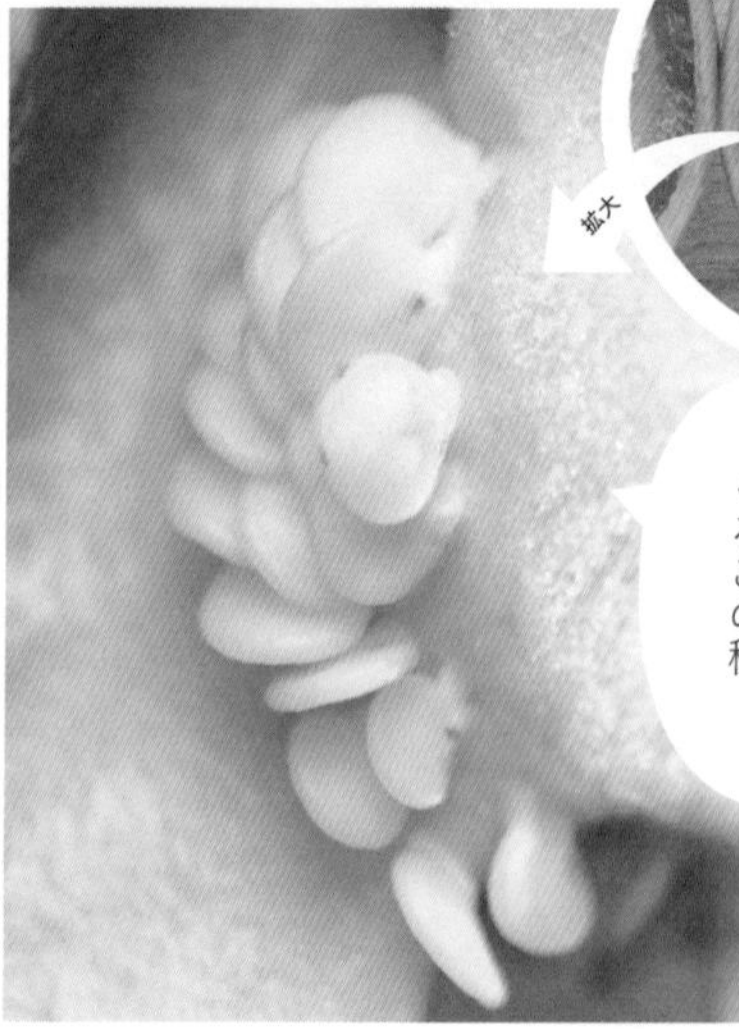

すでにそれなりにしっかりしているように見えるんですよね。料理するときもこの種の部分は取っちゃいますしね。未熟な種ごと食べる、なすやきゅうりとはちょっと違います。

もしかして、これは食べるタイミングと熟すタイミングが同じと言ってもいいのでは？　と思っていたのですが、実際に育ててみるとやっぱりそうではなかったようです。

ピーマンも緑色のときに
収穫せずにそのままにしておくと、
こんな感じで赤みがかってきて

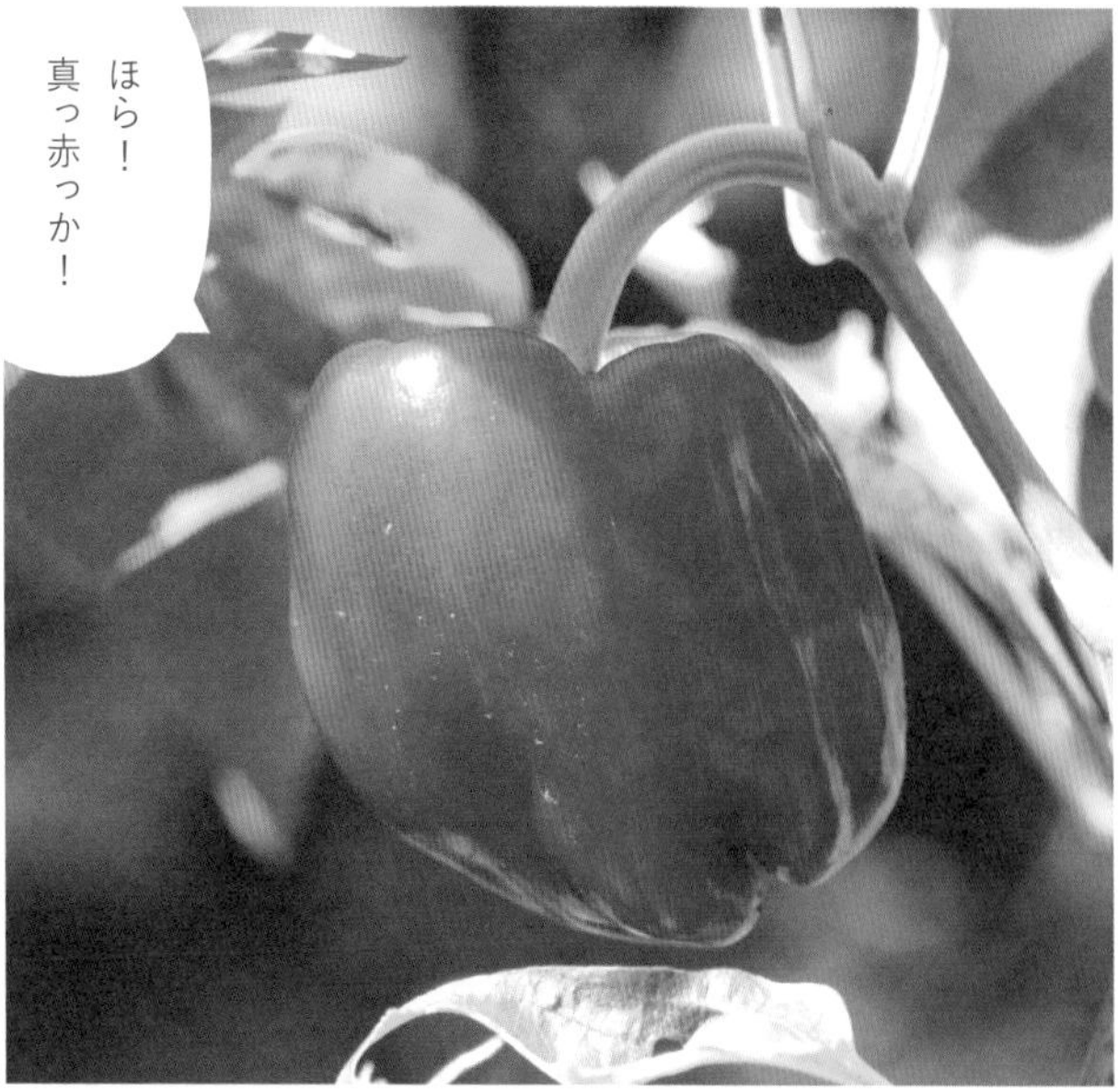
ほら！
真っ赤っか！

おぉ～こりゃまた凄い見た目です。面白いのは緑から赤に変色する際に、味も少し変化すること。ピーマンと言えばほんのり香る苦さが特徴ですが、赤く熟したピーマンは苦さが控え目になり、人によっては甘く感じることもあるようです。

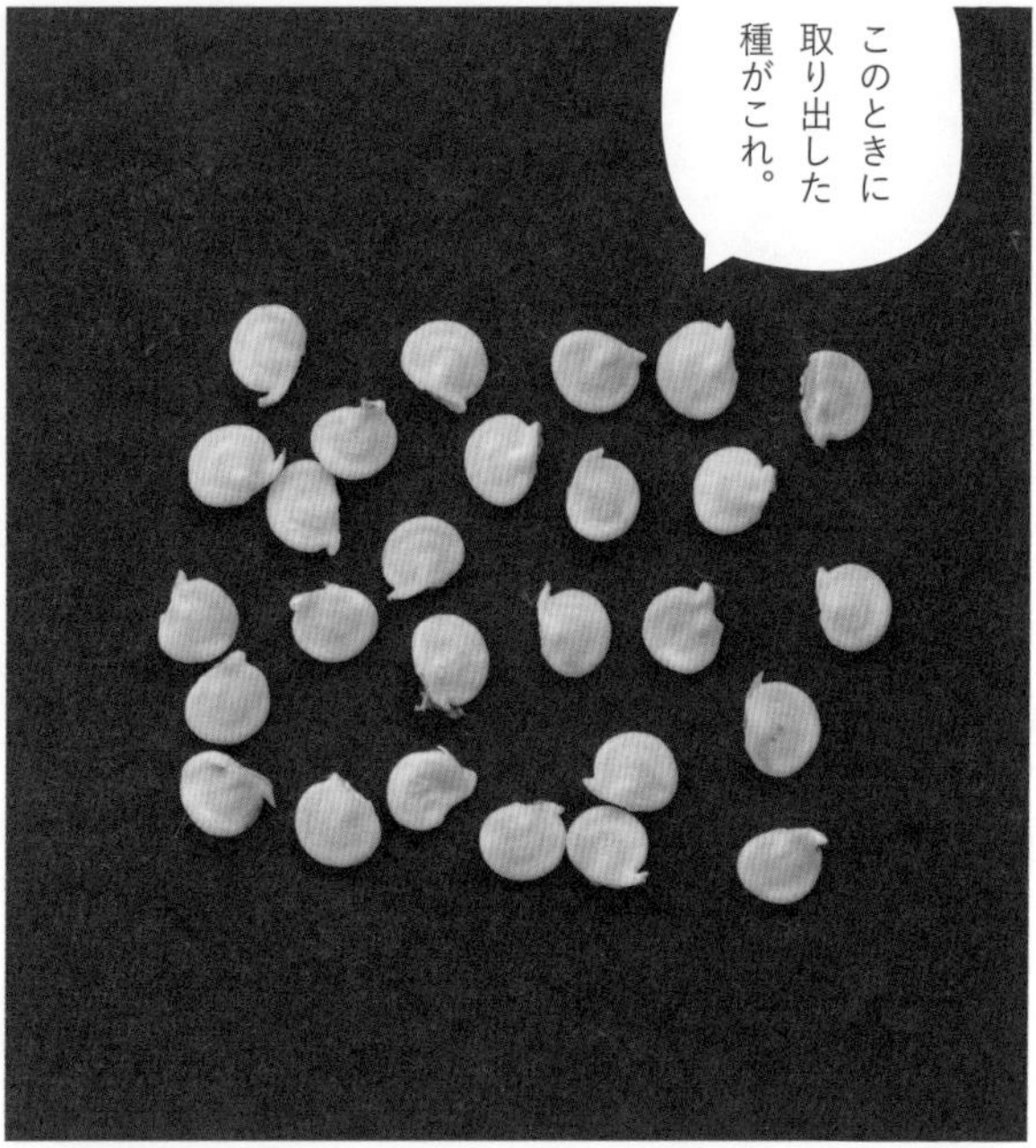
このときに
取り出した
種がこれ。

先ほどの緑色の実のときの種と比べると茶色っぽくなって、手触りも少し硬くなりました。こちらがピーマンの熟した種だったのです。

さて、この赤いときの種が本当に熟しているものなのかどうかは、これまでと同様で翌年に種まきをすれば分かります。

ほら。ちゃんと
芽生えてきました。
今年もよろしくね！

よし、だんだんと野菜のことが分かってきたぞ。と、隣を見ると今度はとうがらしがたくさん実を付けていました。

とうがらしにも色々あり、今回育ててみたのは鷹の爪という品種。ピーマンと同じく、緑色の実が赤く熟していきます。

ピーマンの隣でとうがらしを育てていたら、あることに気が付きました。なんだか似てるんですよね。このふたつ。たとえば花とか。

白い花びらに、雄しべと雌しべの雰囲気もそっくりです。完璧に一致というわけではないですが、つくりとしては似ていますよね。

こういうときは両種になにか関係があることが多いので早速調べてみました。すると分かったことに驚き。なんと、そもそもピーマンとはとうがらしを品種改良したものなのだとか！

え～そうなの!?　確かに色つやは似ているかも知れないけど、かたちも味も全然違うよね。どういうこと？

と慌てつつ、あっなるほど。確かにピーマンは改良されたものなのかも……と思いました。

断面を見比べると、ピーマンの中身って凄いスカスカなんですよね。

対してとうがらしは種がびっしり詰まっていて、こちらの方が梱包としては優れているように見えます。

植物にとって種はとても大事なものです。とうがらしのように実の中にぎっしり種を詰めたり、そらまめのようにクッションで包んだりして大事に守っていることが多くあります。

ピーマンさん、こんなにスカスカだとちょっと梱包に不安ありませんか？　と思わず聞いてみたくなりますが、そんなことを聞いたらピーマンからは、「いやいや、だってあなたたちがそうしたんでしょ！」と返答があると思います。

なぜなら、私たちが現在食べている野菜の多くは、古くから人の手によって改良が進められてきたものだからです。ピーマンであれば、とうがらしの中から辛くない品種を選抜し、かつその実を多く食べるために外側の部分だけが大きく太るように栽培されてきたのです。とうがらしからピーマンに辿り着くまでには相当な時間がかかったはずですが、先人たちの努力によって私たちは今美味しくピーマンを食べることができるのです。そう思うと、ピーマンも簡単な気持ちでは食べられなくなってきます。苦いから食べたくない、なんてもう言えないですね。

ところで、とうがらしは赤いときに使うことが多いので、これまで見てきたものと違って、食べるタイミングと種が熟すタイミングが同じ野菜と言えそうです。

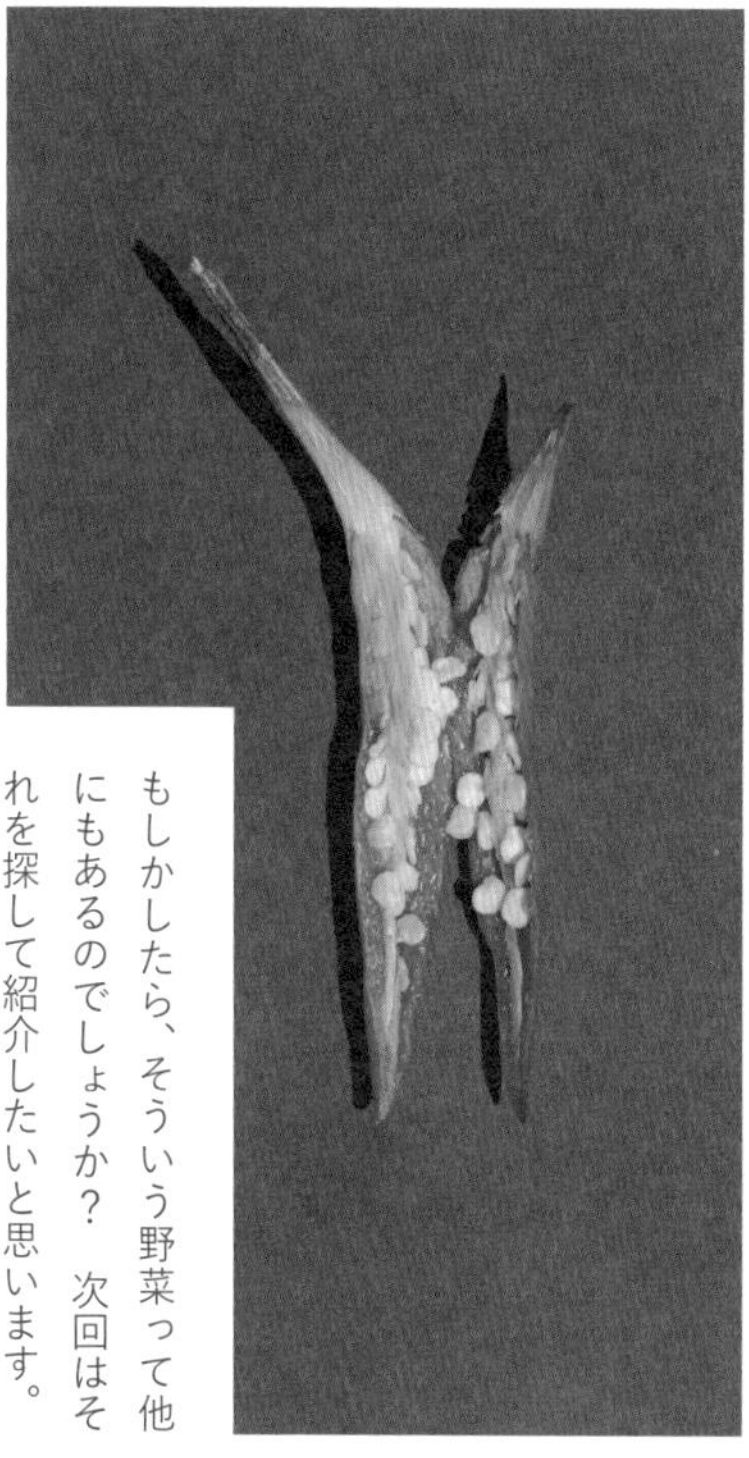

もしかしたら、そういう野菜って他にもあるのでしょうか？　次回はそれを探して紹介したいと思います。

実を食べるお野菜

ミニトマトのお話

種はこんなかたち（実物大）

さて、今回はいよいよ食べるときと種が熟すタイミングが同じ野菜、ミニトマトの登場です。

お馴染みの野菜なので、いきなり断面から見てみましょう。

見ればすぐ分かりますが、食べるときに種がちゃんと入っています。ここまで見てきた野菜の流れからすると、でもこれだって未熟な種なんでしょう？　と疑ってみたくなりますが、ミニトマトの場合はこれが完成形。それでは未熟な種はどんな姿をしているのかと言うと、

こんな感じです。

実が緑色をしているときは、まだ種も小さいようです。

時を戻して、これはミニトマトの花。

ナス科の野菜なので、これまで見てきたなす、ピーマン、とうがらしと似た花を付けます。でも、ミニトマトは花の付き方がちょっとユニーク。

まず茎の先端をのぞいてみると

白っぽい毛に覆われたつぼみが何個か付いているのが見えます。

なんだか野菜って、近付いてみるとじつは毛深い。ということがよくありますね。

つぼみは、1本の軸に何個も連なっていて

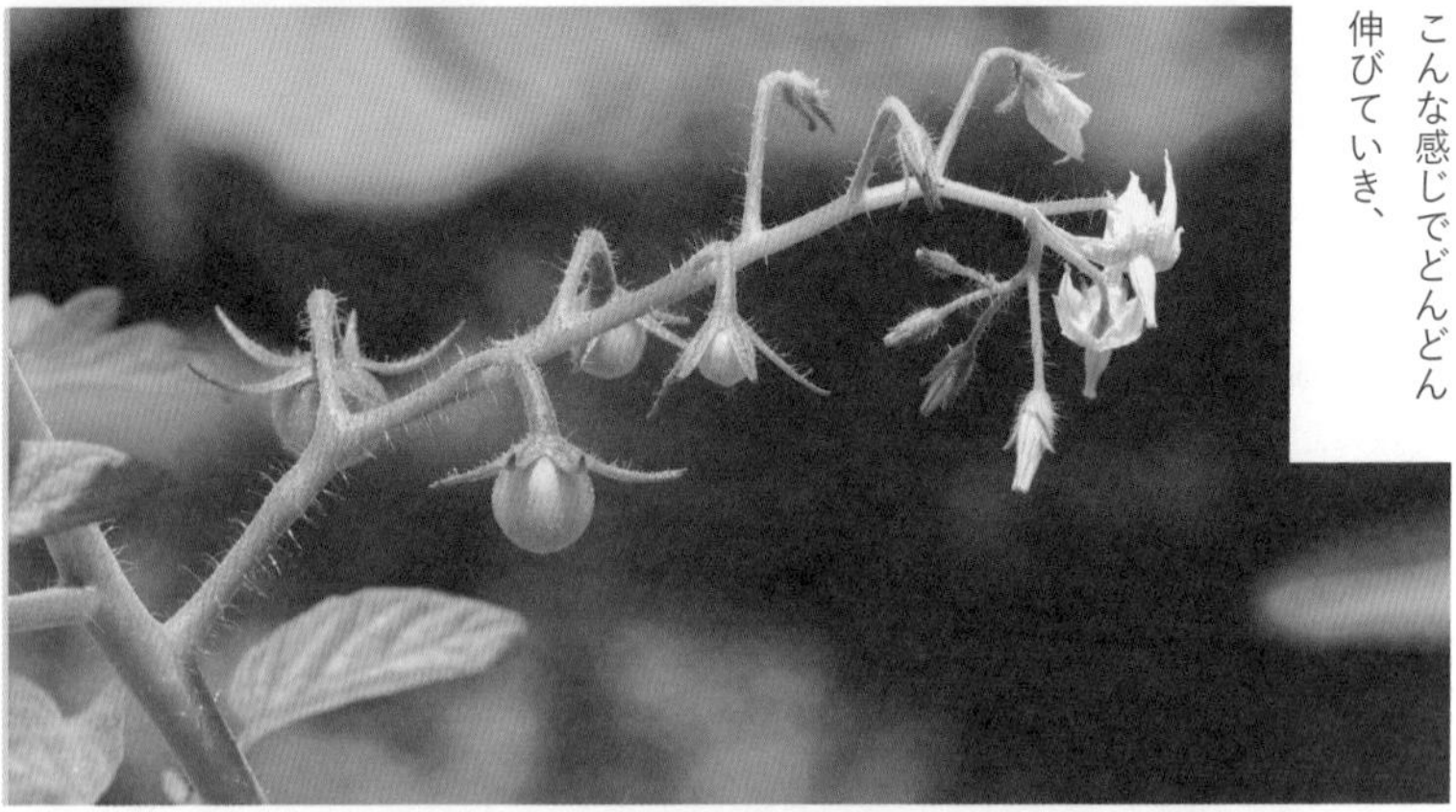

こんな感じでどんどん伸びていき、

花が咲き終わったものから順番に実になります。

できた実は、また順番に熟して
いくので、緑から赤に変わっていく
その過程も見どころです。

さぁ！ これで
もう収穫して
いいでしょう。

そのまま冷やしてひと粒いただきまーす！ ん〜！ ジューシーな果肉が最高！

やっぱり夏はミニトマトですね。

あぁ、美味しい。もう暑いから

このまま夕方まで昼寝でもしたいなぁ。

なんてことで、夏満喫……じゃなかった。

種の話をしようと思っていたのでした。

今度はひと粒切って中身を取り出してみます。

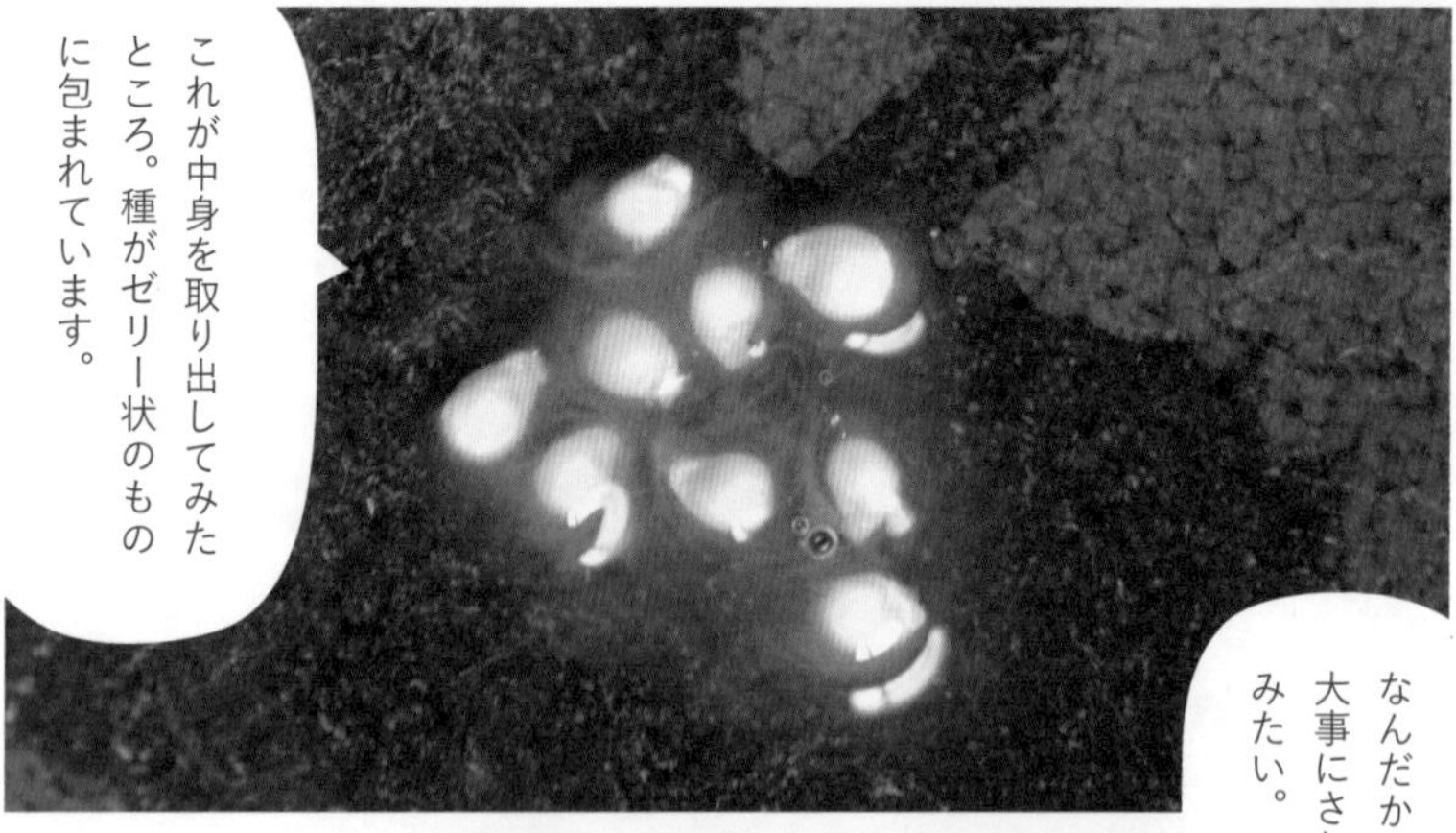
これが中身を取り出してみたところ。種がゼリー状のものに包まれています。

なんだかとっても大事にされているみたい。

これが種かぁ。じゃあこれもそのまま土に埋めれば芽が出てくるのねぇ。と、あっさり種の観察終了かと思いきや、そう簡単にはいきません。なにせしつこいですが野菜も植物です。予想外のことがたくさん隠されています。

じつはトマトの種は、この状態でまいても
なかなか芽が出てきません。種どりには、
もうひと手間が必要なのです。

作業自体はとっても簡単。トマトの中身
を瓶に出して蓋をするだけ。この状態で
数日～1週間ほど置いておきます。

数日見守り、水で洗い流して
乾燥させたのがこれ。ほら、
もうすっかり種のまわりの
ゼリーが取れました。

これでトマトの
種どりは完了です。

よく見ると、細かく
ひげが生えている
のも分かりました。

この作業、わたしも農家さんに教えてもらってはじめて知ったのですが、じつは作業の途中からピンときていました。さてはこれ、種の発芽抑制物質を取り除くための作業ですね……！ と。

ふふふ、なるほどねぇ。凄いなぁ農の知恵は。とひとりで嬉しく納得してしまいましたが、ちゃんと説明します。

トマトの種のまわりのゼリー状のもの。じつはここには発芽を抑制する物質が含まれているのです。えっ、なんでわざわざそんなことをするの？ 発芽を抑制したら種を作る意味がないじゃない。と思ってしまいますが、この方法を持つものは野生植物でも存在します。

考えられる理由はいくつかあります。ひとつは、トマトの実の中で種が発芽しないようにするため。ちゃんと地面で発芽したいですからね。あるいは発芽のタイミングをばらつかせるためかもしれません。人が手をかける野菜とは異なり、自然界では、種がいっせいに発芽してしまうのはちょっと危険です。発芽直後に大雨が降ったり、激しい寒暖差があったりすると、せっかく芽生えたものがみんな一緒に駄目になってしまいます。予期せぬ環境変化が起きても、種の発芽のタイミングがばらついていれば、個体のどれかがそれらを回避できる可能性があります。

自然界では鳥が食べて、その体内で種のまわりのゼリーが取れて、糞としてばらまかれたり、実が落ちた場所にいる小さな虫や菌などにコーティングを取り除いてもらい、発芽できる態勢を整えることになります。それを人工的に行うのが先ほどの瓶に種を入れる方法です。瓶の中でゼリー状の部分を醗酵させ、種から発芽抑制物質を取り除くのです。

これがミニトマトの芽生え。

種をひょっこりかぶってがんばっています。

はじめはこんなに小さいのに、これから3か月もすれば

一気に人の背丈ほどの大きさになり、次々とミニトマトを作り出していくのですから、その生産力たるや、恐るべしです。野菜は植物としても面白いですし、人の営みとして見ても興味深いことがたくさんあります。野菜の世界って、奥が深い！

コラム

お世話になった農家さん
野菜と景色と地域を作る　清水農園

この本を書きはじめたとき、野菜の季節感が分からなくなっていることに気が付きました。今の時代はハウス栽培の技術が普及し、国を越えて輸入品が届くので、一年中様々な野菜を買うことができます。野菜には旬がある。とは知っていても、具体的に「じゃがいもの旬は？」「玉ねぎっていつできるの？」と聞かれると答えに窮《きゅう》してしまいます。

思えば、真冬でも中華料理屋さんでチンジャオロースーを食べられることだって、今となっては不思議です。だって、ピーマンって夏のお野菜ですから。

直売所にて、清水さんご夫妻
写真提供：清水雄一郎さん

数年前に、東京の国分寺に引っ越してから、野菜の旬を知るようになりました。直売所で野菜を販売する農家さんが近所にたくさんいらっしゃったからです。季節が変わる度に直売所に並ぶ野菜が変わるので、自然に野菜の旬が分かるようになってきました。

一番お世話になっているのが「清水農園」さん。親子で代を継ぎながら畑を維持する清水さんの農園にいくと、かつての多摩地域の風景を想像することができます。農業は、野菜を作るだけではなくて、景色を作ることでもあるのだと知りました。

清水農園
撮影：大野智嗣さん

清水さんの直売所にはいつも多くのお客さんが集まっています。なにせ野菜が美味しいので、地域のファンがたくさんいるのです。そこでは野菜の話から世間話までもが飛び交っていて、あぁこれは地域作りそのものだなと感じます。

国分寺には、地域の農家さんと飲食店や個人の消費者をつなぐための「こくベジ便」という取り組みがあります。「こくベジ号」と名付けられた車が各農家さんをまわって採れたて野菜を集荷し、飲食店や個人の消費者に届けにいきます。近くに直売所がない人や、買い物にいく時間がない人にとっては嬉しいサービスです。

作る人がいて、届ける人がいて、食べる人がいる。そんな流れを後押しする人が多くいる地域に暮らすことができたこと。それがこの本を書くにあたっての大事な助けとなりました。地域の皆様、いつも本当にありがとうございます。

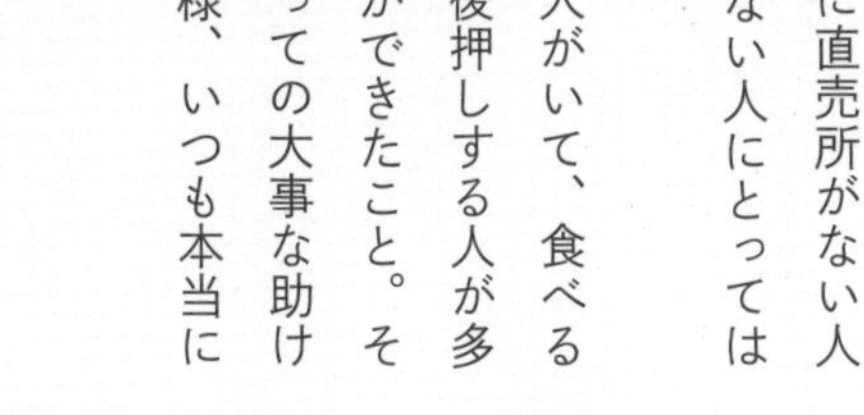

こくベジ便の奥田大介さん（右）と南部良太さん（左）
撮影：春日孝喜さん

6月 鈴木家の庭

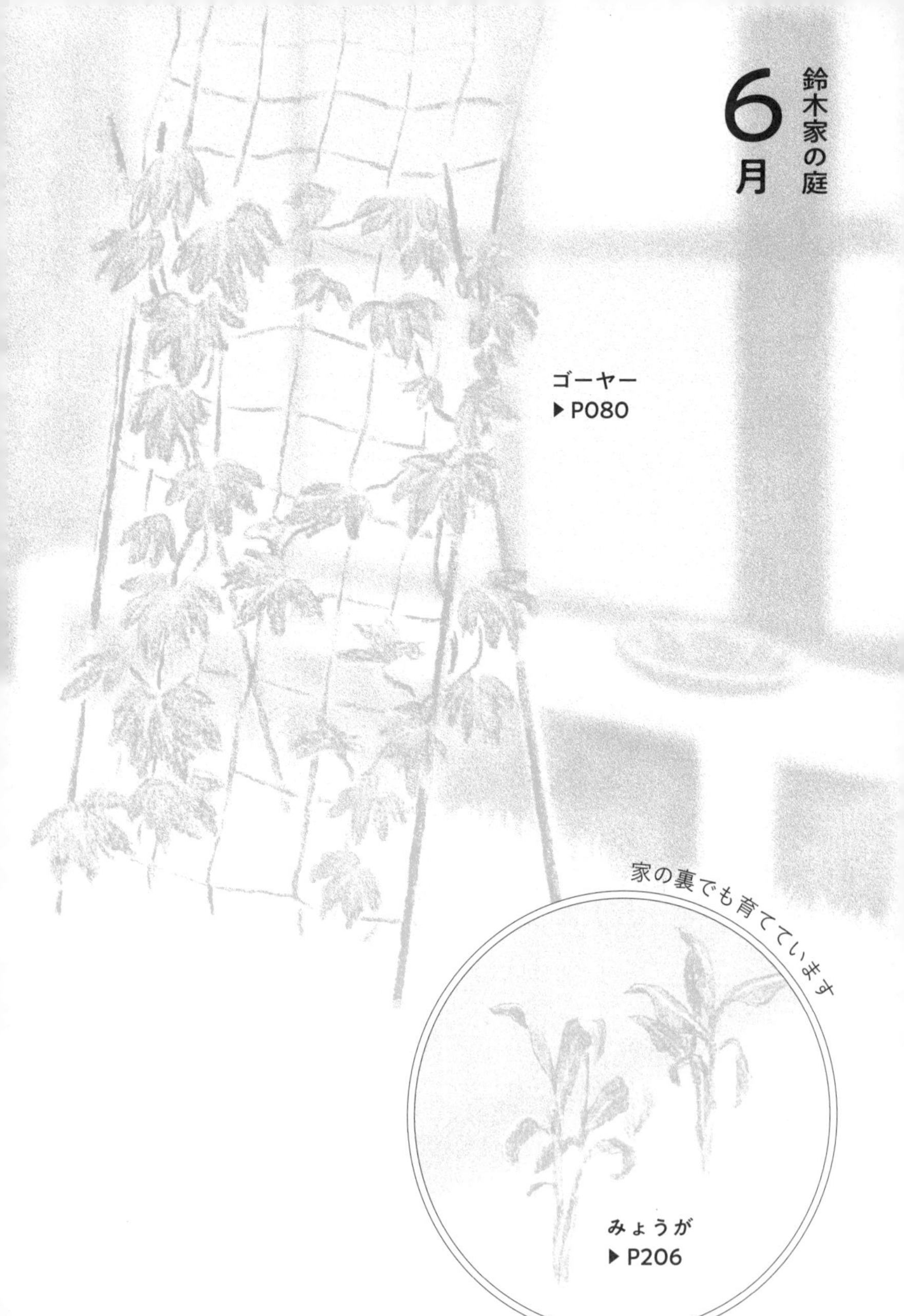
ゴーヤー
▶P080
家の裏でも育てています
みょうが
▶P206

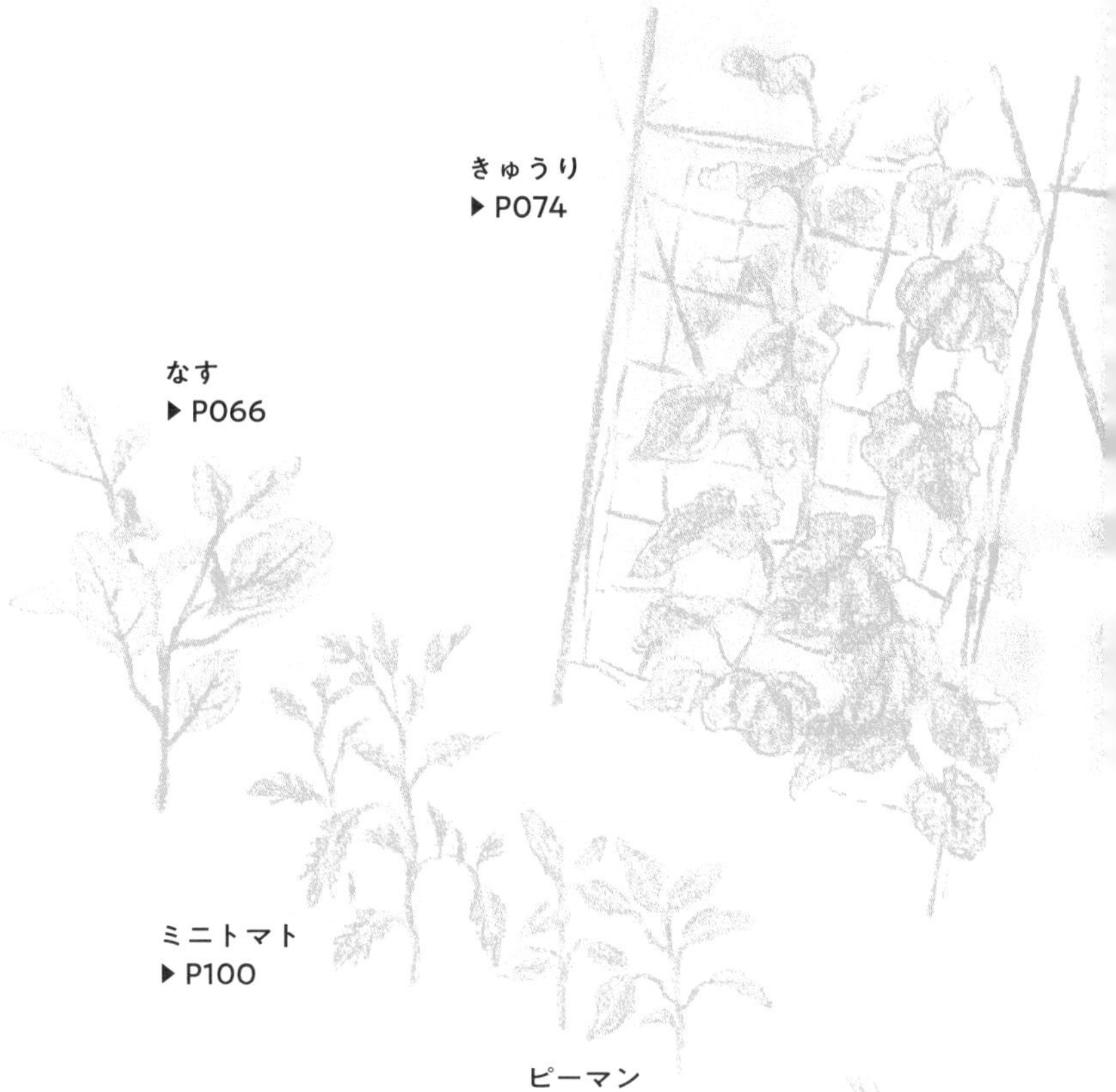
きゅうり
▶P074
なす
▶P066
ミニトマト
▶P100
ピーマン
▶P094

じゃがいも
▶P268

5月の連休中に定植したミニトマトやピーマン、なすが成長し、早いものは花を咲かせはじめました。じゃがいもの地上部も葉っぱが大きくなってきて、そろそろ収穫できそう……楽しみです。家の裏のみょうがも大きくなってきました。きゅうりとゴーヤーのつるが大分伸びてきたので、どんなまき付き方をするのか観察しなくっちゃ！

11月 鈴木家の庭

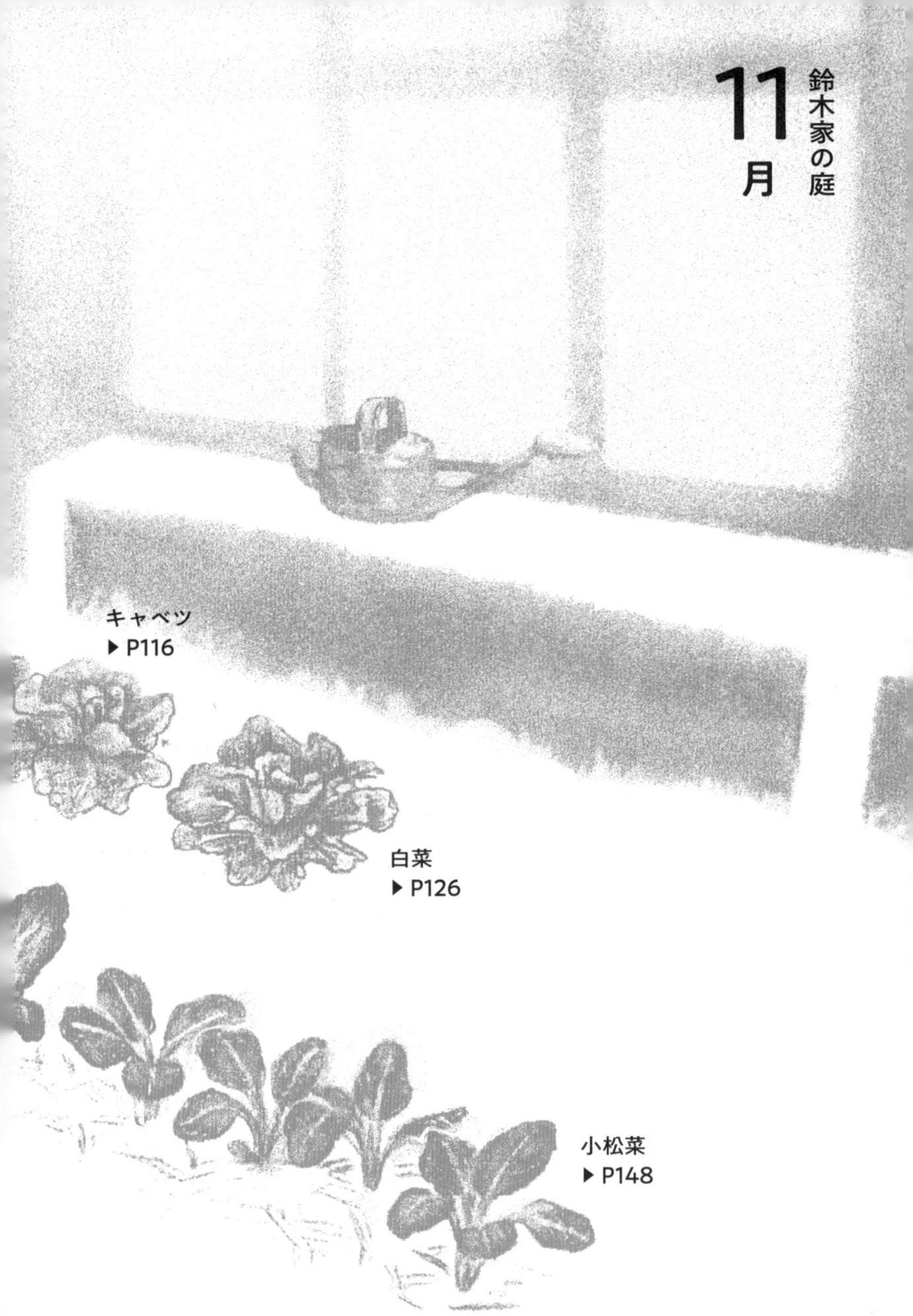
キャベツ
▶P116
白菜
▶P126
小松菜
▶P148

ねぎ
▶P168
玉ねぎ
▶P162
春菊
▶P140
かぶ
▶P240

夏が終わってから種をまいた春菊や小松菜、かぶが成長し、よく収穫できる時期になりました。キャベツや白菜の結球具合はいまいちですが、なんとか成長しているようです。玉ねぎ、ねぎはまだひょろひょろしていてちょっと心配。これからちゃんと大きくなるといいなぁ。

第三章 葉っぱを食べるお野菜

キャベツ

科　名 ： アブラナ科

原産地 ： ヨーロッパの大西洋沿岸・地中海地域

春菊

科　名 ： キク科

原産地 ： 地中海地域

レタス

科　名 ： キク科

原産地 ： ヨーロッパ・北アフリカ・西南アジア

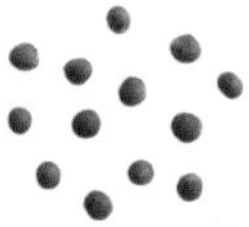

白菜

科　名 ： アブラナ科

原産地 ： 地中海地域・中央アジア

12月	1月	2月	3月	4月	5月	6月	7月	8月	9月
				● 開花			◆ 種どり		
				● 開花		種どりできなかった			
● 開花　花が咲いたあと、すぐに枯れてしまった									
				● 開花			◆ 種どり		
			● 開花				◆ 種どり		
				● 開花	◆ 種どり				
						◇収穫 ●開花	◆ 種どり		
				● 開花		◆ 種どり			

ほうれん草

科　名 ： ヒユ科
原産地 ： カスピ海周辺地域

小松菜

科　名 ： アブラナ科
原産地 ： ヨーロッパ

モロヘイヤ

科　名 ： アオイ科
原産地 ： アフリカ北部～インド西部

ねぎ

科　名 ： ヒガンバナ科
原産地 ： 中国北西部～中国西部

玉ねぎ

科　名 ： ヒガンバナ科
原産地 ： 南西アジア

観察メモ　○ 種まき　● 開花　◇ 収穫　◆ 種どり

	9月	4月	5月	6月	7月	8月	9月	10月	11月
キャベツ						○ 種まき			◇ 収穫
白菜							○ 種まき		◇ 収穫
レタス						○ 苗の植え付け			
春菊								○ 種まき	◇ 収穫
小松菜							○ 種まき	◇ 収穫	
ほうれん草							○ 種まき		◇ 収穫
玉ねぎ							○ 種まき		
ねぎ	○ 種まき						◇ 収穫		
モロヘイヤ			○ 苗の植え付け		収穫しそびれた	● 開花			◆ 種どり

※上記のカレンダーは著者がチャレンジした記録です。一般的な栽培カレンダーとは異なりますのでご注意ください。

種はこんなかたち（実物大）

葉っぱを食べるお野菜

キャベツのお話

第一章・第二章と、種と実を食べる野菜を観察してきました。第三章では葉っぱを食べる野菜に注目していこうと思います。考えてみると、たくさんあるんですよね。

たとえば、キャベツ。

とっても身近な野菜なのに、そもそもこの玉がなんなのか説明できる人って、意外に多くないのではないかと思います。かく言うわたしも、このテーマで観察をはじめるまではあまり深く考えていませんでした。

ということで、ひとまず真っ二つに切ってみます。

えいやーー！

いつもはここからスタタタタッと千切りに突入するところですが、今回はちゃんと断面を観察してみます。

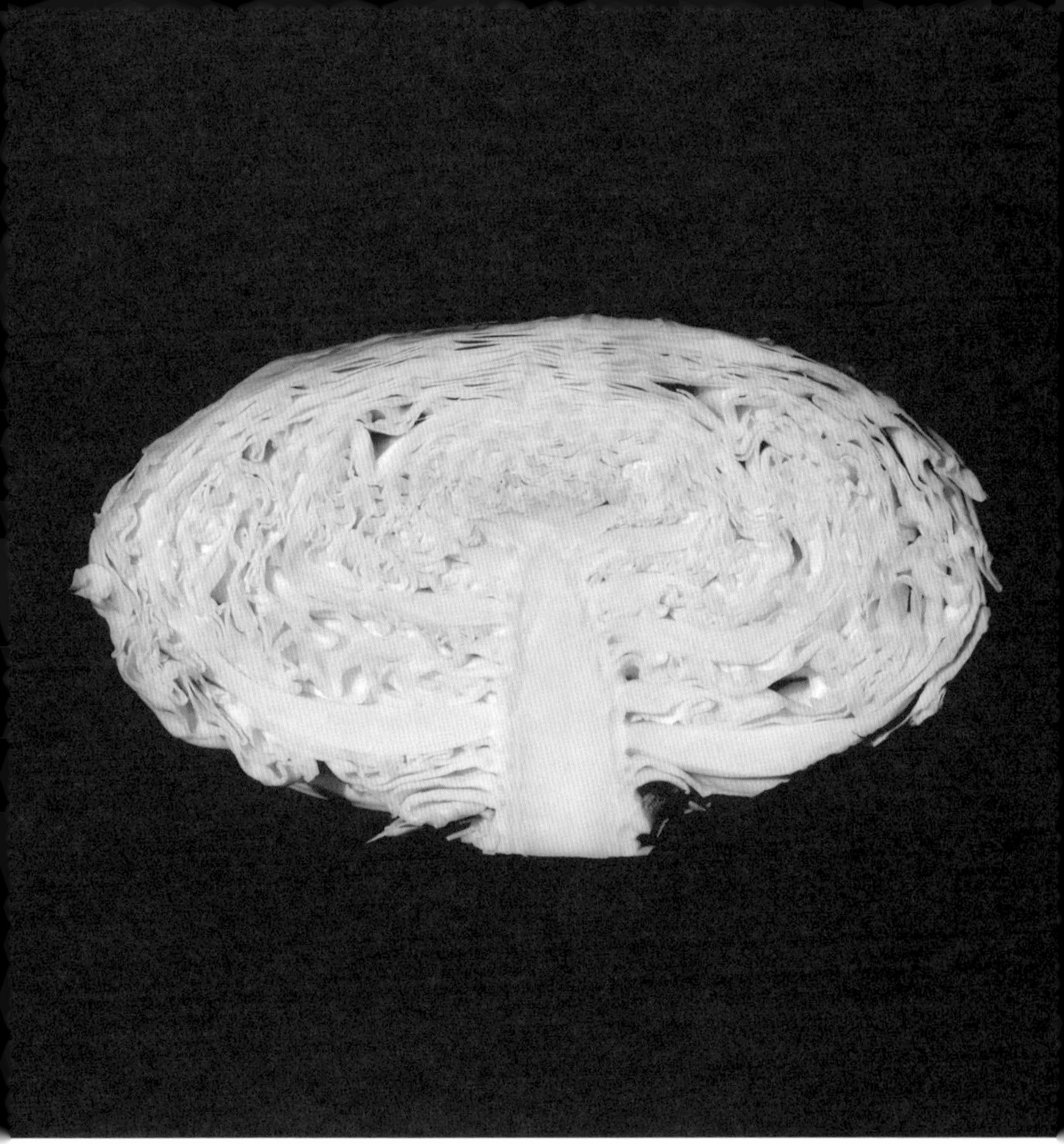

まず気になるのはこの真ん中にある白い部分でしょうか。いつも何気なく「芯」と呼んでいるこれ、いったいなんなのでしょう。そう疑問を持ちながら新鮮な眼差しで断面を見ると、この芯からたくさんの葉っぱが出ていることが分かります。

葉っぱが出るところと言えば、植物のつくりとしては「茎」にあたると考えられます。この茎に付いた葉っぱが上向きに丸まっていき、玉のような姿になっているというわけですね。ふむふむ。

ん〜でもなんだかなぁ。それが分かったところで、なにかすっきりしません。だって、こんなかたちの植物って野生では見ないじゃないですか。キャベツの正体ってなんなのかしら。

そんなわけで、キャベツの種を苗ポットにまいて、はじめから見守ってみることにしました。

まいたそばからすぐに芽生えてきたキャベツの赤ちゃん。

そのまま成長していきます。

このあたりで庭に移しました。

大きくなっていきます。

上から見るとまだ葉っぱはこんな感じ。全然丸まりません。あらら、おかしいな。キャベツっていつからあの玉になるのだろう。

そう心配していると、次第にキャベツの葉っぱが立ち上がってきました。

おぉ！まいてる……かな？

なんとなく葉っぱが内側に向いているように見えます。

ちょっと葉っぱを失礼して中を見ると、中の葉っぱも内側に向いています。

やっぱり。内側にまいてる！
よしよし、種をまけばキャベツだって育てられるんだ！　と意気揚々と見守っていると……

ある程度、葉っぱの数が増えるとこうして内側にまいていくのですね。面白い育ち方だなぁ。

中の葉っぱもめくってみると、更にその中から内側を向いた葉っぱが出てきます。
ということは、この次も……

あれ、ここから変化しないぞ。
おかしいな、一応丸まってるけど、
もっと丸くなるはずなのにな……。

ハラハラしながら見守っていましたが、このキャベツはこのままの状態から変化しませんでした。なぜだ……。分からん。これだと観察が進まないので、たまらずいつもお世話になっている農家さんのもとへいってきました。

すみません……
キャベツ見せてください。

って、えぇー！

ちゃんと丸まってる。どうして？
やっぱり農家さんって凄い！

これが丸くなる一歩手前。こうして外側の葉っぱが内側にぐぐーっと丸まっていくのかぁ。なるほどなぁ。

わたしが育てたキャベツが丸まり切らなかったのはなぜだろう？ 栄養の問題だろうか、それとも日当たりだろうか。野菜を育てるのは本当に難しい……。と、少々落ち込みつつも、この先の様子がどうしても知りたいので、すみません、このキャベツ、根っこごと頂けませんか？ と大変ご迷惑なお願いをして、

家の庭に移植してみました。ついに、丸まっているキャベツがうちに！

3/6

ここからなんです。わたしが見たいのは。このキャベツ、土に植えたままにしていたらどうなるのでしょうか。だって丸まってはいますが、これは葉っぱなのです。キャベツだって植物なのですから、どこかに花が咲いて、実がなるはず。でもこの姿からは全くもってそれが想像できません。

ということで、ここから更に定点観察。
いきなり変化が！丸まっていた葉っぱが、上からほどけてきています。
3/11

わぁ、どんどんほどけていくぞ。
3/13

4/4
なにこれ。

いや、自分で移植したのでこれがキャベツだとは分かるんですが、ちょっと信じられない姿に変わってしまいました。これ、このままいったらこの先どんな姿になってしまうのでしょうか。

4/15
おぉぉぉっ！ 中心からなにか伸びてきた！
この姿、なんとなく予想がつくぞ。もしかして……

つぼみだ！

これはびっくり。キャベツから、花を付けるための花《か》茎《けい》が伸びてきたのです。たまらぬ展開に思わず息を呑みつつ、引き続き見守ります。

4/21
ついに

こ、これがキャベツの花なのか……！凄い。

咲きました！黄色い花。

わぁ、これは貴重な瞬間。この花、絶対ちゃんと上手に撮らねば!! と、はじめは意気込んでいたのですが、その後キャベツは次々に花を咲かせ、

なんという花盛りでしょうか。というか、もうこれ、なんでしょう。ほら、これキャベツだよ。と言って何人が信じてくれるでしょうか。

黄色い花はやがて散り、中から実の赤ちゃんがのぞいています。きっとこれが大きくなっていき、種ができるのだろう。そう思いしばらく目を離していたらその隙に

花盛りだったキャベツはすっかりこんな姿に。

7/3

あれ？ 実はあのあとどうなっただろう。
と見にいくと、すっかりカサカサになっていました。これを取って分解すると、

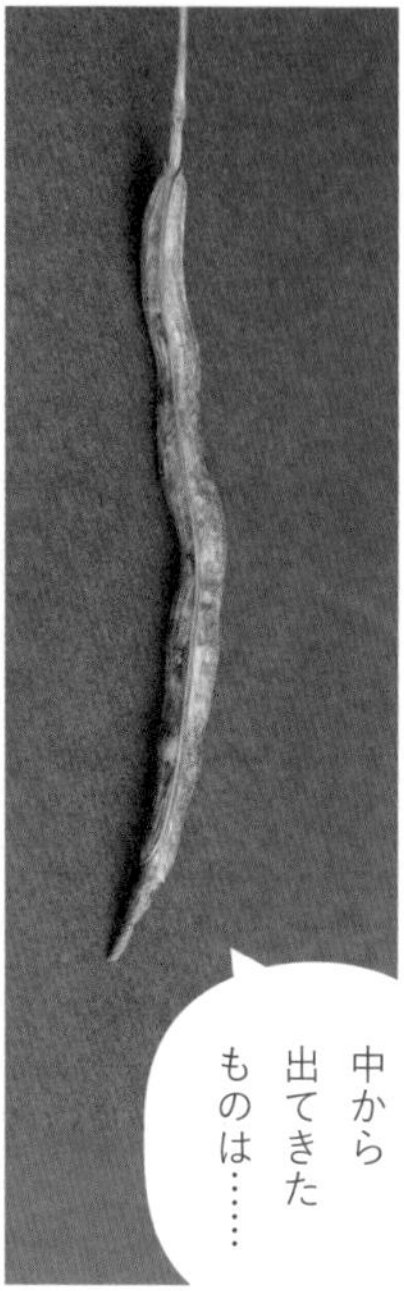
中から
出てきた
ものは……

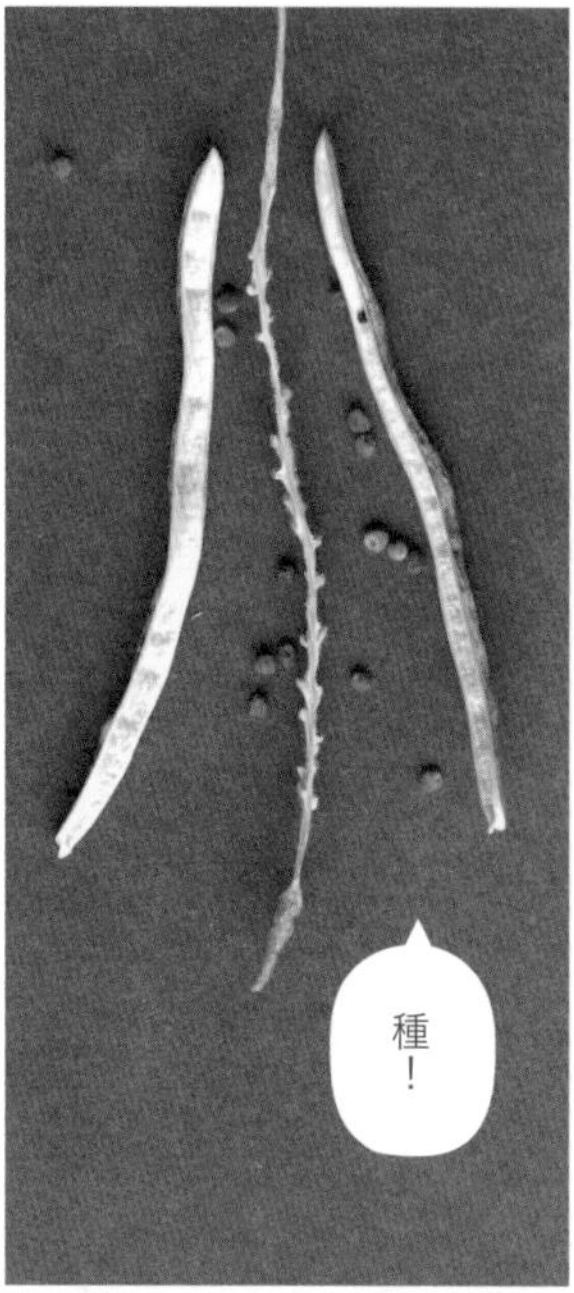
種！

移植して観察をはじめてから4か月。キャベツはついに種になりました！　考えれば当然のことですが、キャベツだって花を咲かせ、実を結び、種を作るのです。あぁ、これがあなたが本来なりたかった姿だったのね……！　と

無性に感動。いつも花を咲かせる前に千切りしてごめんね、キャベツ……。いや、もうこの状態だとあなたをなんと呼べばいいか分からなくなってしまったよ。あぁ、キャベツのその後の君よ。

このときに根元を見ると、不思議な痕《あと》を発見することができます。これが、はじめにキャベツの断面を見たときにあった葉っぱがたくさん付いていた部分です。

……素晴らしいものを見てしまいました。私たちがキャベツだと認識している姿は、キャベツの一生の中のほんの一部分だったのです。こうなると、葉っぱを食べる他の野菜も気になってきます。がぜんやる気が増してきました。

種はこんなかたち（実物大）

葉っぱを食べるお野菜

白菜のお話

キャベツの観察がいきなり面白かったので、続いて似たような野菜を見てみようと思います。キャベツのように葉っぱがくるっとまいて、玉のような姿になることを結球《けっきゅう》と言います。結球野菜として他に思い浮かぶものと言えばやっぱりこれでしょうか。

白菜です。
なんだか改めて見ると迫力ありますね。

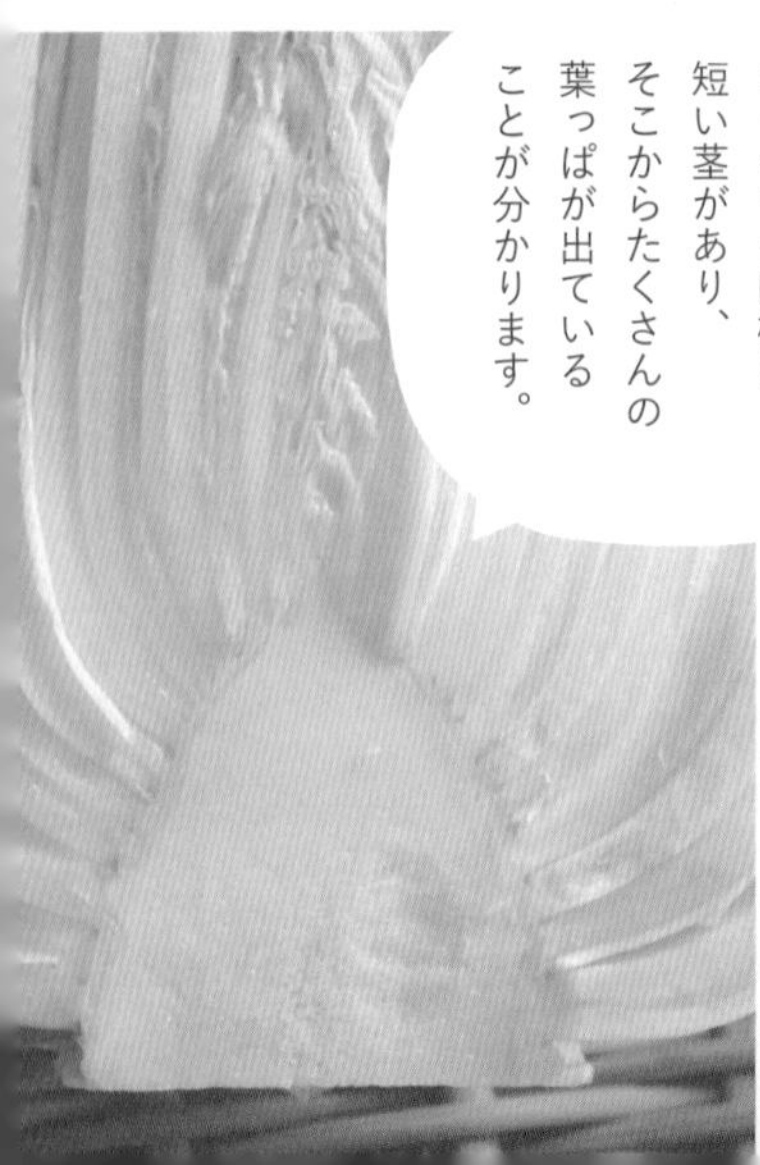
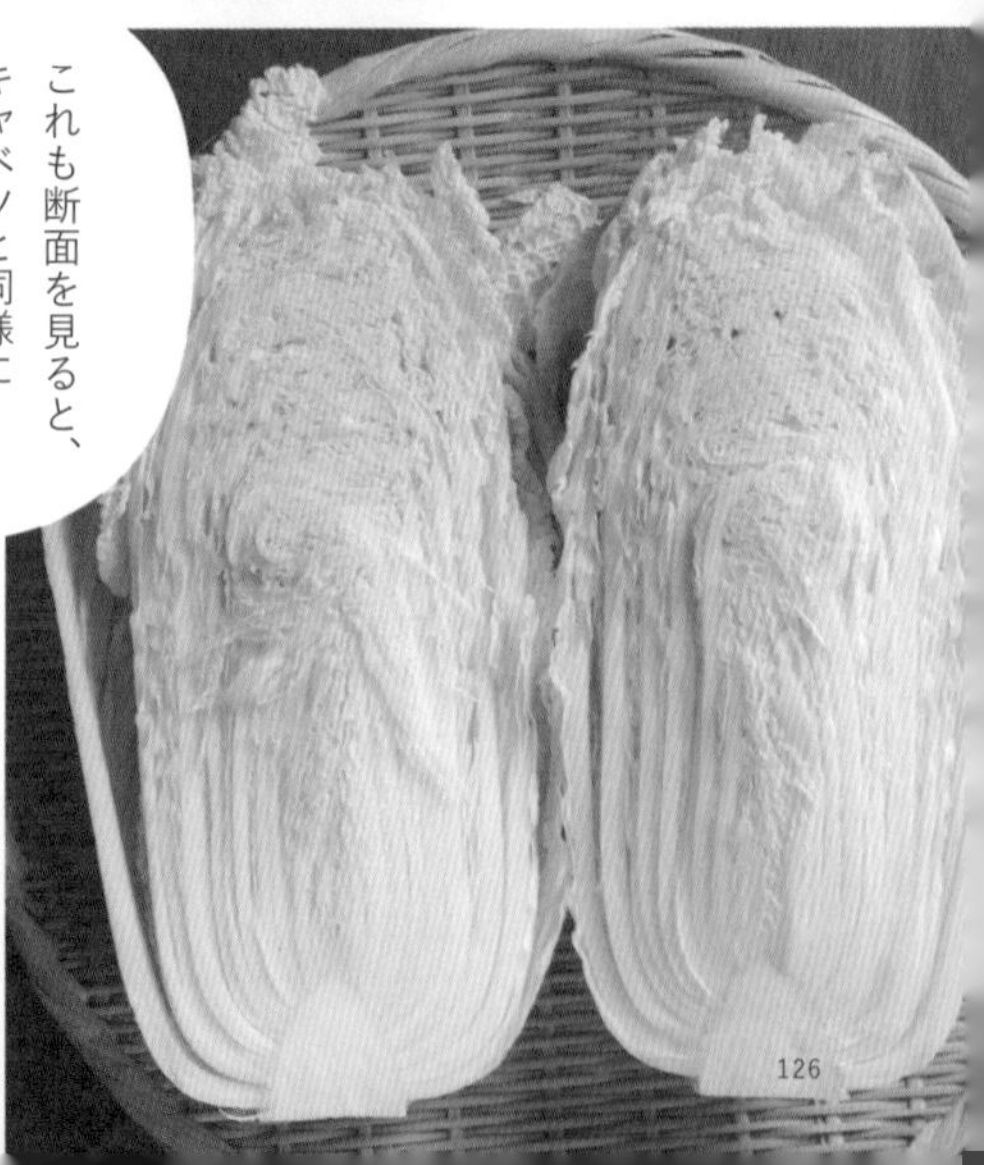
これも断面を見ると、キャベツと同様に短い茎があり、そこからたくさんの葉っぱが出ていることが分かります。

白菜のスタートはこんな感じ。

大きな野菜も、やっぱりはじめは小さな小さな芽生えなんですね。

ちょっと成長してきたので、庭に植え付け。

大きくなってきましたが、まだ葉っぱはまいていません。

数が増えるにつれて、少しずつ立ち上がってくる葉っぱたち。

ちょっと丸まってきたかな？
なんか虫に食べられまくってますけど。

おっ、どうですか。ちょっとそれらしくなってきたじゃないですか。

上から見てみると……。うん！　丸まってきた！

よし、この調子で待っていればきっと丸まるだろうと期待していたのですが、キャベツ同様これ以上はいっこうに丸まってくれません。あぁ、なぜだ。なぜ結球しないのだ、キャベツも白菜も。今まで何気なく食べていたけれど、自分で育てるのがこんなにも難しいとは思いもしませんでした。途中で虫に食べられすぎたかなぁ。

これは困った。
ということで、
またもや農家さんに相談。
すみません、白菜を根っこから頂きたいのですが……

という大変失礼なお願い第二弾を発動し、庭に移植してみました。

頂いた白菜。上から見れば、ほら、丸まってるんですよね。どうしたらこんなにしっかり育てられるのだろうか。美味しそう。

でも食べるのは我慢して、キャベツのようにこの先でなにが起きるか見守っていくことにします。

ちょっと葉っぱが開いてきました。
このときに中をのぞくと

つぼみを発見！

花が
咲きました。

十字の花びら。キャベツも十字の
花びらでした。これはアブラナ科
に共通の花のつくりです。

ということはキャベツも白菜も
大きな枠で捉えると同じグループ
と言えるわけですね。

さて、ここまでは順調だった
白菜の観察。なんとこのあと
こんなことに……

じつは、花を咲かせるまでは良かったのですが、そのあとどんどん中心部が腐ってきて、ついにはグチャグチャになってしまったのです。

とても写真を撮れるような状態ではなくなってしまったので、腐った部分を手で取り除いたのがこの姿です。復活するかな。と期待をかけたのですが、もうこの白菜はここから元気を取り戻すことはなく、見る間に枯れてしまいました。

あぁ、花のあとの実と種まで見守りたかったのに。と思いつつ、心の中ではやっぱりそうだよねぇと思うわたしもいました。というのも、この「結球する」という性質、やっぱり植物としてはちょっと無理があるように感じるんです。

野菜のことを調べていると、野菜にはもともと原産地があることが分かります。そしてその原産地では野菜が人の手によって品種改良されてきた歴史があります。白菜の場合はどうかと言うと、地中海地方にあった原種が中国にやってきたことがはじまりなのではないかと考えられています。そして、白菜の原種には葉っぱが結球する性質はなかったようです。その後、中国で他のアブラナ科の野菜との交雑が進む中で、あるとき結球する性質を持つ個体が出現。それを選抜し、更に改良していった結果、今私たちが普通に食べている結球する白菜が生まれてきたのです。

結球する白菜が日本に導入されたのは、明治八年だったとされていますが、やってくるなり日本にすでにあった他のアブラナ科の野菜と交雑してしまい、なかなか結球する性質を定着させることが難しかったようです。日本でも色々な苦労を経て、結球する白菜が定着したというわけです。

ということは、白菜自身としては、もともとは葉っぱを丸める気がなかったと捉えることができます。もしかしたら白菜は自分の花を咲かせるときに、自分の姿にびっくりしているかもしれません。「あれ、そろそろ花茎を伸ばしたいんだけど、なんか頭上で葉っぱが丸まってて出られない～！　なにこれ～！」と苦労している声が聞こえてきそうです。

とはいえ、今の美味しい白菜が食べられるのは過去に様々な苦労をして品種改良に挑んでくれた先人たちのおかげです。植物としての白菜の気持ちと、先人たちの苦労に思いをはせながら、これからも白菜を美味しくいただこうと思います。

葉っぱを食べるお野菜

レタスのお話

種はこんなかたち（実物大）

結球する野菜として、続いてもう1種類チャレンジしてみます。

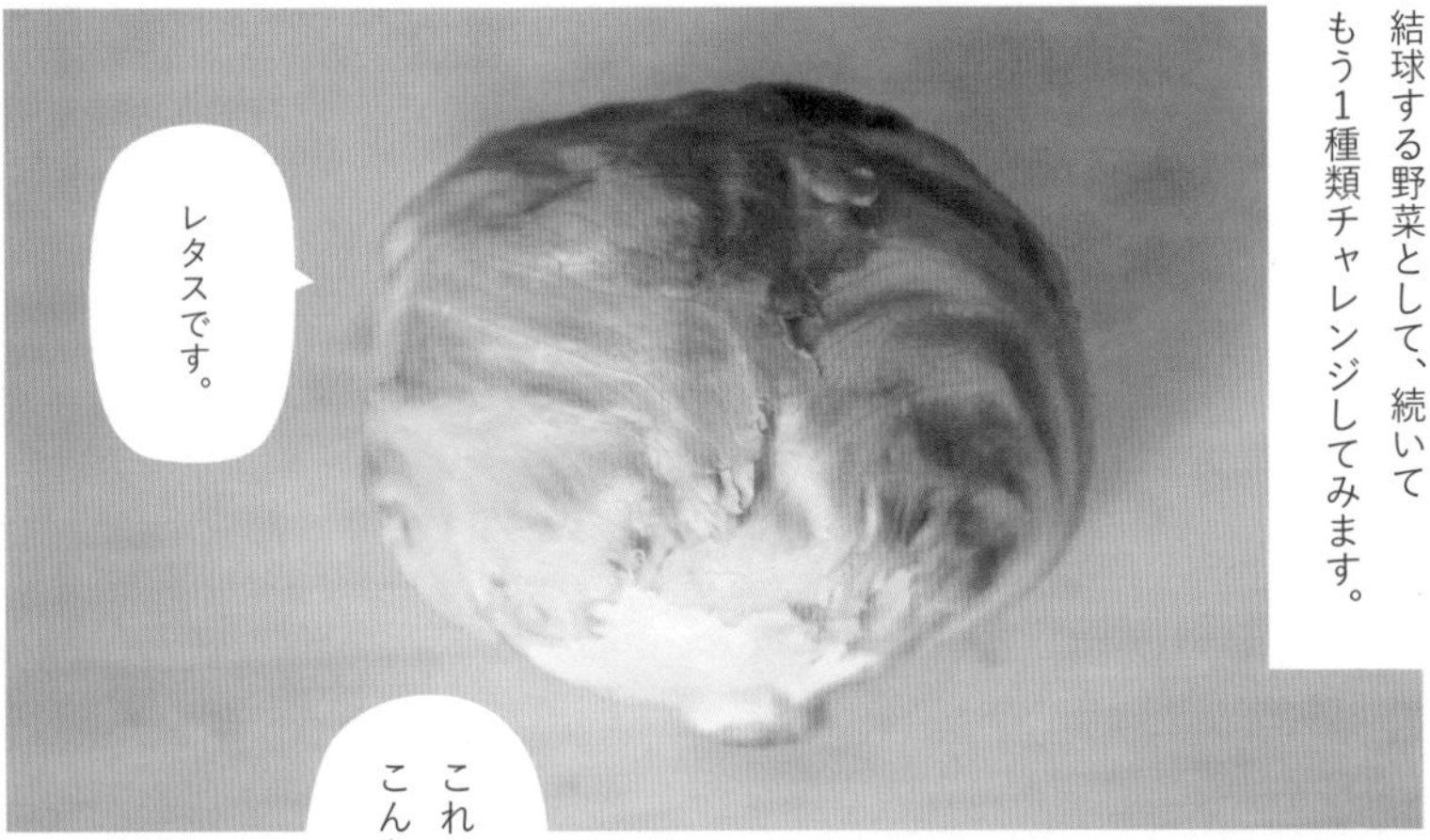

レタスです。

これも断面を見るとこんな感じ。

もうお分かりですね。真ん中の白い芯が茎で、そこから出ているのが葉っぱです。

すでにキャベツと白菜を育てた結果から、自分でレタスを結球させられる気がしてこないわたし。挑戦する前から自信を喪失しています。

なので、今回は違う作戦を立てることにしました。その名も、「結球あきらめ大作戦」。わたしの目的はレタスの花を観察することなので、はじめから結球はあきらめて、花を咲かせることに注力しようと考えたのです。

ということで、ホームセンターで苗を買ってきて、ある条件のもとに植えてみました。

こんな感じ。

その、ある条件とは「高温」です。今回は苗を春ではなく、夏の暑い時期に植えてみることにしたのです。

野菜も植物ですので、その花を咲かせる条件は、種類によって様々です。たとえばトマトなら、ある程度の大きさになることが条件。植物全体が大きくなったら花芽《はなめ》を付けることができます。これは分かりやすいですね。他には大根。これは低温が条件。一度寒い時期を経験させたあとに、温度が上昇していくと花芽が作られます。なので、秋に育てた大根は春に花が咲きます。こんな感じで、植物が花芽を作るには、なにかしらのきっかけがあります。

それでは、レタスはどうだろうと調べると、高温がきっかけになることが分かりました。ということは、まだ暑い内に庭に植えておけば、そのまますぐに花を咲かせるのではないかと考えたのです。さぁどうかな。結球しないで、花芽を付けるかな？

と思ってしまう感じに成長しています。やっぱりそんな簡単に思惑通りには進まないか。と思っていると

あれ、もしかして、丸まろうとしてますか？
9/9

1か月後にはこんな姿に。
もう丸まろうとはしていません。これは、このままいけるか？
10/6

ムクムククーッと立ち上がってきました。
おぉ〜
きたきた!!
10/26

ちょっと先端に近寄ってみると、

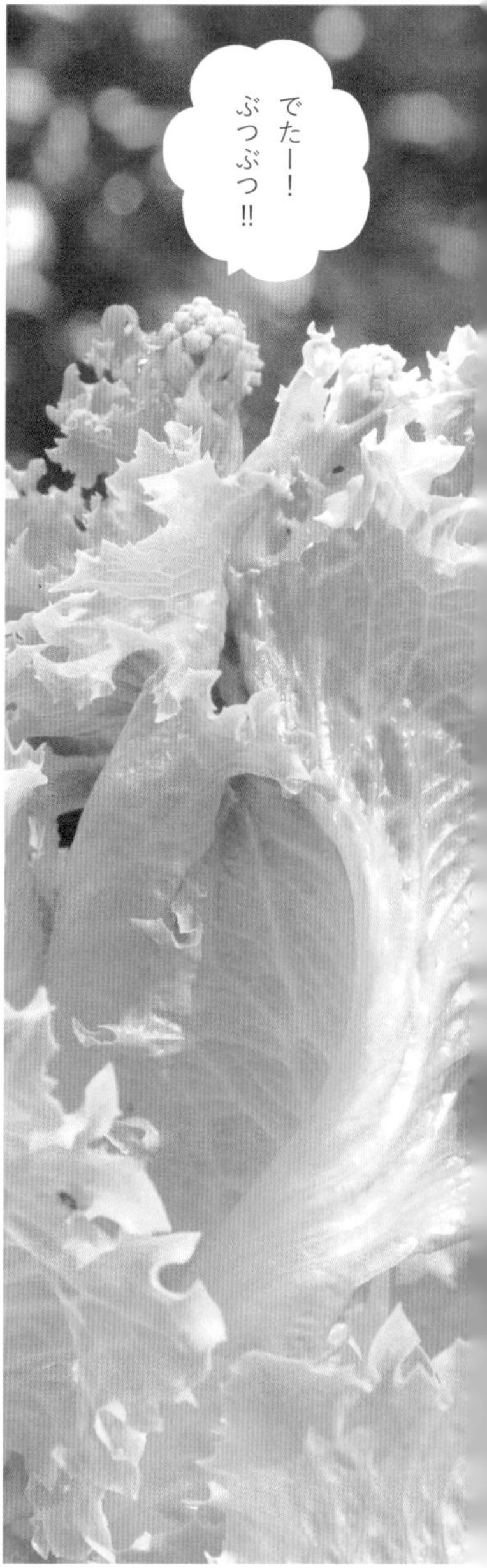
でたー！
ぶつぶつ!!

こいつは花のつぼみに違いない……。
やった。作戦成功か……？

花のつぼみが付いた茎が
ニョキニョキ伸びています。
11/9

どん！　さぁそれでは問題です。これはなんの野菜でしょうか？　というクイズを出したくなる見た目になりました。

小雨が降った朝につぼみを見にいくと

つぼみ自体も大きくなって、そこに雨粒が乗っかっていました。きれいです。

水滴で中身が拡大されています。この黄色いものが花ですね。

ほら、出てきた。

そして、咲きました！
12/14

いやぁ咲いた咲いた。レタスの本来の花期は夏なので、冬のこの季節にむりやり咲かせると花の開き方が完璧にはならないみたいですが、それでもなんとか咲きました。わーい！　って、あれ？　なんかこの花、キャベツや白菜とちょっと違くない？

キャベツと白菜は、花の大きさや雰囲気は異なるものの、花びらが十字に出ていることは共通しています。これは白菜のところで触れた通り、アブラナ科の特徴です。

白菜

キャベツ

でもレタスの花はこんな感じになっていません。なんというか、キクの花に似ていますよね。もう、そう思った通りで、じつはレタスはキク科なのです。だから花の見た目が全然違うのですね。

子どものときわたしは、レタスとキャベツの違いがなかなか分かりませんでした。だって、スーパーで買うときは、両方とも丸っこくなってて見た目が似ていますので。でも、花を見ればレタスとキャベツは全く別物だったのだということが一目瞭然です。

「結球する野菜」と言っても、同じグループだから結球するわけではなくて、違うグループでも結球するものがあるということだったのです。うーん、これまた面白い。

それから、花のかたちが違うということは、種のかたちだって違うということになります。

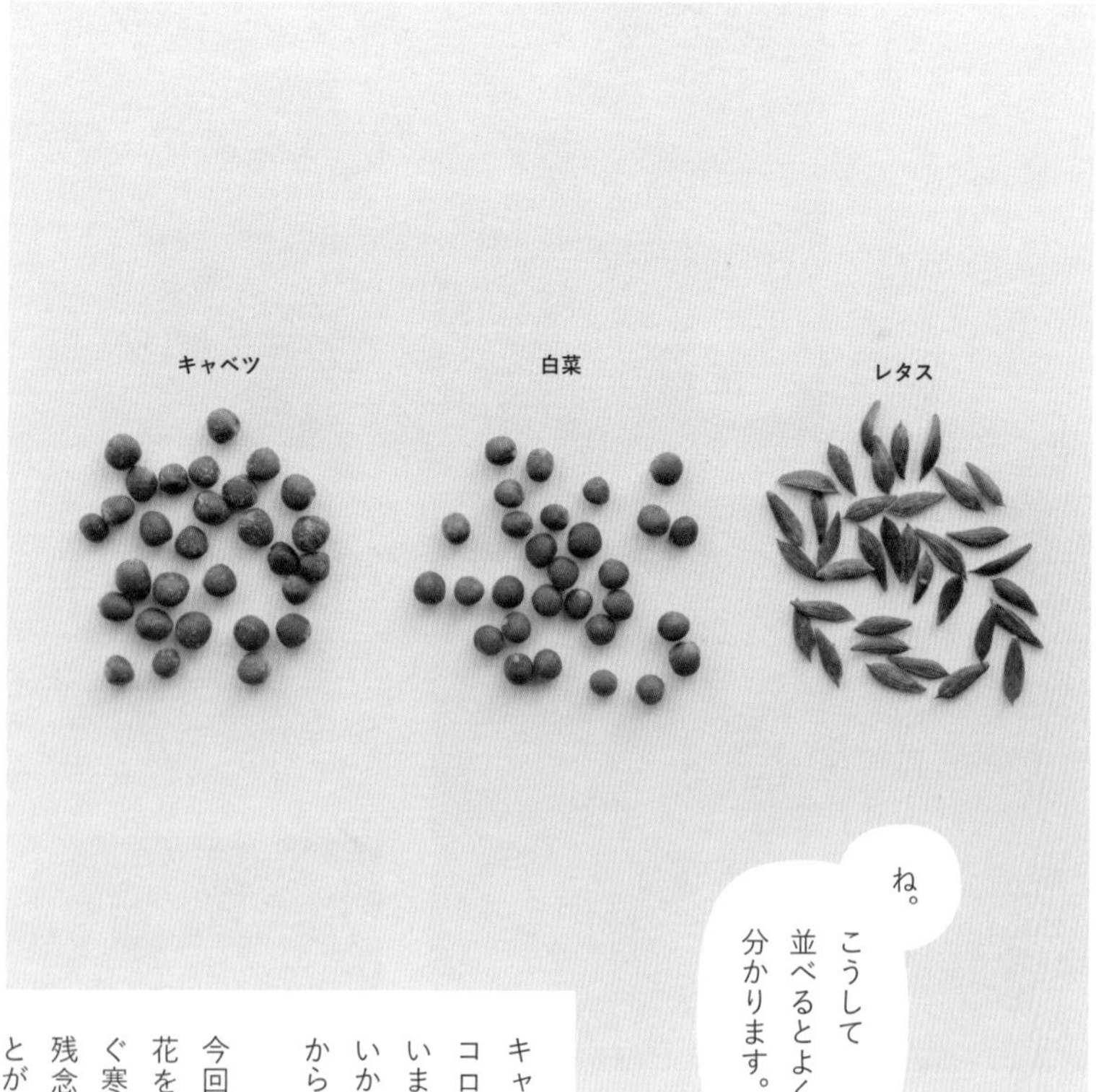

キャベツ
白菜
レタス
ね。
こうして並べるとよく分かります。

キャベツと白菜はコロコロした丸い種で似ていますが、レタスは細長いかたちです。スタートから全然違うんですね。

今回観察したレタスは、花を咲かせたあとにすぐ寒さで枯れてしまい、残念ながら種を見ることができませんでした。

これは翌春にまいたレタスの芽生え。太陽の光を求めてみんなで傾いているところです。

さぁ今回は結球させてあげることができるかな？　わたしのチャレンジも続きます。

[レタスのお話 補足]

レタスは、様々ある品種の性質やその産地の条件に応じて、色々な季節に育てることができます。

たとえば関東の平坦地であれば、２～３月に種まきを行うと、５～６月に結球したレタスを収穫することができます。このときに収穫しないで置いておくと、その後の気温上昇に伴って花芽が付き、夏に花が咲きます。

８月下旬～９月に種をまいて育てる方法もありますが、この場合は芽生えてすぐに暑さにさらされてしまうので、花をすぐに付けてしまうことが多いようです。また、９月以降の秋まきであれば、もう涼しくなっているので花芽が付く可能性は低く、家庭菜園でも育てやすいと言われています。

なので、夏に種まきをして結球レタスを収穫するというのはそもそも難易度が高いのです。今回はあえてそれをやってみようと思いました。近年は９月に入ってもかなり暑い日があるので、８月31日に苗を植えても十分に高温期にあたると考えました。

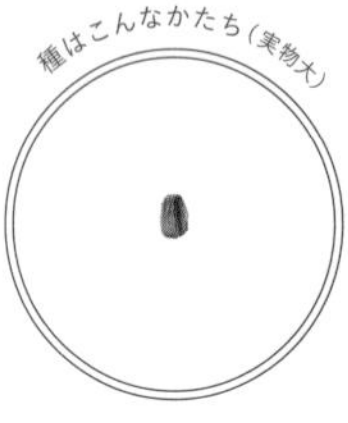
種はこんなかたち（実物大）

葉っぱを食べるお野菜

春菊のお話

キャベツや白菜は、葉っぱがまいて結球するユニークな野菜でしたが、特に結球することもなく、ただ葉っぱが成長する野菜もたくさんあります。

春菊もそのひとつ。
これはもうそろそろ収穫した方がいいかな？
11/27

ギザギザの葉っぱが特徴。

ほろ苦いお味が鍋の具材としてはたまらないのですよね。あぁ今晩は何鍋にしようかなと思いつつ、ふと気になったことがありました。そういえばこの野菜、「春の菊」と書くのに、どうして冬が旬なのでしょうか。ううむ。これはきっと春にヒントがあるに違いない。よし、何株かは収穫せずに庭に残して観察してみよう。

これが無事に
冬を越えた春菊。

あれれ、
なんだかあまり
変化していない
ように見えます。

と思いきや、てっぺんをのぞくと
なにやら丸いものを発見！

どんどん大きく
なっていきます。
どう見ても花の
つぼみですね。

どんな花が咲くのだろう
かとワクワクしながら
待っていると……

咲き
ました！

そうかぁ、「春に咲く菊
の花」で春菊だったの
ですね。なるほど！

ひとつ咲けば、我も我もと次々
に咲く花たち。株全体も随分と
大きくなったものです。

素敵な花に誘われてアオスジアゲハもやってきました。こんな優雅なチョウも寄ってくるなんて、さぞかしいい香りがするのだろうな。と思いクンクン。

ん？　もう一度クンクン。

う、うそでしょ。臭いんだけど……。なんだか最近、庭に家畜のにおいが漂っているなぁとは思っていたけれど、まさかあなただったとは。

夕方になると花びらが反り返り、朝になるとまた水平に戻るという特徴も見つけました。いったいなんのための動きなのかは謎ですが、においを嗅いだり花びらの動きを見ていたら、だんだんと花そのものが気になってきました。

気付くと好き、嫌い、好き、嫌い……と花をむしり取っていくわたし。

外側が全部取れると、中の黄色の部分だけが残ります。ここに近寄ってみると、どうでしょう。

中に小さな星型の花がたくさん咲いているのが見えるでしょうか。
その内のひとつだけ取り出したのがこれ。

子房
柱頭

先端が柱頭で、下にあるのが子房なので、これだけで立派にひとつの花であることが分かります。ということは、春菊の花は大きなひとつの花に見えて、じつは小さな花がたくさん集まってできた花の集合体なのだということになります。

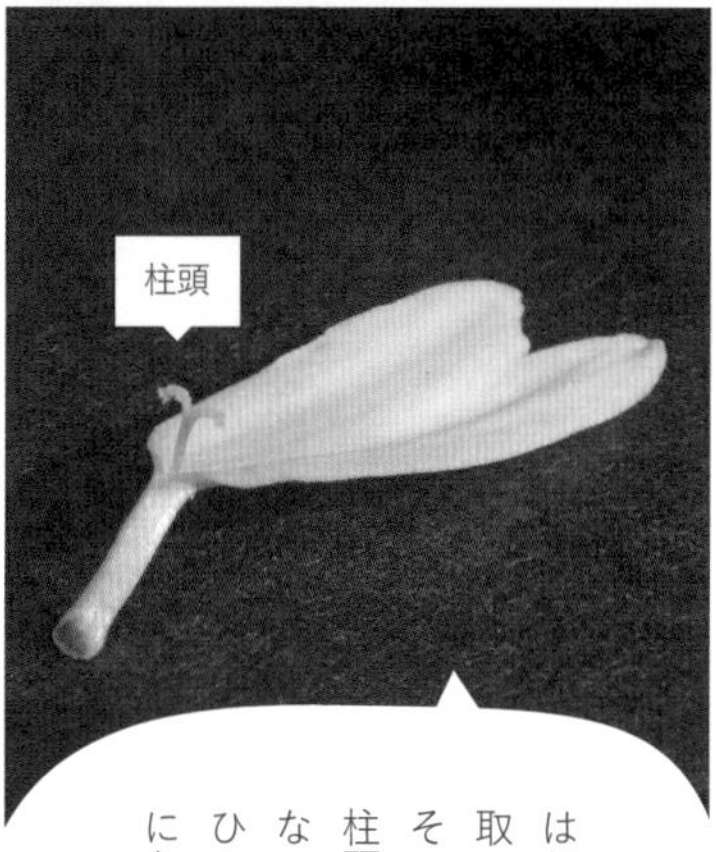
柱頭

はじめに1枚ずつ取っていた花びらも、その根元をよく見れば柱頭が見えます。なので、これもこれでひとつの花ということになります。

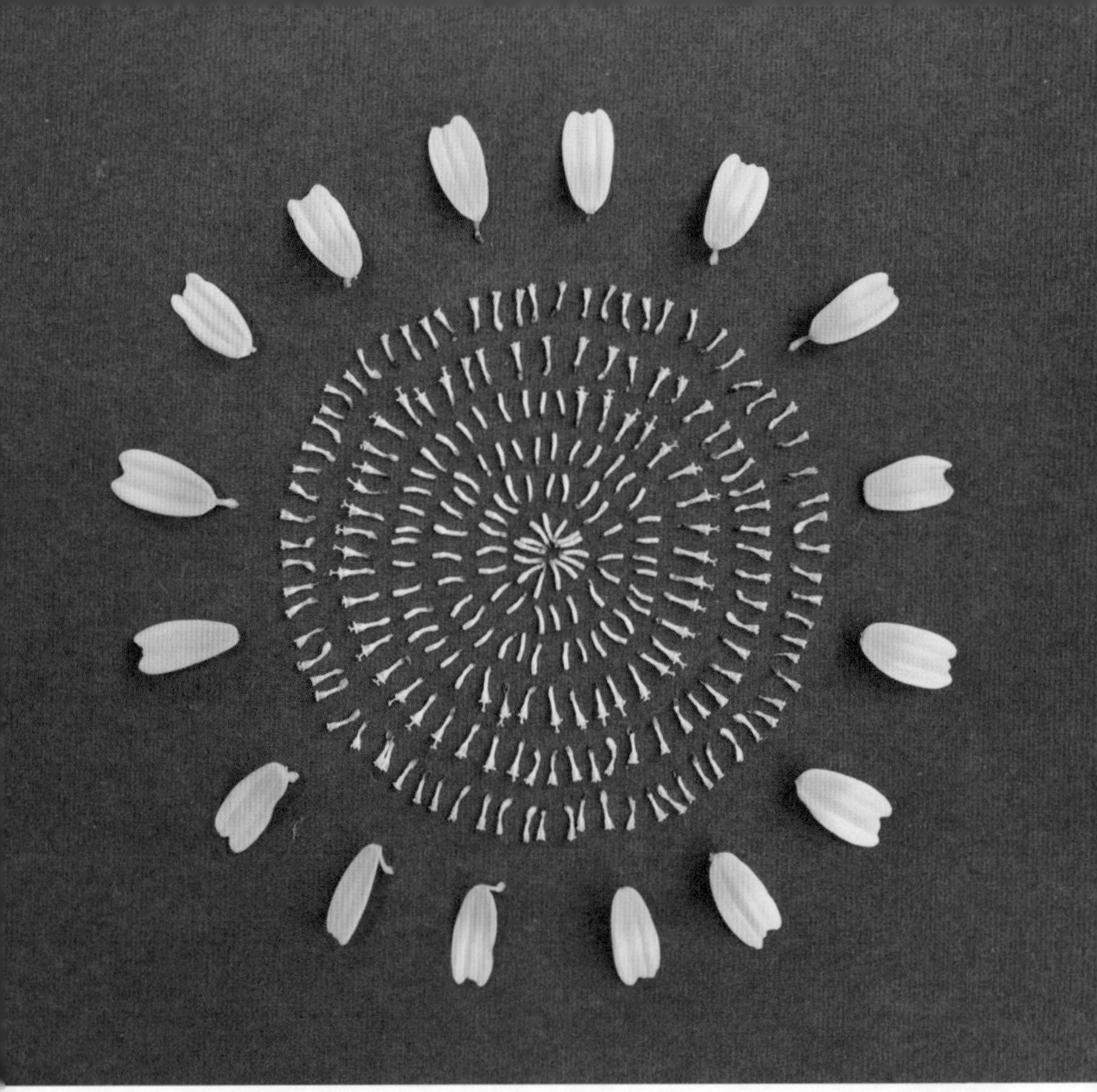

言葉にすると急になにを言ってるのやらという感じになってきたので、いっそ全部分解して並べてみることにしました。すっかりバラバラになったこの小さなものひとつひとつが、すべて花なのです。小さな魚が集まって大きく見せる、絵本の『スイミー』みたいだと言えば分かりやすいでしょうか。

ちなみに周囲に付いている、花びらが大きいものは舌状花《ぜつじょうか》、内側の花びらが目立たないものを筒状花《とうじょうか》と言います。キク科の花はどれも小さな花の集合体ですが、その構成は様々。春菊のように舌状花と筒状花の組み合わせになっているものがあれば、舌状花だけが集まるタンポポがあったり、筒状花だけのアザミがあったりします。

それはともあれ、この春菊、このまま放っておけばたくさんの種ができるということでしょうか。だって、これだけ多くの花が咲いているのですから。

ここまできたら、どうしても最後まで見届けてみたくなりました。これは花が終わりに近付いた頃。

すっかり花が終了。もう少し見守ります。

おっ、そろそろかな？
でも、もうちょっとだけ
見守ってみようかしら。

あらっ、地面に落ちる前に根っこが出てきちゃった！こんなところで。しまった。見守り過ぎました。

もう十分に種が熟しているのが分かったので、バラバラほぐしてみます。

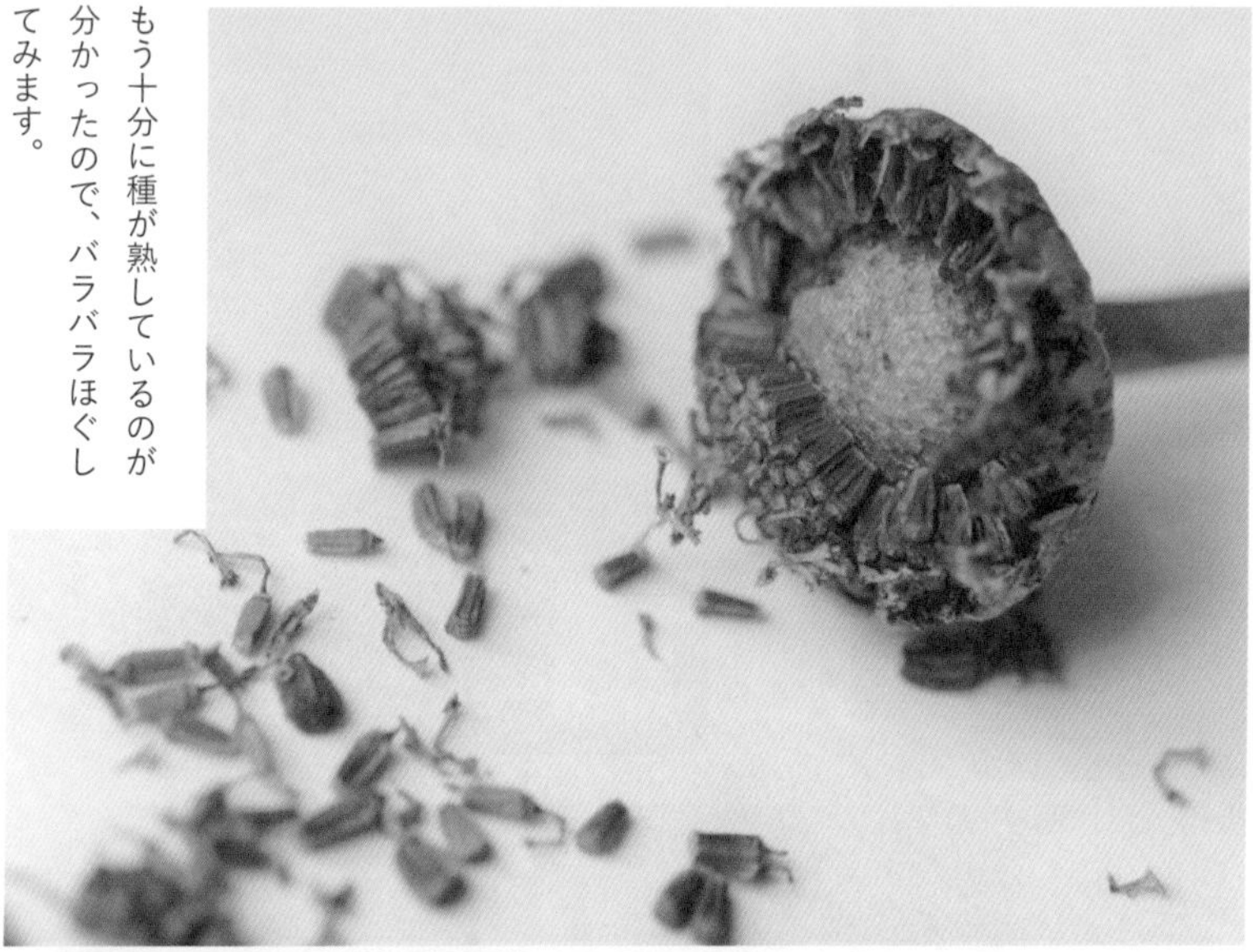

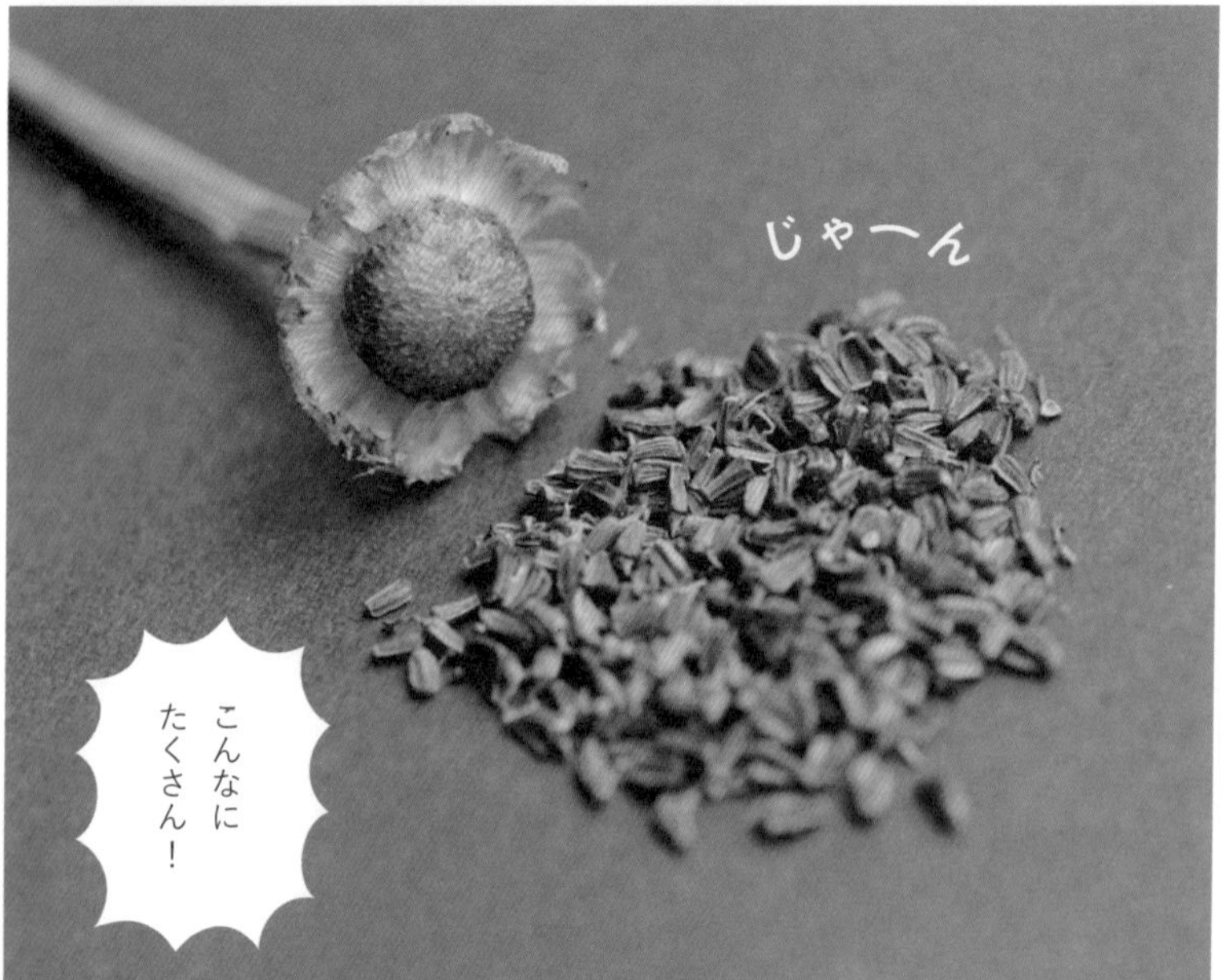
じゃ〜ん
こんなにたくさん！

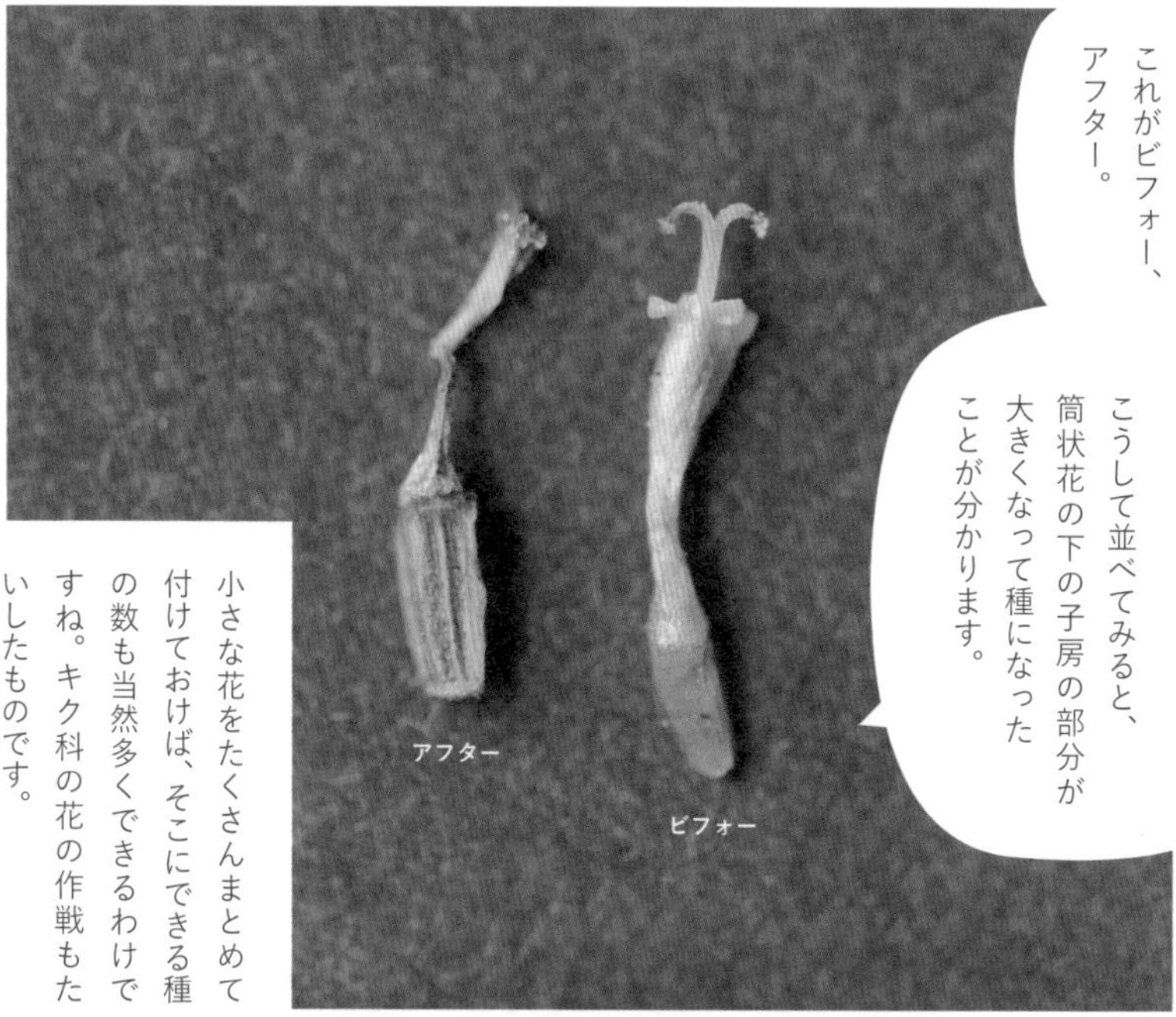

これがビフォー、アフター。

こうして並べてみると、筒状花の下の子房の部分が大きくなって種になったことが分かります。

小さな花をたくさんまとめて付けておけば、そこにできる種の数も当然多くできるわけですね。キク科の花の作戦もたいしたものです。

この種を土にまけば、こうしてまたぴょこんと発芽してきます。

おかえり、春菊！　たくさん楽しませてくれてありがとう。今度はちゃんと野菜としていただくからね。

種はこんなかたち（実物大）

葉っぱを食べるお野菜

小松菜のお話

さぁどんどんいきましょう。
葉っぱを食べる野菜はまだまだたくさんあります。

10/24

小松菜もそうですね。
そろそろ採り頃かな？

この姿は見慣れていますよね。収穫せずに庭に残しておいたらなにか変化があるのでしょうか。冬真っ盛りになるまで待ってみると……

おっと、なんだか雰囲気が変わりました。
葉っぱの色が濃くなって、しかも地際《じぎわ》にベタッと広がっています。

1/20

この姿、見覚えがあるぞ。

ほら、
セイヨウタンポポとか

キュウリグサの
冬の姿に似ています。

冬になると人間は、コートを着たり、クリームを塗ったりして寒さや乾燥対策をします。それと同じように植物も冬を乗り越えるための様々な工夫をしていて、この姿がまさにそのひとつです。地上部をできる限り低くしているのは、冬の風に当たりにくくするため。また、放射状に葉っぱを出しているのは、少ない日の光を効率よく集めるためです。この姿がバラの花に似ているので、ローズが転じて「ロゼット」と呼ばれています。小松菜もこのロゼット状態に姿を変えて、冬をやり過ごそうとしているのでしょうか。

そうであれば、この先の展開を予想することができます。というのも、野生の植物はロゼット状態で冬を越し、春に暖かくなったら一気に背丈を伸ばしてその花を咲かせるからです。

それじゃあ、小松菜も春になったら花を咲かせるかも！

楽しみに見守っていると
ちょっと中心部が盛り上がって
きたように見えます。

おっ、どうだろう、いよいよくるかな？

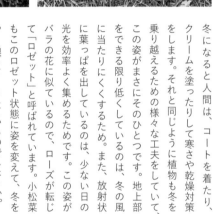

やっぱりきた！
3/4

つぼみだ！

もうそろそろかな？
3/9

3/20
咲いた！

見てください！　これが小松菜の最終形態です。本当はこの姿になりたかったんですね、小松菜は。

4/25

十字の黄色い花と言えばもうお分かりですね。これもアブラナ科です。いやぁしかしこうなると小松菜の面影なんてあったもんじゃないですね。やっぱり花を咲かせたかぁ。と喜んでいる内に

花は実へと変わっていきます。

日に透かすと中に種が並んでいるのが見えます。

これをずっとそのままにしておいたら、春菊のときと同じように実の中から種が発芽してしまいました。繁殖力が旺盛でいいですね。

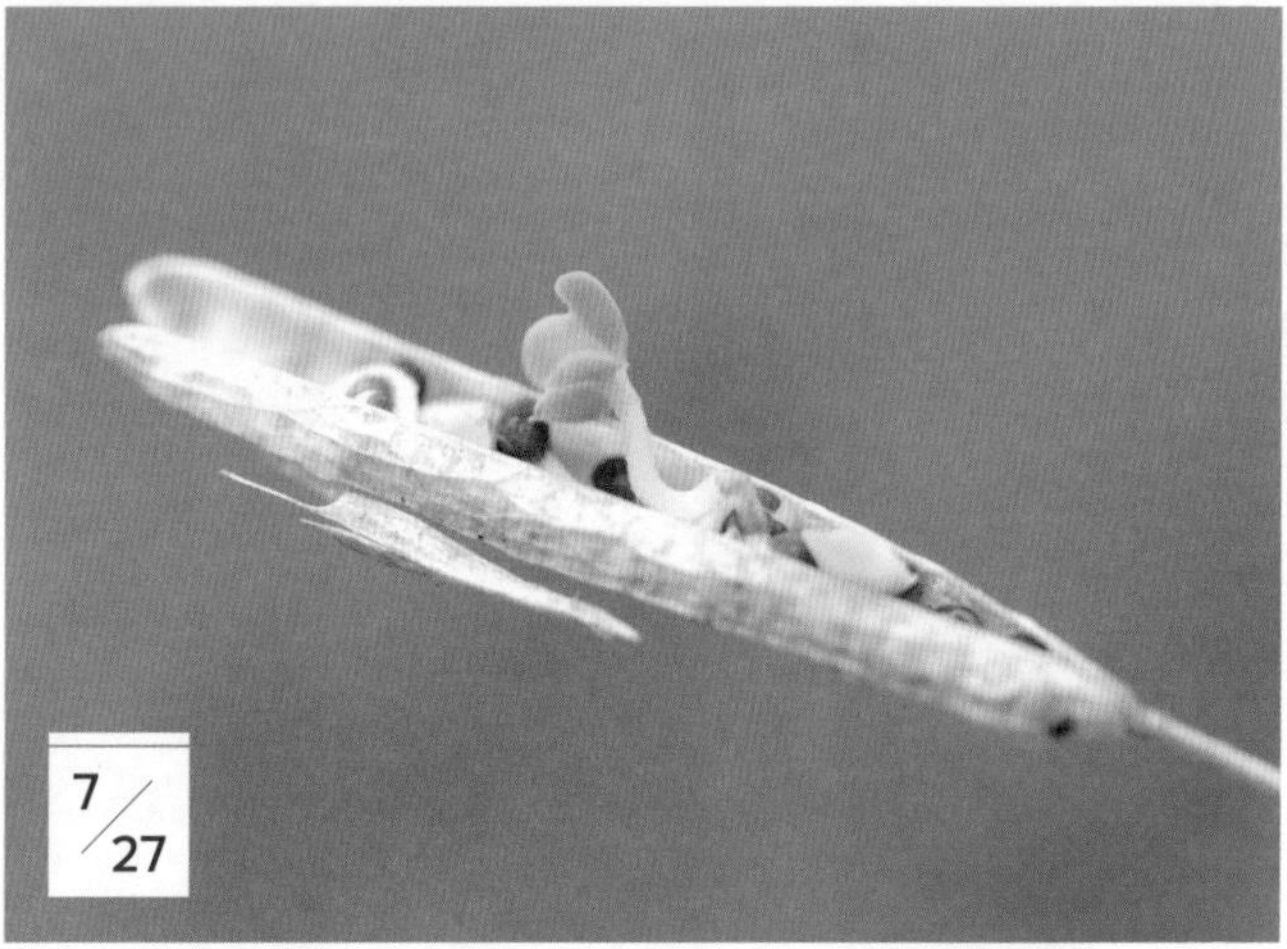
7/27

発芽する前の実はこんな感じでした。カサカサです。

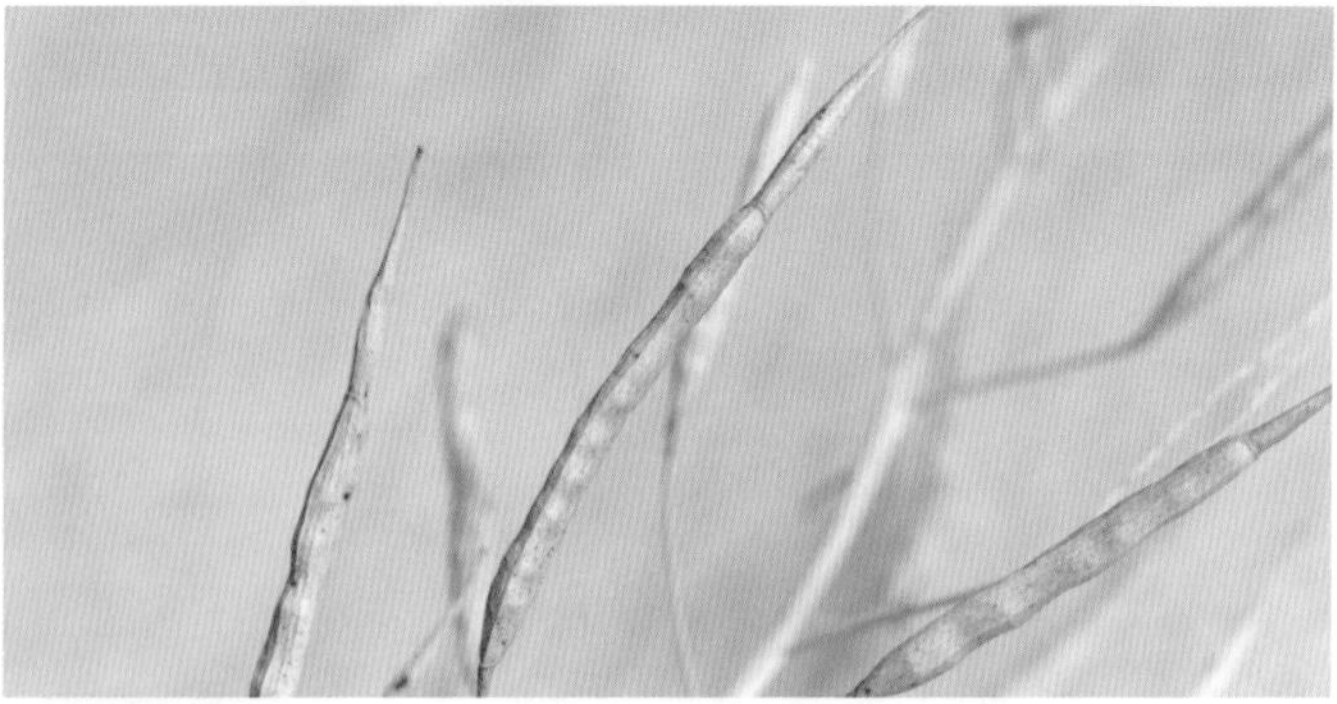

よく見ると、実の付け根に隙間があります。

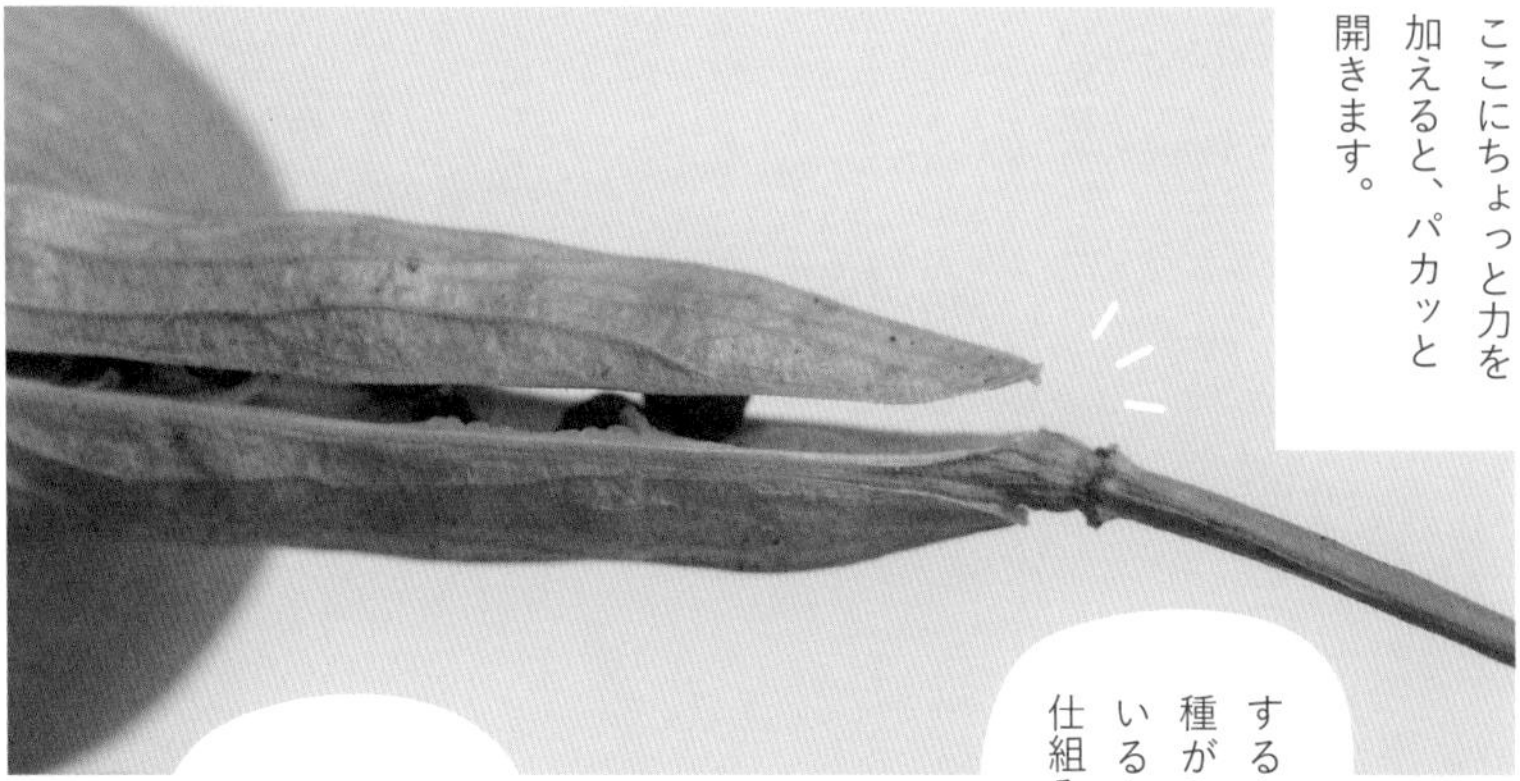
ここにちょっと力を加えると、パカッと開きます。

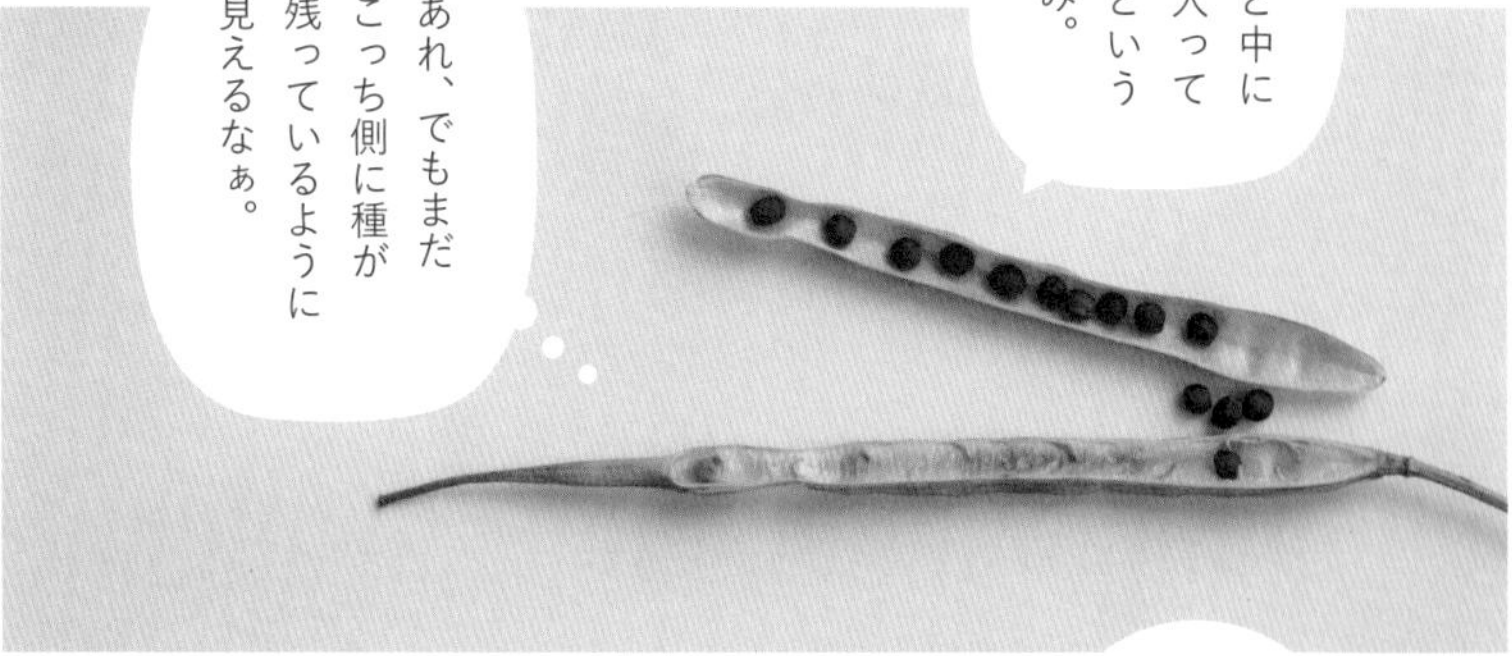
すると中に種が入っているという仕組み。
あれ、でもまだこっち側に種が残っているように見えるなぁ。

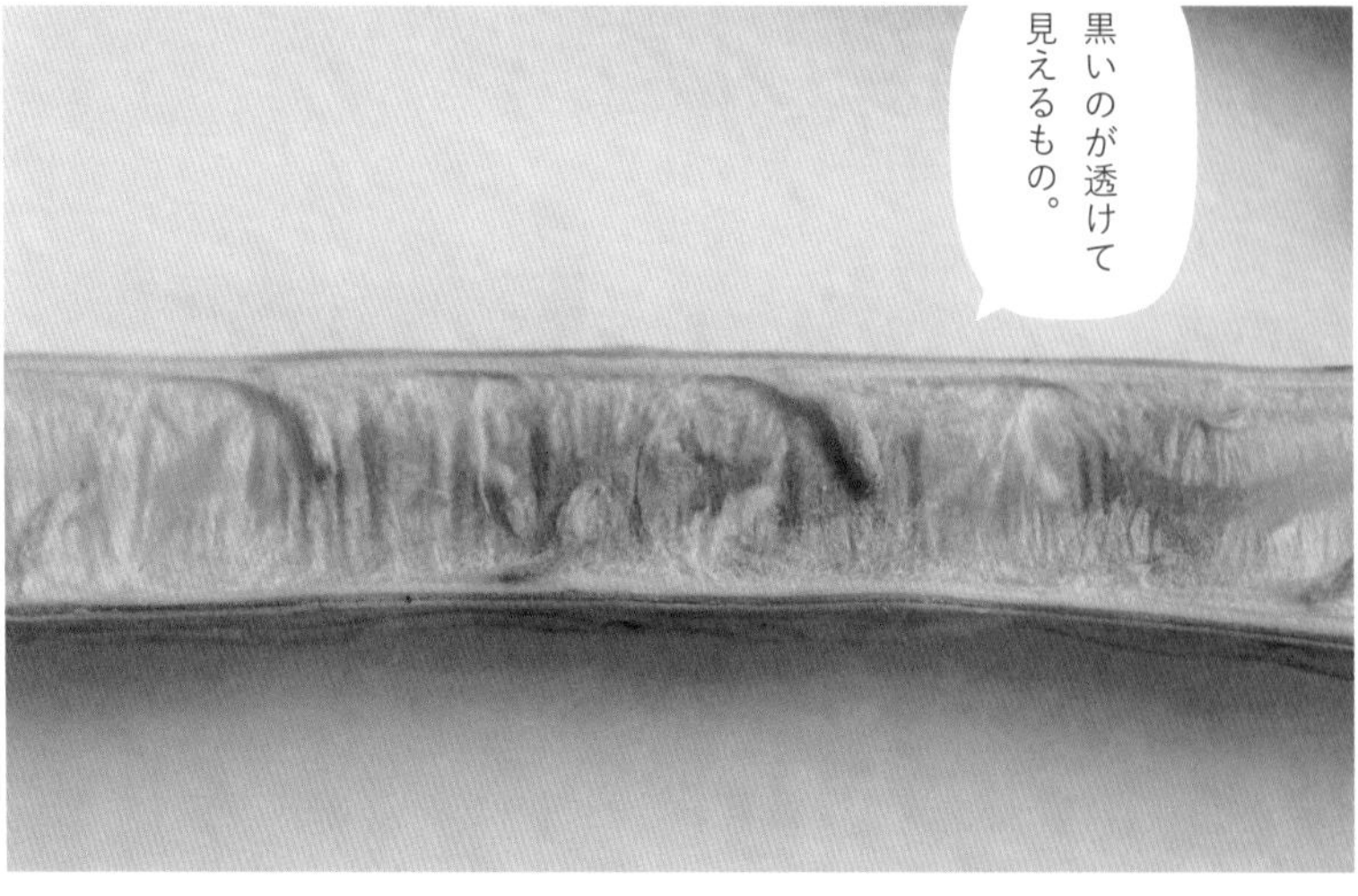
黒いのが透けて見えるもの。

反対側も外せば、これで種が全部出てきます。真ん中に半透明のしきりがあって、その両側に種が入っている部屋があるというつくりになっていたのです。

すでにアブラナ科の特徴として、花びらが十字になっていることをあげました。このしきりのある実のつくりもアブラナ科の特徴のひとつです。

半透明のしきり、光に透かすと感心するほどよくできているのが分かります。

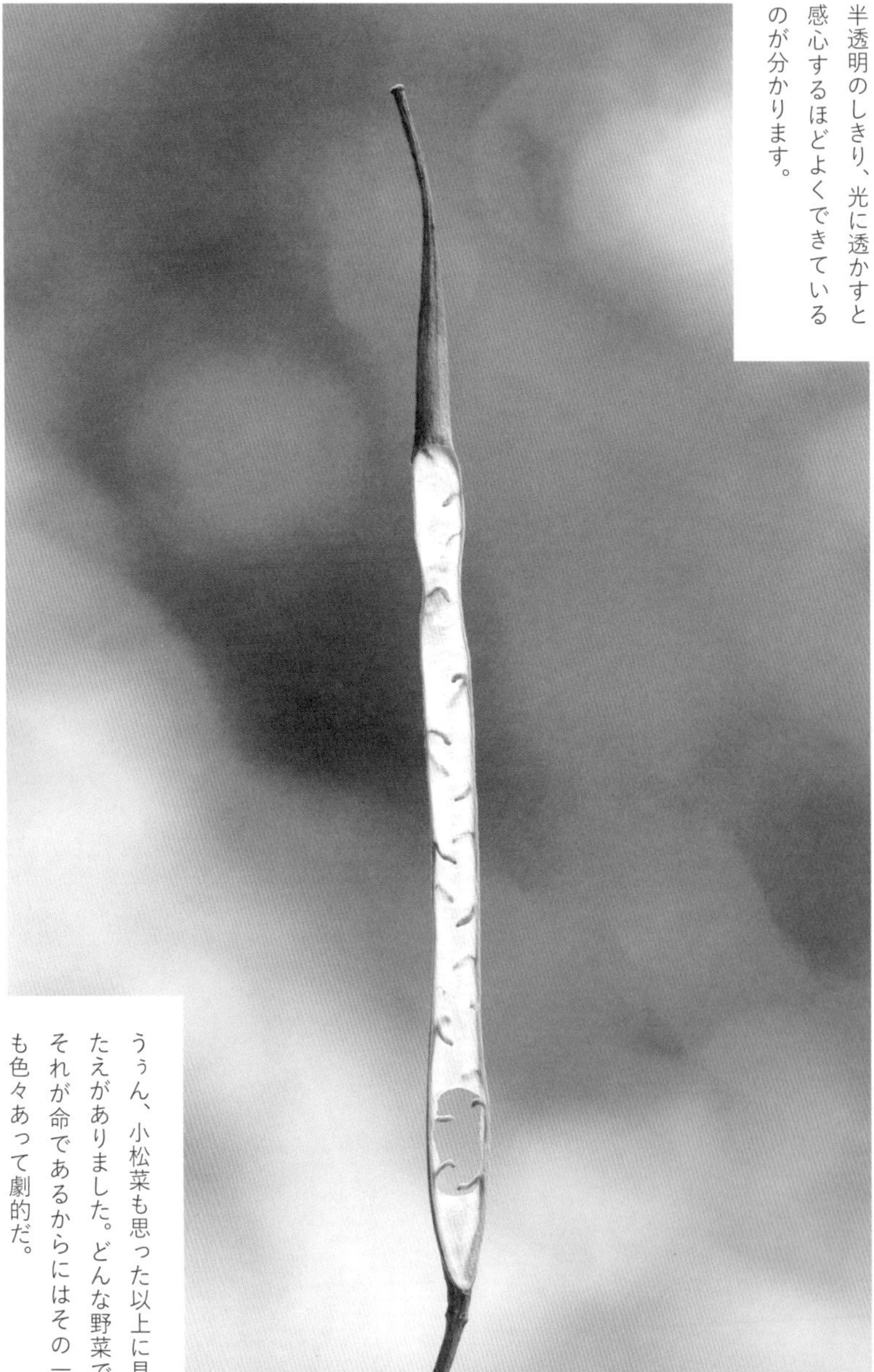

うぅん、小松菜も思った以上に見ごたえがありました。どんな野菜でも、それが命であるからにはその一生も色々あって劇的だ。

葉っぱを食べるお野菜

ほうれん草のお話

種はこんなかたち（実物大）

小松菜を見ていたら、もうひとつ観察したい野菜を思い付きました。

ほうれん草です。

キャベツやレタスと同様で、ほうれん草と小松菜も小さい頃よく間違えたんですよね。なかなか覚えられなかったのに、ある日気付くといつの間にかちゃんと見分けられるようになっているのですから、

　人の成長だって不思議なものです。
小松菜は春になったら花を咲かせました。ほうれん草はどうでしょうか。また見ていきましょう。

ほうれん草の旬は冬ですが、例によって収穫せずに置いておきます。すると暖かい春の風が吹く頃、中心からなにか伸びてきました。もうここまでたくさん野菜の成長を見てきたので、これがなんなのかは見る前から予想がつきます。

3/24

ほらやっぱり。花のつぼみでしょ。これ。

小松菜は黄色い十字の花を咲かせました。ほうれん草って小松菜に似ているから、やっぱり似たような花が咲くのかな？

あれれ？　なにか開いたように見えるけど……。
なんだこりゃ。
4/4

でも、先端から小さな花粉が出ているのが見えるので、やっぱりこれが花みたい。花粉が出ているってことは、これは雄花かな？　そしたら雌花はどこにあるのだろう？

あちこち探してみますが、どうもそれらしきものが見つかりません。

雌花が見つからないままに更に6日経つと、
今度は別の株から花茎が伸びてきました。

よし、また花を探してみよう。
と近付いていくと

おわっ！　また変なかたちを
したものが現れた！
凄く小さいけど。

この白いもの、
たぶん雌しべの
柱頭だ……。

ということは、これが雌花かな？
あれ？　今度は雄花の方が
見当たらないぞ。
どこいった？　雄花は。

予想外の花の姿にちょっと混乱しつつ色々な株を見回ってみたところ、あることが分かりました。

これまで見てきた野菜は、ひとつの株の中に雄と雌が両方入っているつくりをしていましたが、ほうれん草はどうもそうではなく株によって性別が異なっているようです。こういう場合は、雄花が咲くものを雄株《おかぶ》と呼び、雌花が咲くものを雌《め》株《かぶ》と呼びます。今回は20株ほどのほうれん草の花を咲かせてみました。どうも雄株の方が先に花を咲かせ、雌株はそのあとに時間差で花を咲かせるようです。こんな発見も自分で育ててみればこそ。興味深いことがたくさん出てきます。

それから、うちでは出てきませんでしたが、中には雄花と雌花が両方付く雌雄同株《しゅうどうしゅ》というタイプのものもあったりして、ほうれん草には色々な性があるみたいです。

さて、このほうれん草の花を改めて見てみると、どうも花びらがないように見えます。これはほうれん草がとうもろこしと同じ風媒花《ふうばいか》だからです。虫に花粉を運んでもらうのではなく、風に乗せて花粉を運ぶので、花びらのように虫の気を引くようなつくりは必要ないのです。

もうここで分かったと思いますが、ほうれん草と小松菜は葉っぱの姿が似ていても、科が違います。ほうれん草はヒユ科（以前はアカザ科とされていました）、小松菜はアブラナ科。なんと、違うグループの野菜だったのです。あんなに似ているのに。

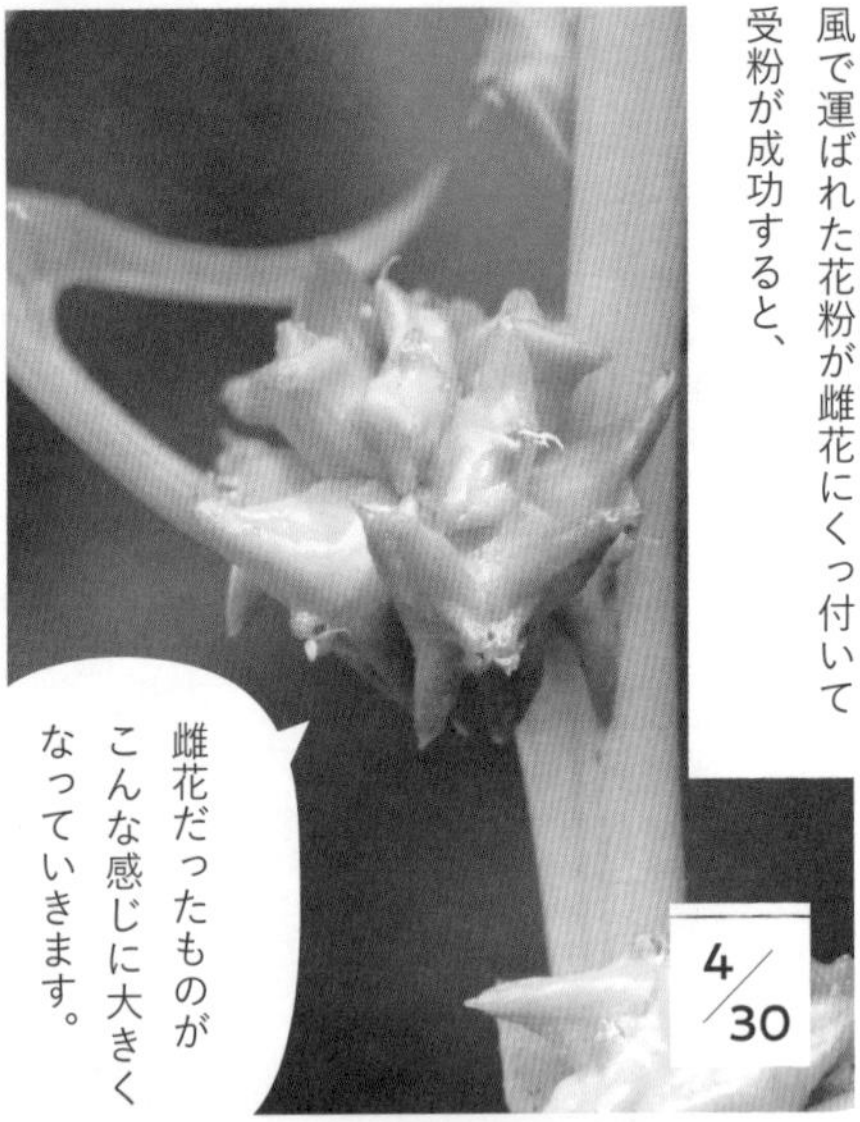
風で運ばれた花粉が雌花にくっ付いて受粉が成功すると、
雌花だったものがこんな感じに大きくなっていきます。
4/30

そしてトゲトゲな姿に。
うわぁ、触ったら痛そうだ。
5/22

これをそれぞれバラしてみると
じゃっじゃじゃーん
ほうれん草の種の完成ーー！

こいつを大事にとっておいて、また秋にまけば

ほら。ちゃんと
芽生えてきましたよ。
なんか、かっこいい。

小さい頃のわたしも、ここまでほうれん草と小松菜を見比べることができれば、きっと間違えずに済んだのになぁ。

[ほうれん草のお話 補足]

ほうれん草の原産地は、カスピ海周辺地域と推測されており、日本に辿り着くまでの旅路には2ルートあったと考えられています。

ひとつは、中国で野菜として改良されながら日本に到達した東洋ルート。もうひとつが、ヨーロッパで改良されながら日本に渡ってきた西洋ルートです。おおもとの植物が一緒でも、違うルートを辿ることで、日本にはほうれん草が2パターン届くことになりました。東洋ルートできた「東洋種(または東洋型)」は、葉っぱがギザギザしているのに対し、西洋ルートの「西洋種(または西洋型)」は丸い葉っぱをしているのが分かりやすい違いです。
また、種のかたちも異なります。東洋種はトゲトゲで、西洋種は丸っこい形状をしています。今回わたしが観察したほうれん草の種はトゲトゲしていたので、東洋種のほうれん草を観察していたのだということになります。

では、スーパーで買うほうれん草はそのどちらなのかと言うと、現在は東洋種と西洋種の交配種がよく出回っているので、私たちが食べているものは東洋と西洋の中間品種が多いようです。

ひと口にほうれん草と言っても、色々な種類があります。野菜の原産地と、伝わってきた道のりを調べてみるのも面白いテーマになりそうです。

東洋種

西洋種

葉っぱを食べるお野菜

玉ねぎのお話

種はこんなかたち（実物大）

葉っぱを食べる野菜として、次に紹介したいものがこれ。玉ねぎです。これは赤いので赤玉ねぎ。

えっ。ちょっと待った。
玉ねぎって葉っぱなの？　そう思った方もいらっしゃると思います。

なんとなく地下にあるような気がするから……根っこ？　いや、茎？　というか茎の出っぱり？　あれ、なんだろう、玉ねぎって。と思っていたところ、ひょんなときに正体を明らかにするためのヒントを見つけました。

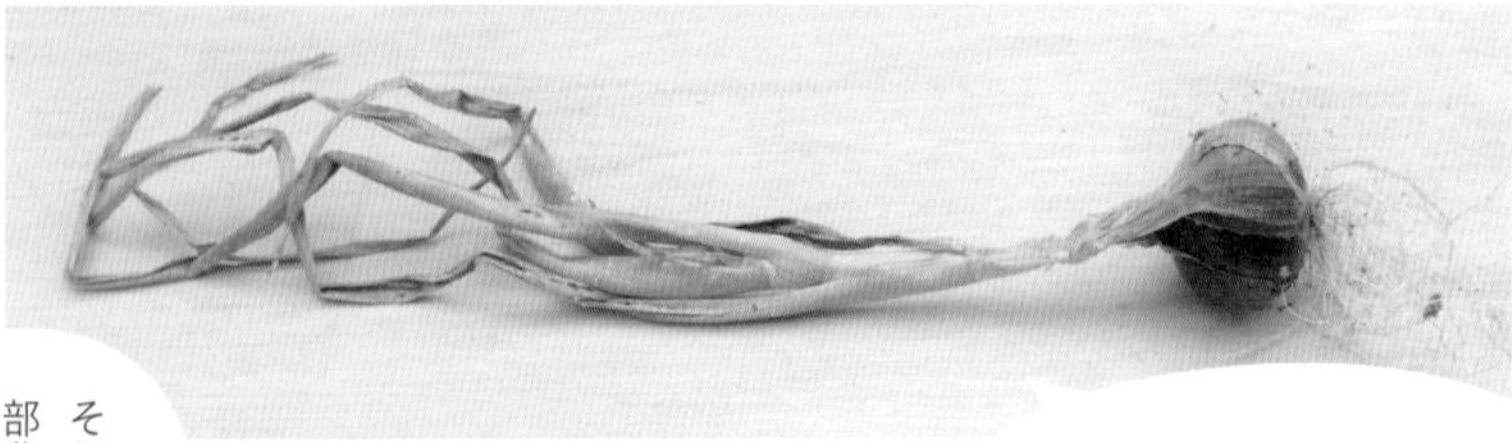

それがこれ。玉ねぎが旬のときに出回る、葉っぱ付きの玉ねぎです。当たり前のように「葉っぱ付き」と書いてしまいましたが、この緑色の部分が葉っぱです。

それで、この部分が根っこですね。もしやもしやしています。よし、ここまでは間違いないはず。

それではこの球になっている部分はなんなのでしょうか。

えいっ、困ったときの断面見せ！

ですが、んん？やっぱりよく分からない。どうしようどうしようと思いつつ、これを裏返してまた観察していると

あれ、1枚取れた。

おぉ、どんどん取れる！

最終的にここまで。こんな感じになっていたのね、玉ねぎは。

この一枚一枚取れたものを見ていると、球になっている部分と緑色の葉っぱがそれぞれつながっているのが分かります。

ということは、この球の部分も葉っぱの一部ということ？

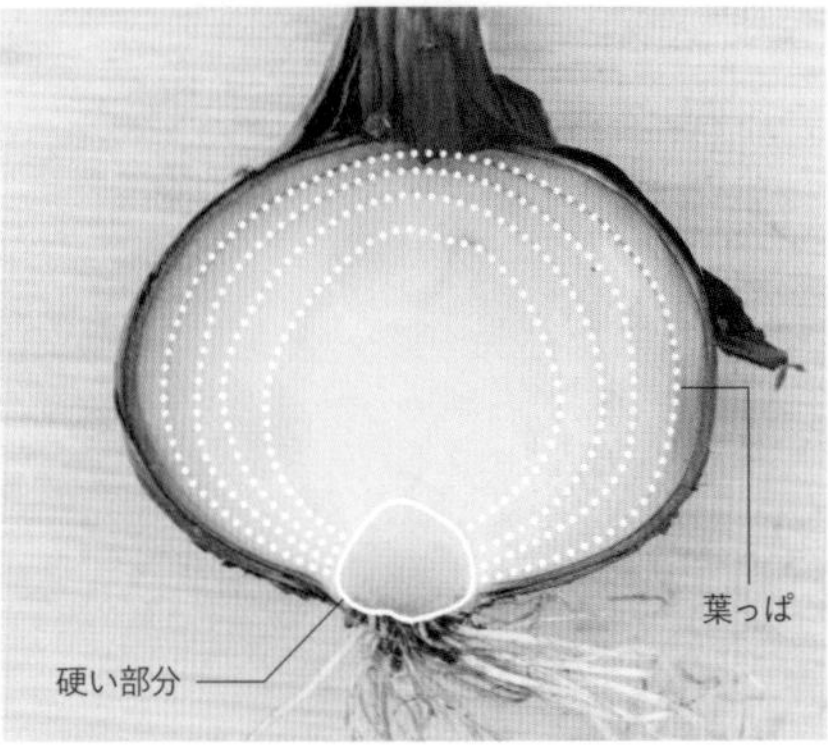

改めて断面を見ると、球の底にちょっと硬い部分があり、そこから葉っぱらしきものが出ているのが分かります。キャベツや白菜と同様の理解でいけば、この硬い部分は茎ってことかしら。ということは、そこから出ているものは、やっぱり葉っぱだ！

続いて玉ねぎを横に切ってみると同心円状に円がいくつも重なっていて、玉ねぎの葉っぱはそのどれもが筒状になっていることが分かります。葉っぱと言えば平たいものというイメージが普通はあると思うので、この筒状のものが葉っぱだと言われてもなかなか信じがたいのですよね。

植物は光合成をして作った栄養を、からだのどこかに貯蔵します。玉ねぎの場合は、この球状の葉っぱに栄養を貯めていく仕組みを持っていて、植物の言葉でこの部分を鱗茎《りんけい》と呼びます。なんだか珍しい方法のような気がしますが、ユリやスイセン、チューリップなども、この鱗茎を持っています。ただし、よく似たかたちをしていてもクロッカスなどは茎に栄養が貯まり肥大化したもので、こちらは球茎《きゅうけい》と呼ばれます。

この本の第五章では、野菜がどこに栄養を貯めているのかがキーワードになってくるので、詳しくはそちらで観察していきます。

話を戻して、玉ねぎのこと。球になっている葉っぱには栄養が貯まっているということは分かりましたが、光合成をして栄養を作るための葉っぱはどこにあるのでしょうか。

それが、ここ。球の上にニョキニョキ生えている緑色の葉っぱがそうなのでした。

この外見からだけでは、やっぱり葉っぱと下にある球がつながっているとは思えないですよね。

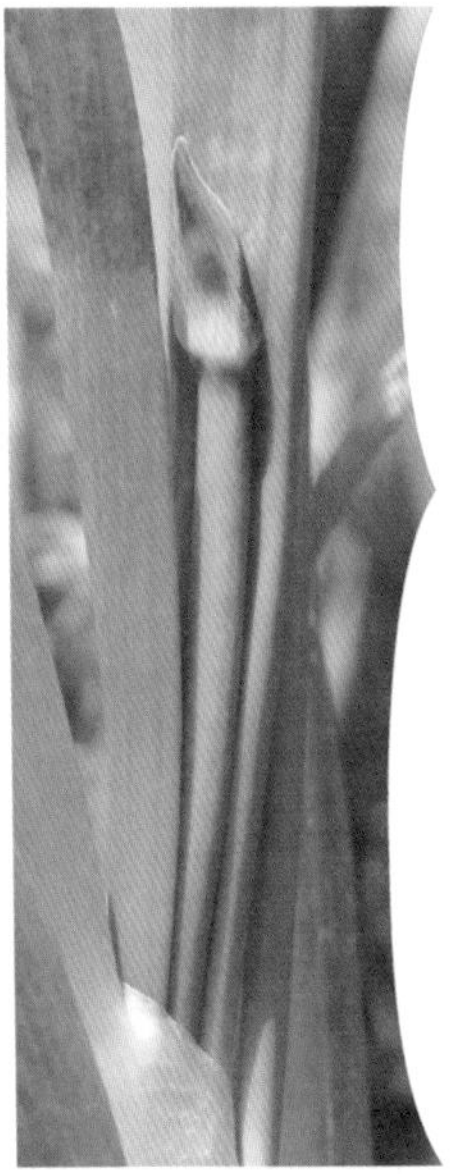

4月中下旬になると、花のつぼみがちょこんと出てきます。

これがずーんと一気に伸びていき

花を咲かせました。凄い雰囲気。

花に近付いてみると

これがまた、なかなかの愛らしい姿！

花が終われば、
種が採れます。
これを秋にまけば

こんな感じで芽生えてきます。

って、
なにこれ！

ぱきっと腰で折れてますけど。
ここできれいに終わろうとしたのに、これじゃ終われないよ。
なんなのよ、その芽生え方は。

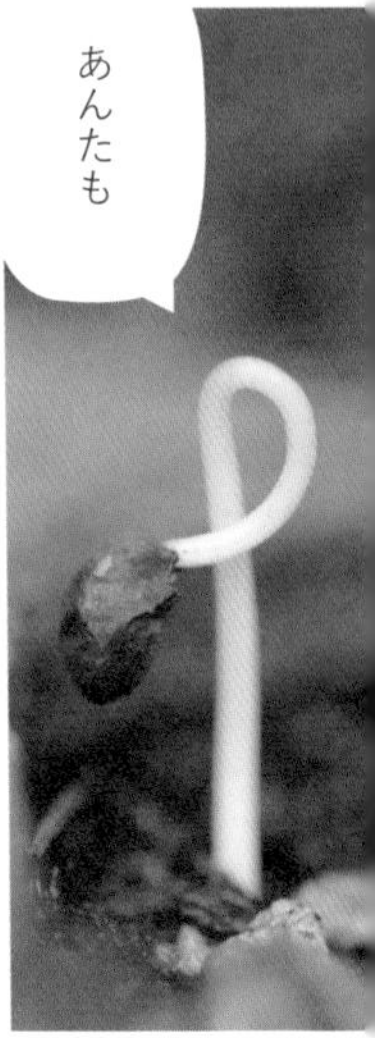
あんたも

あんたもだ。

そんなクネクネしてて大丈夫なの？ この先、太らないといけないんでしょう？

「うん、大丈夫だよ。ほら」と玉ねぎの声が聞こえてきましたが、いやぁまだそんなヒョロヒョロじゃ心配だよ、わたしは。

と、ひたすら気がかりでしたが、はじまりはあんな調子でも、12月くらいには少しは安心できる姿に変わっていきました。

ここだね。この赤紫色の部分が、これから太くなって球になっていくわけだ。

また大きくなってその姿を見せてよね。

葉っぱを食べるお野菜

ねぎのお話

玉ねぎのことが分かったところで、
さては、と思ったのがこれ。
今度はねぎです。なんとなく、なんとなくですが似てる気がしませんか。玉ねぎとねぎ。名前に「ねぎ」って付いてるし。

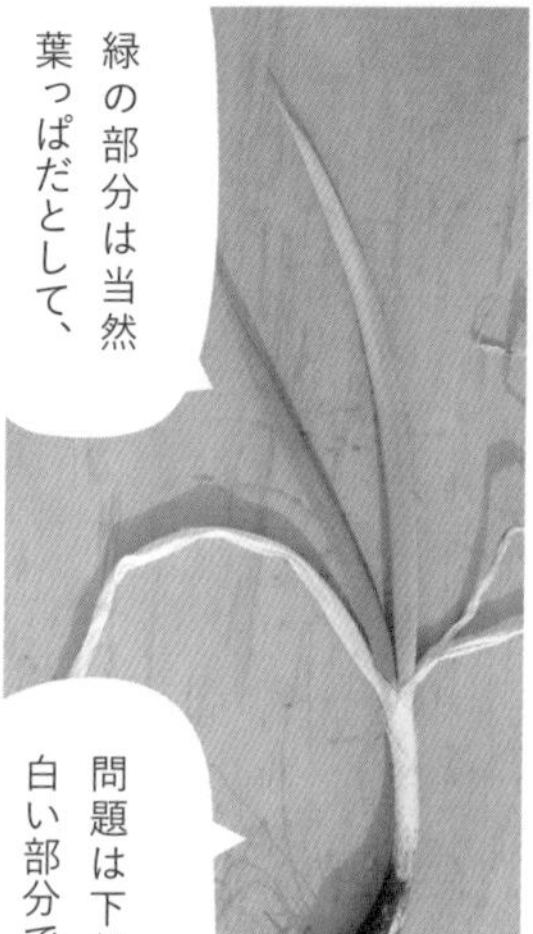

緑の部分は当然葉っぱだとして、

問題は下部にある白い部分ですね。

ここがさっきの玉ねぎのように緑の部分と一体になっているとしたら、白いところもやっぱり葉っぱとして捉えていいのではないでしょうか。

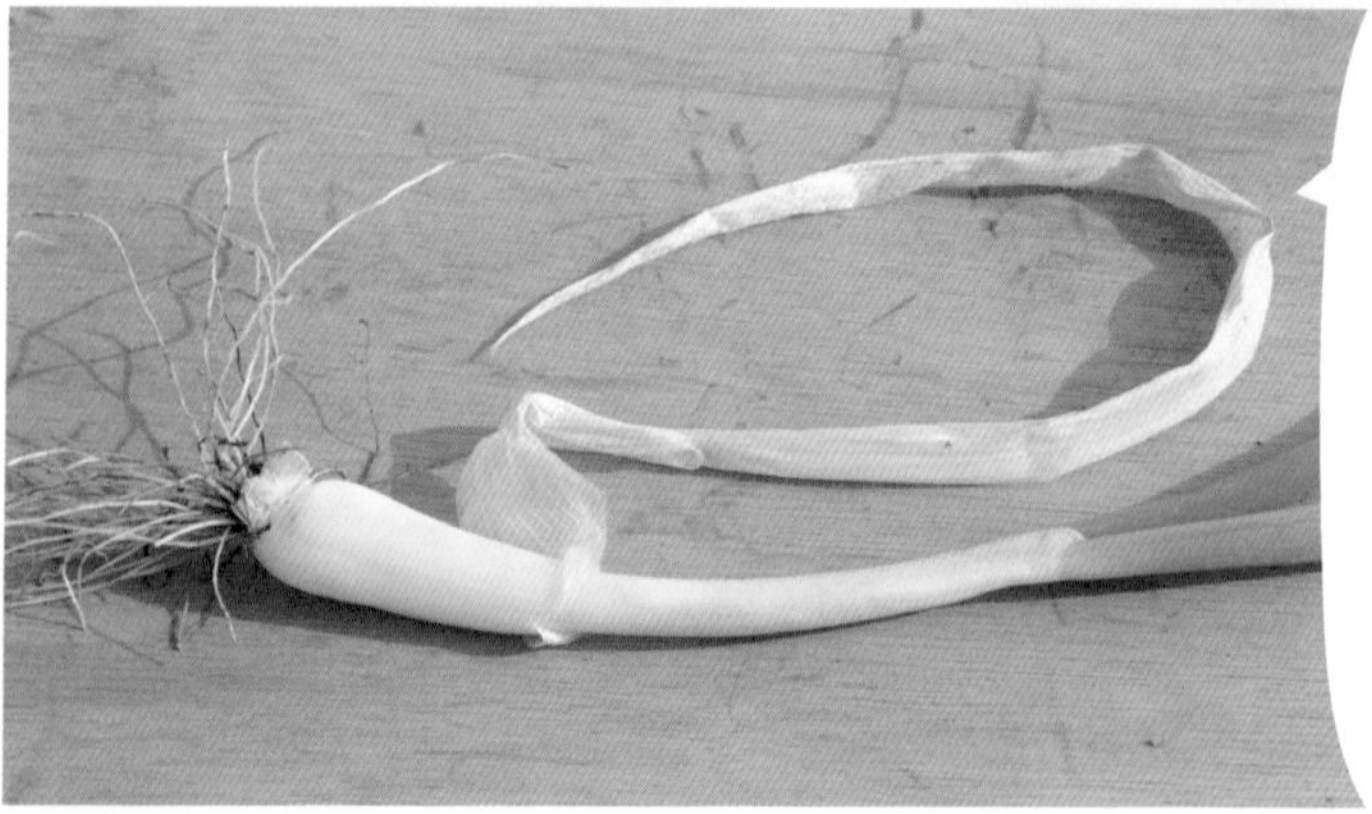

ちょっとこの状態だと分かりにくいので外側の皮を1枚めくり

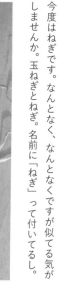

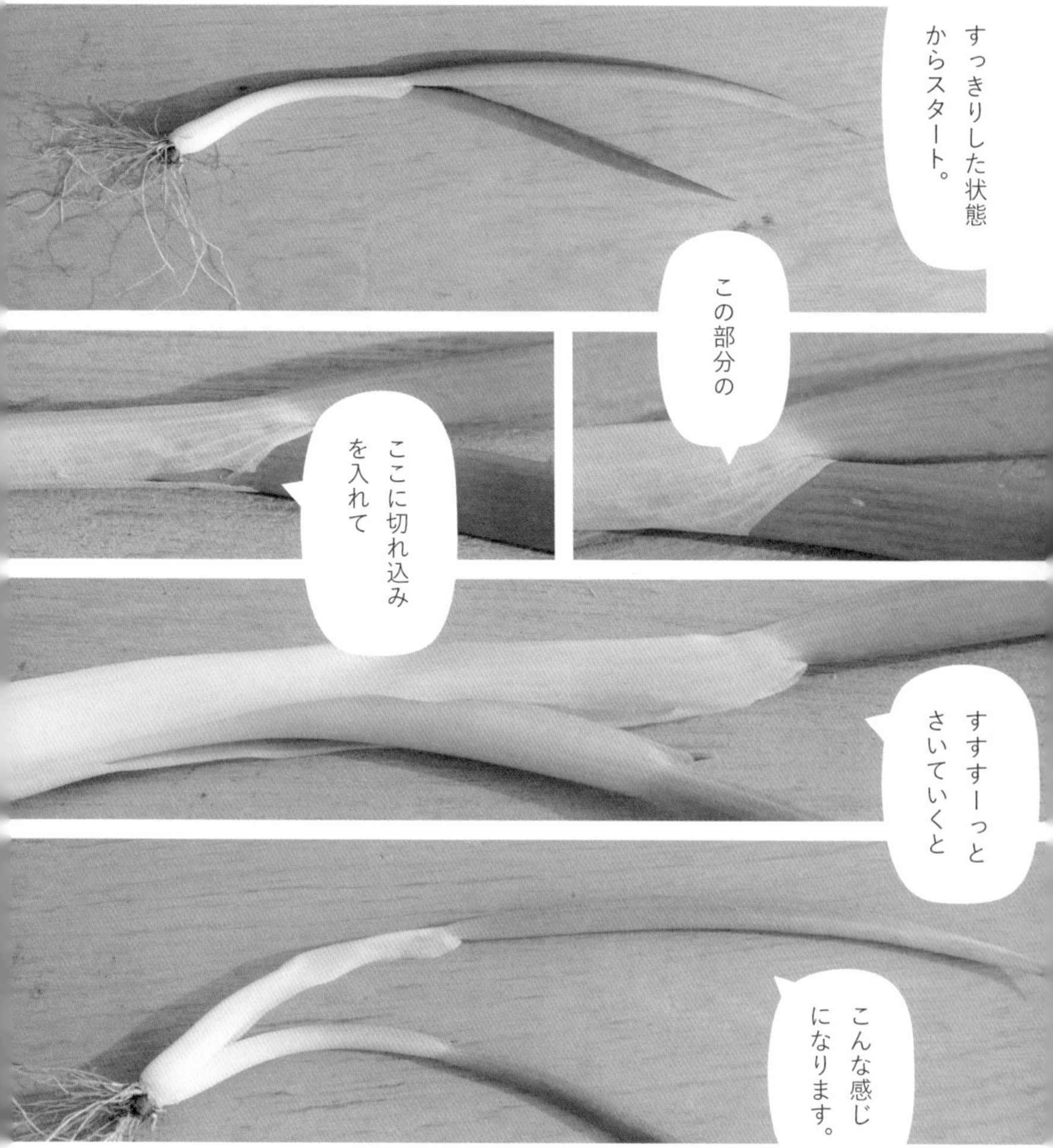
すっきりした状態からスタート。
この部分の
ここに切れ込みを入れて
すすすーっとさいていくと
こんな感じになります。

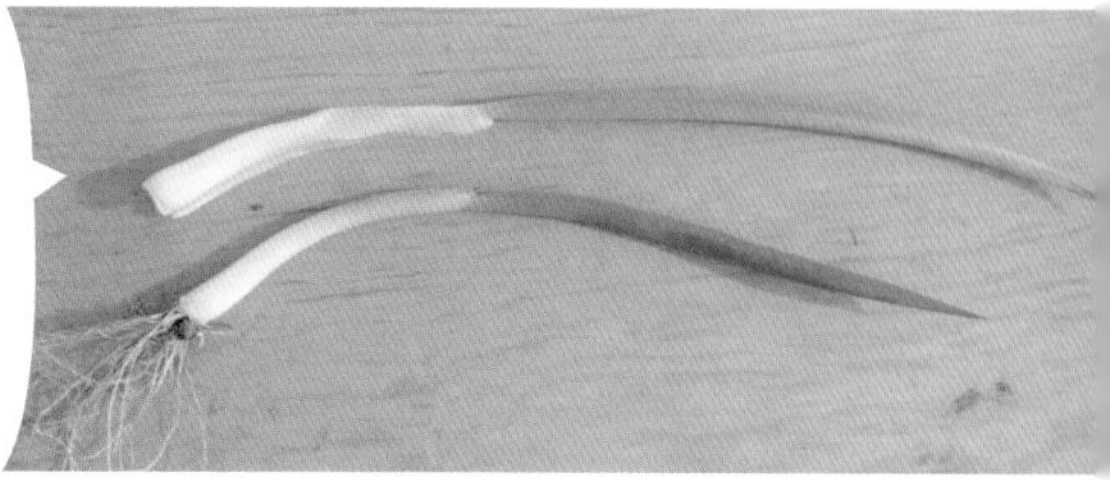
これで1枚取れました。

やっぱり緑色の部分と白色の部分がつながっています。ということは緑も白もどちらも葉っぱということですね。

ひとつひとつ取っていくと、5つに分かれました。玉ねぎと同様で、葉っぱが何層にもなっていたようです。

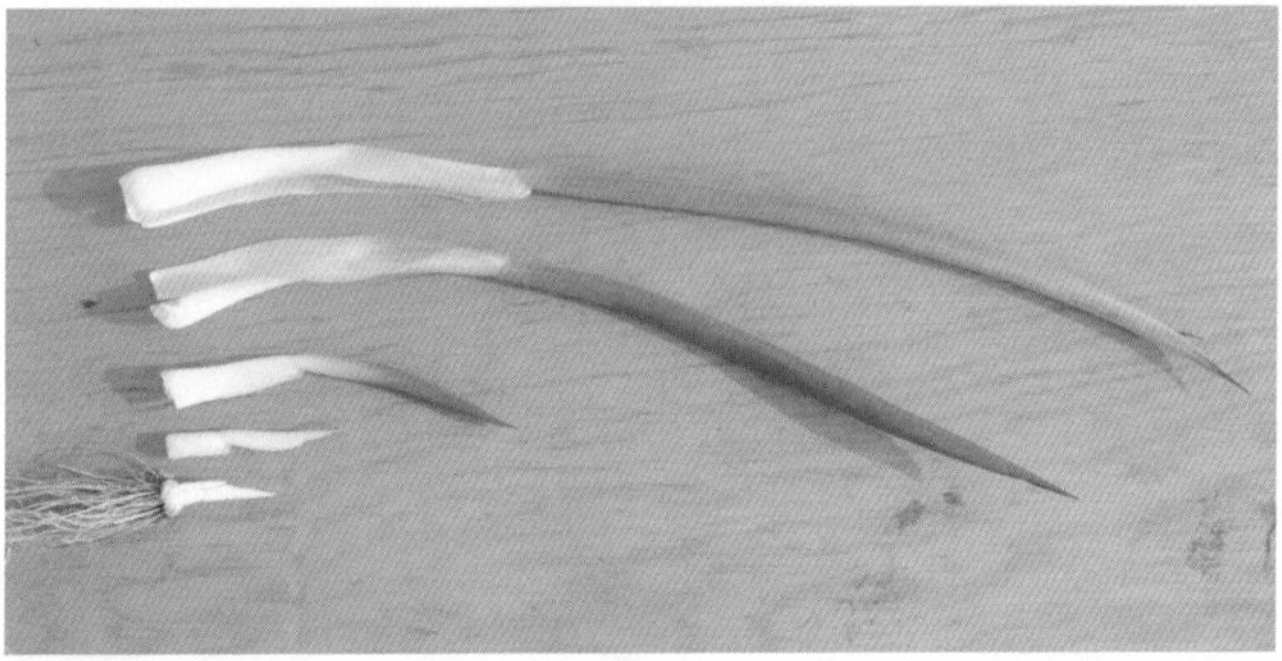

下部の断面を見れば、

筒状になった葉っぱがやっぱり何層にも重なっていることが分かります。

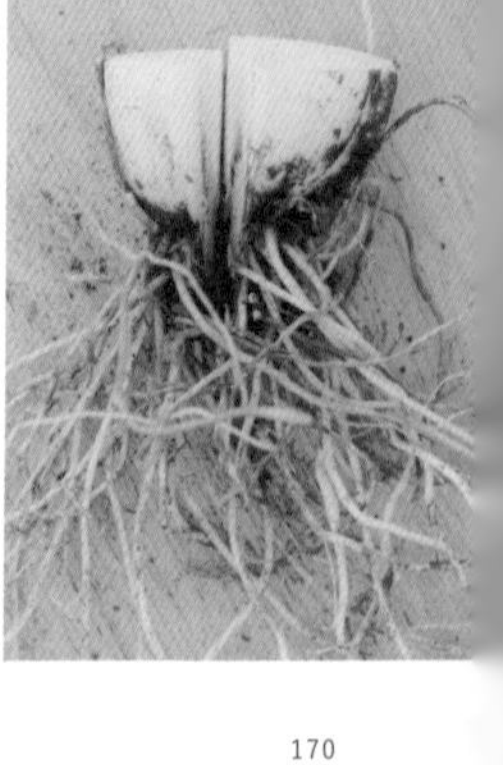
こっち向きに切ってみれば

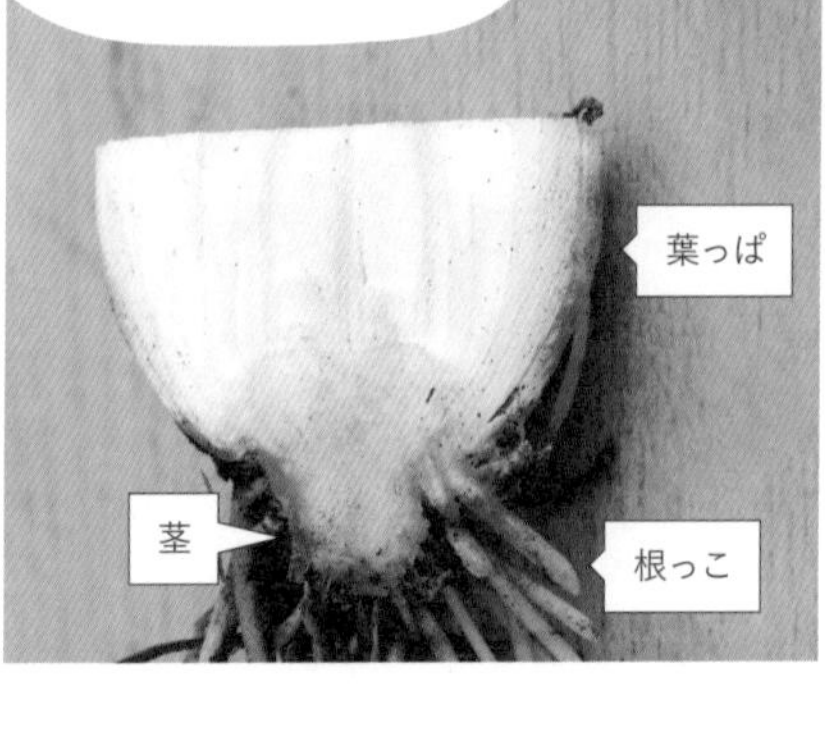
硬くなっている部分が茎で、その下に出ているのが根っこ。上に出ているのが葉っぱだと分かります。
葉っぱ
茎
根っこ

玉ねぎの場合は下の方の葉っぱの部分が肥大化していましたが、ねぎは肥大化しないので、こうしてすらっとした見た目をしているのですね。玉ねぎを観察していたおかげで、理解がとってもスムーズです。

と、ここまではいいのですが、じつはまだもうひとつ疑問を残していました。

葉っぱの先端にご注目ください。ここを真上から見てみると

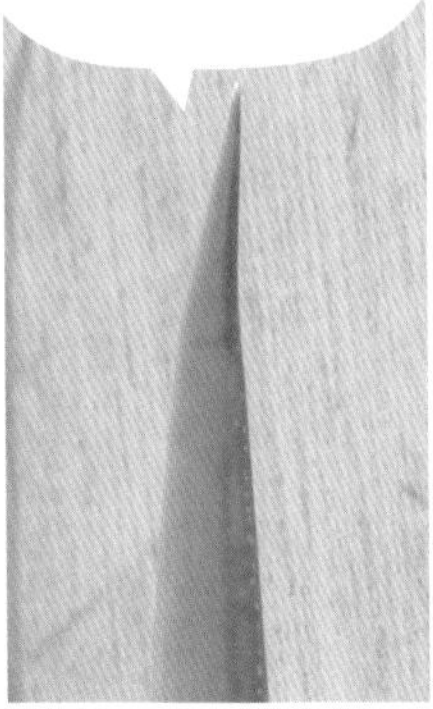

こんな風にして、先端が閉じています。さぁ、どうでしょうか。こんな疑問が生まれませんか？

あら？　この葉っぱって、表と裏という概念あるのかなぁ？　と。

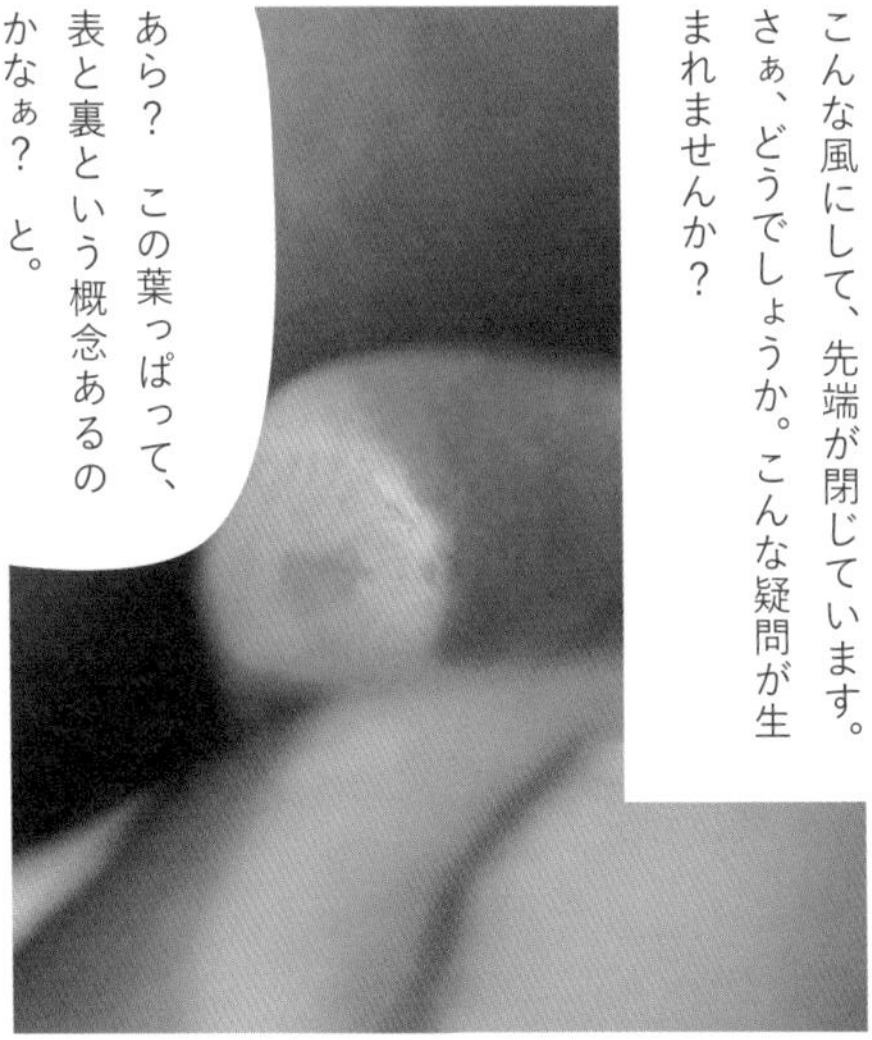

……はい。そんなこと別に思わなかったという声が聞こえてきそうですが、一応そんな疑問が出てきたということで、先に進めます。

どこにいったのだろう、表と裏は。

ケール

たとえば、ねぎの隣で育てていたケールの葉っぱを見てみます。平たいかたちをしているので、これには明らかに表と裏があるのが分かります。でも、これが筒状になると表と裏がなくなってしまうんです。

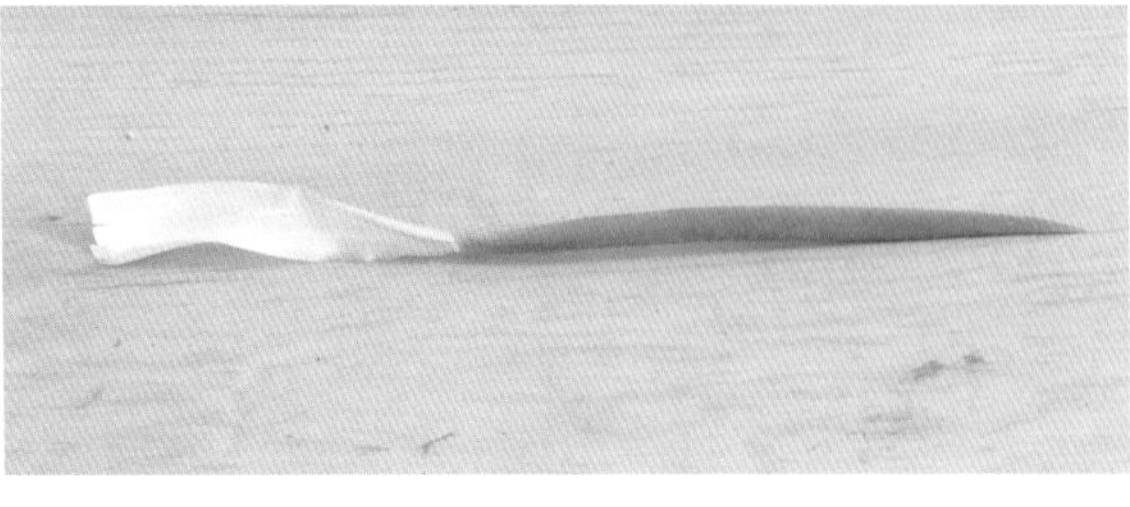

この説明、なかなか難しいなぁと思っていましたが、先ほどはがして分離した葉っぱにヒントがありました。

ここを見てください。

この写真の左側の白い部分、ここは先ほど、もともとは筒状だったのをカッターで切り開いた部分です。

筒が切り開かれると、当然ですが平たくなるので、表面と裏面ができます。

おや、なんだか分かりそうじゃないですか？

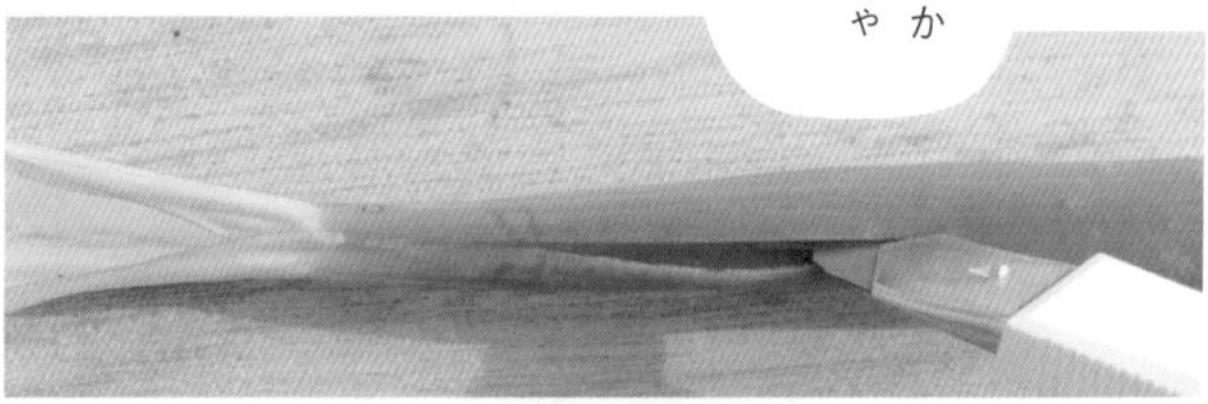

続いて、まだ切っていなかった緑の部分にもカッターで切れ込みを入れてみました。

これで、全部切り開かれました。ね、これで平たい葉っぱになりました。見るからに表と裏があります。

そうなのです。じつはねぎの葉っぱにも表と裏がちゃんとあるのですが、いかんせん筒状になっているがために、外からは片面しか見えないつくりになっているのです。

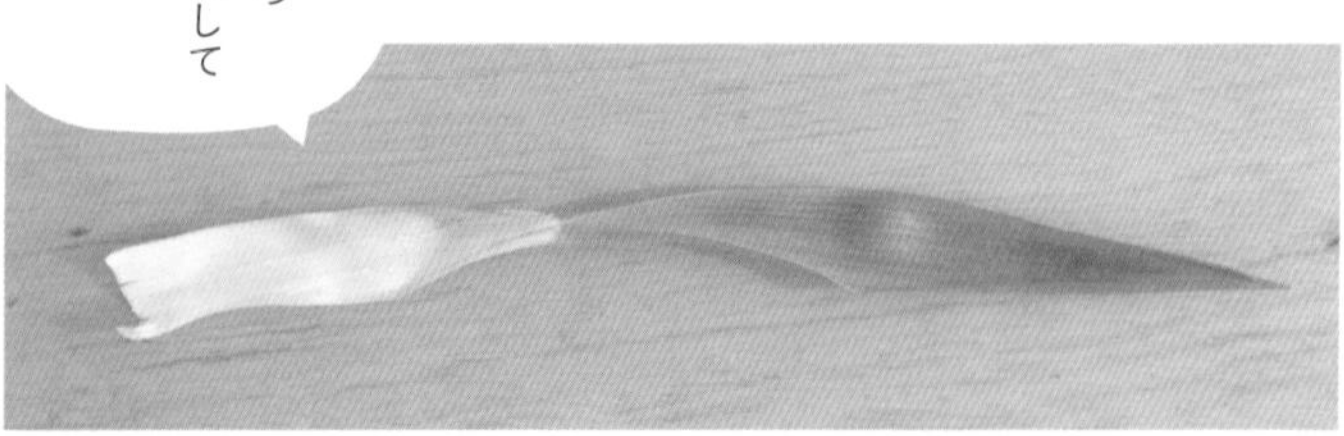
それでは、この外から見えている面は、はたして表なのか裏なのか。どちらでしょうか？

この謎を解くために、今度は庭の垣根の葉っぱの付き方を見てみます。

マサキです。もう見ただけで感覚的に表と裏が分かると思います。

これを言葉で説明すると、「枝に向いている側が表」となります。

それを頭に入れた上で、次の写真を見てみてください。

これは、ねぎをカッターで切り開きながら、葉っぱを取っていった過程の写真です。

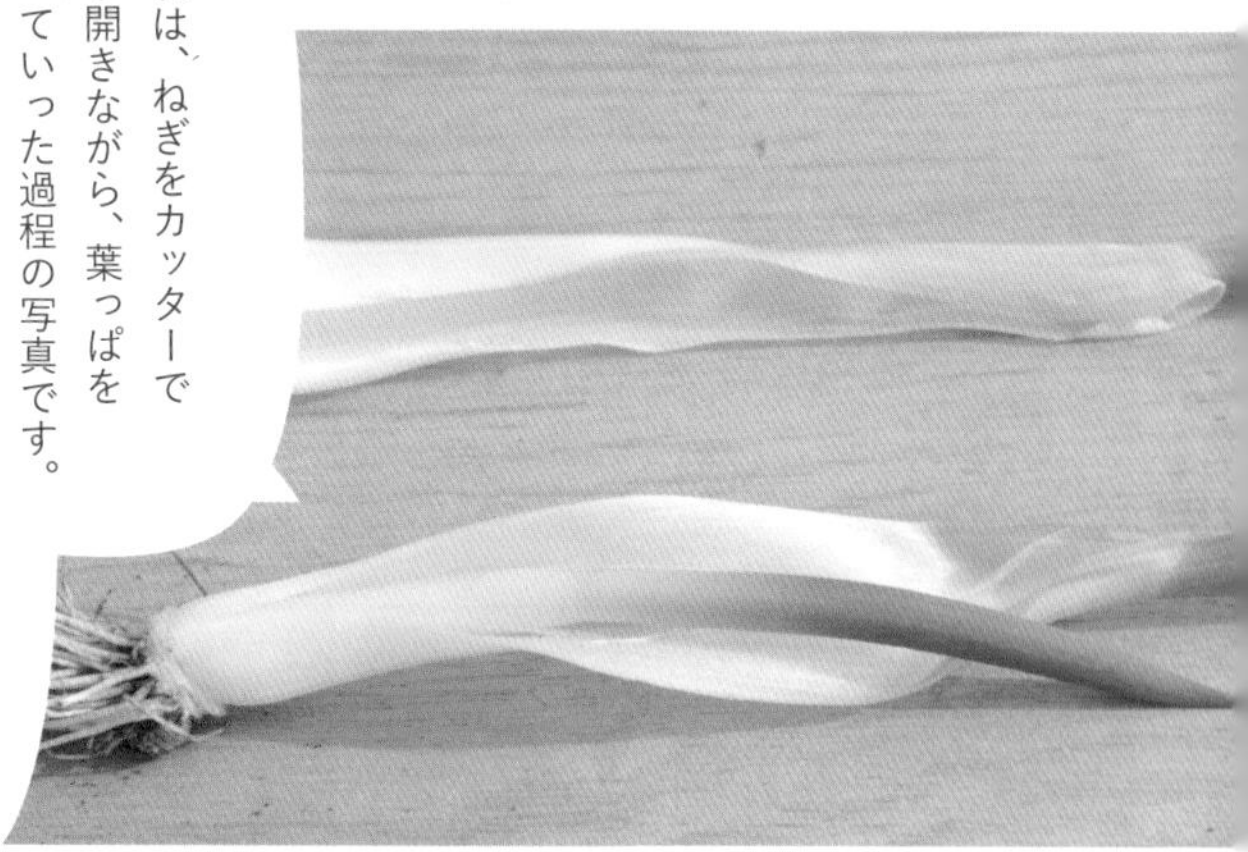

ねぎの場合は、枝がないので「枝に向いている側が表」を「中心に向いている側が表」と捉えて見れば、この切り開いて新しく出てきた方が「表」ということになります。

葉っぱの断面で説明するならば、この外側が裏、中側が表なんですね。ちょっとややこしい話になりました。

要するにねぎの葉っぱは外側から見えている部分は「すべて裏」ということ。

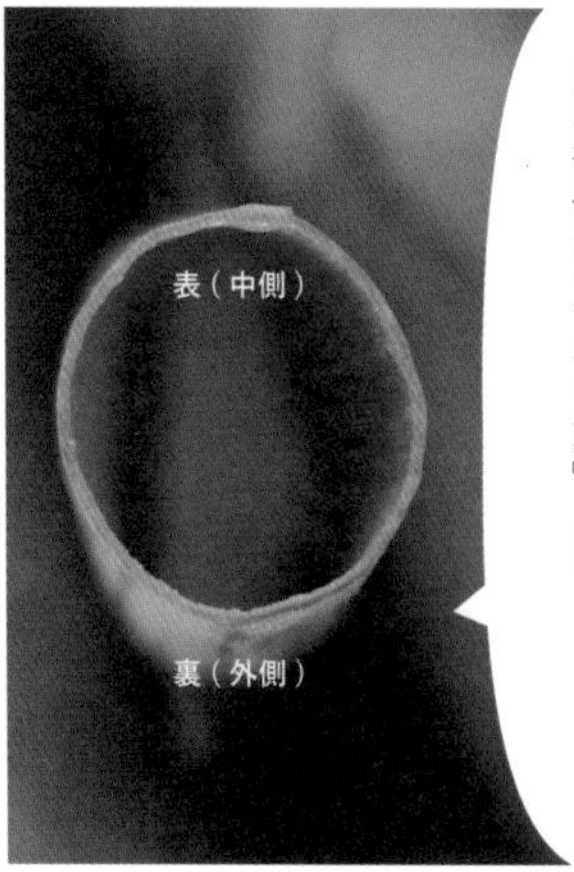

外側なのに表じゃないなんてびっくり！　このように外見では片面しか見えない葉っぱは単面葉《たんめんよう》と言います。ねぎ以外にも、アヤメの仲間やシャガなども単面葉を持っています。なぜこんなかたちが生まれたのでしょう？　思わぬところで植物の姿の多様さに触れた気持ちです。

よし、このあとの様子も見守ってみよう。

あっ、こんなところから

なにか出てきた。

ちょっとずつ伸びていきます。

近付くと、薄い膜になにかが包まれていました。ここから出てきたものは

花でした！

いくつか咲いています。ぼんぼりみたいだなぁ。よく見るとこれはどうも小さな花の集合体のよう。ひとつ採ってみました。

それがこれ。
わぁ、きれい！

この状態で、外側の部分と雄しべを取り除いてみると

付け根に緑色のものが付いているのが分かります。

これが、のちに実になり

種となります。

ちょっと離れて見ると、こんな姿。

種をまくと、やっぱりこれも玉ねぎと同じで、折れ曲がったまま芽生えてきます。

この姿……。
まったくもう。
ねぎ、
お前もか！

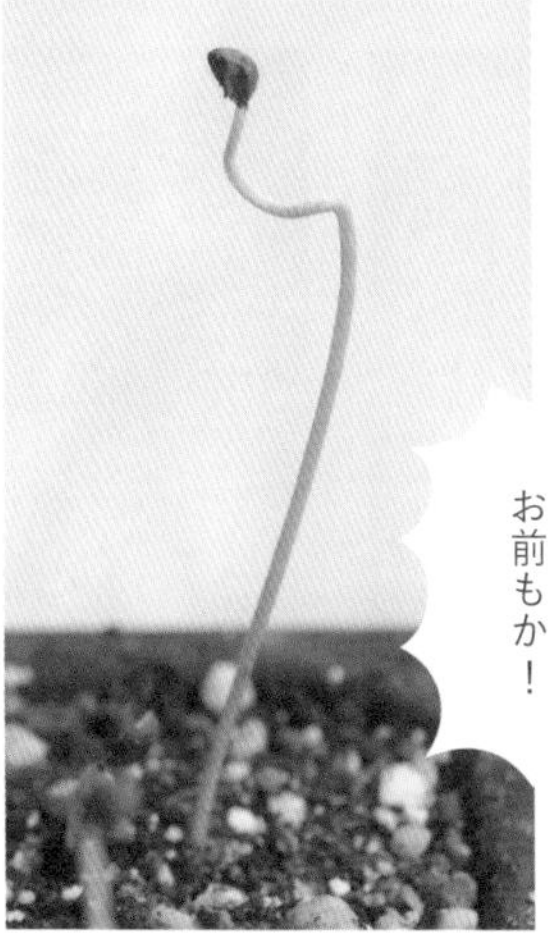

どうしてねぎも玉ねぎも、クネクネして芽生えてくるのだろう。来年はこの謎に迫ってみようかな。ひとつ疑問を解決したらまた次の疑問が出てくるので、野菜の観察もずっと続けていけそうです。

種はこんなかたち（実物大）

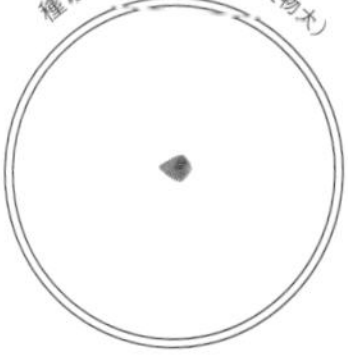

葉っぱを食べるお野菜

モロヘイヤのお話

苗屋さんをのぞいたらモロヘイヤの苗が売っていました。
モロヘイヤかぁ。どんな感じで育つんだろう。

と思ったら、もう体が勝手に
動いています。即購入して
庭に植え付けてみました。

庭で野菜を育てるようになってから、
すっかりこんな調子です。

ちょっと大きくなってきました。

収穫にはまだ早いかな？

育ててみてはじめて知りましたが、モロヘイヤの
葉っぱはちょっと変わったかたちをしています。

葉っぱの付け根に、張り出している部分があるんです。

ちょこん。

面白いかたちだなぁ。

売っているときってこんな感じで束ねられているし、そのまますぐに切っちゃうから、葉っぱをしっかり見る機会って意外にないんですよね。

さぁ、うちのモロヘイヤはいつ収穫しようかな。

と、タイミングを見計らっている内に

あっ、いつの間にかかなり大きくなってる。もう収穫せねば！　と、近付いていくと

キラーンと光るなにかを発見。

花でした。
わーこれまた
なかなか華やかだ。

これ、何科なんだろう。と気になったので、
モロヘイヤのことを調べてみました。
そしてわたしは、ここで重大なことを
知ることになります。

8/18

モロヘイヤはアオイ科（旧シナノキ科）。そこまでは、へぇそうなのかぁという感じだったのですが、なんとなんと、モロヘイヤの種は有毒であるということを知ってしまったのです。

モロヘイヤの名誉のために先に書いておくと、野菜として売られているときのモロヘイヤは人にとって有毒ではないのでご安心ください。毒があるのは種やさや。となると、花が咲いたときにはもうすでに種やさやの赤ちゃんがいると考えた方がいいので、この時点でもう注意をしないといけません。衝撃……。家庭菜園をする方は要注意です。

せっかくここまで育てたけれど、うちのモロヘイヤはもう収穫しない方が良さそうだ。

となれば、することはひとつだけ。このまま見守ってみよう。

花が終わって実が伸びてきました。
緑色をしています。

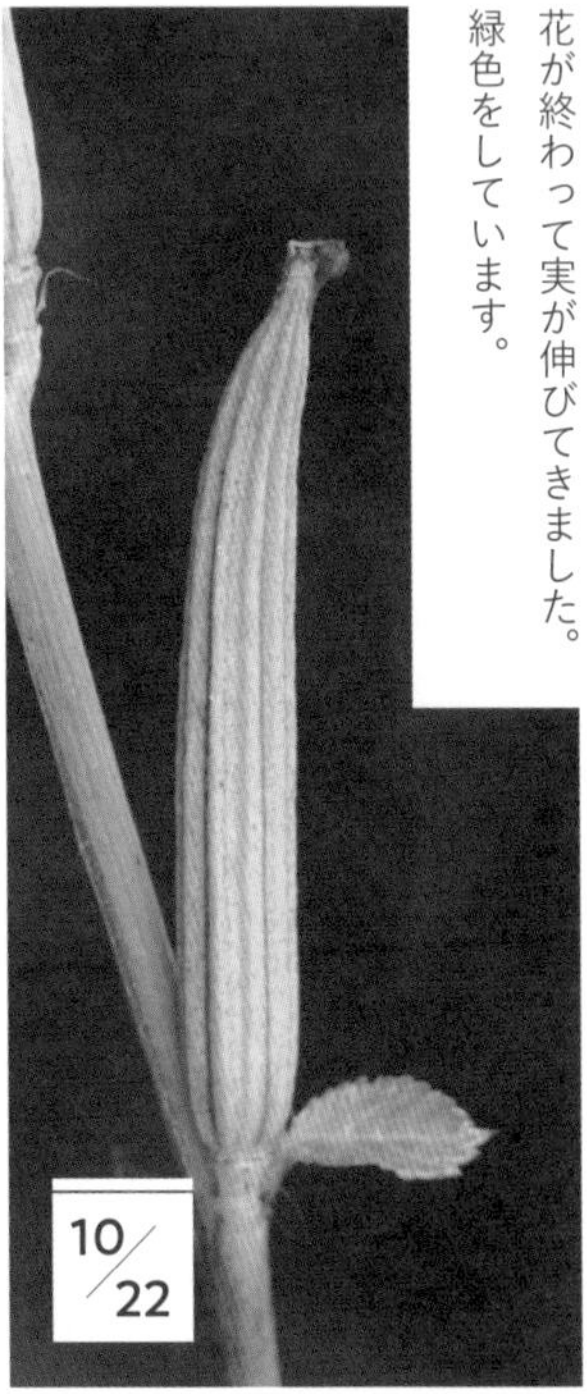

カサカサになりました。

そろそろ種できたかな？

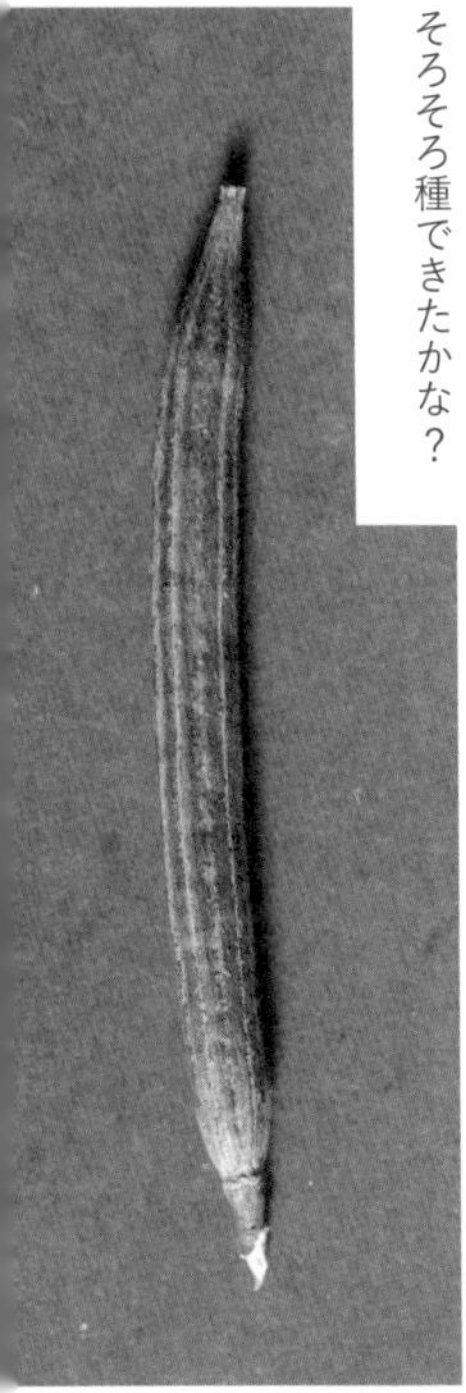

パカッ。んん？
なんだか、青い??

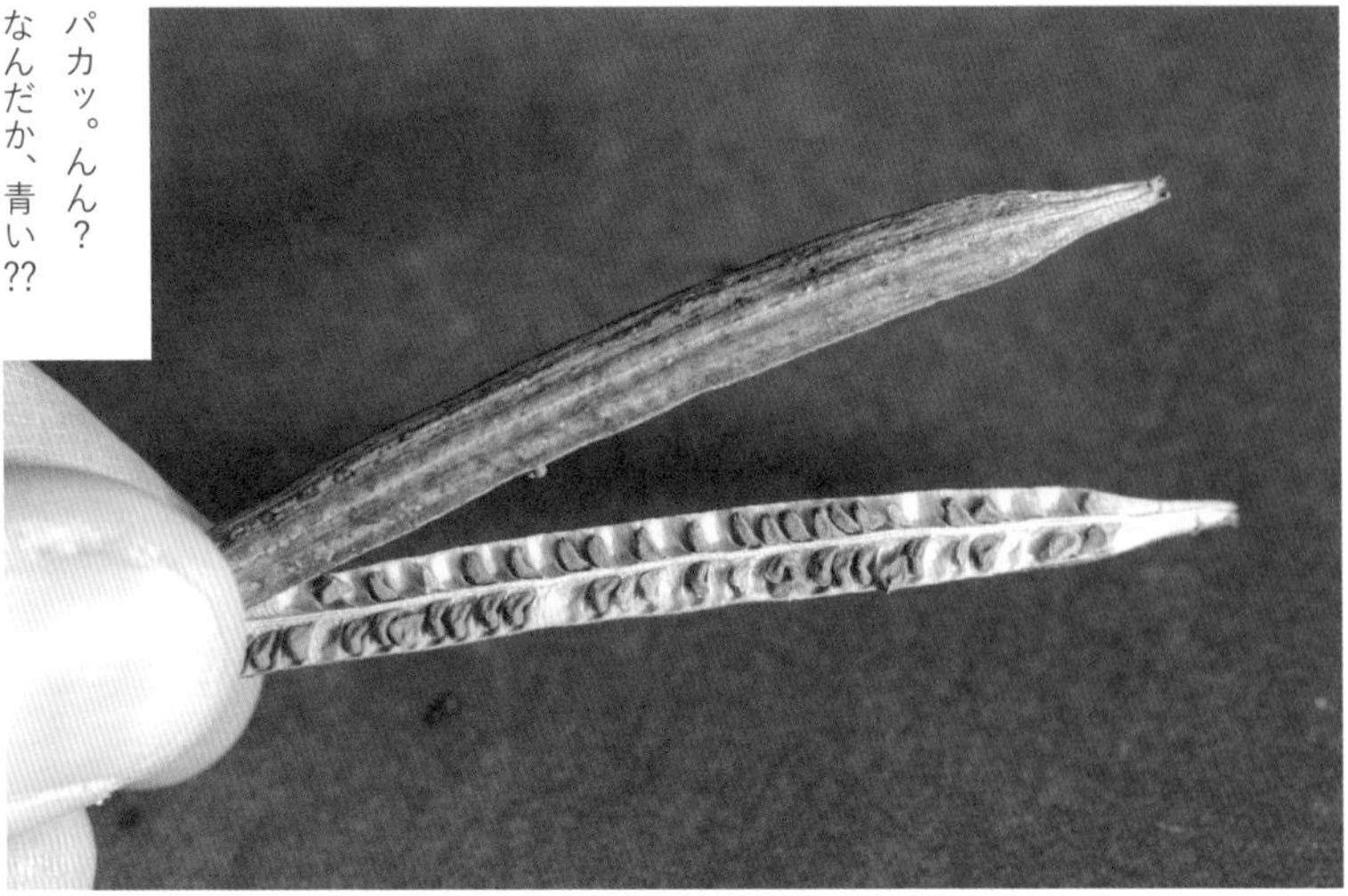

しかも、やけに律儀に
収納されているように
見えるぞ。

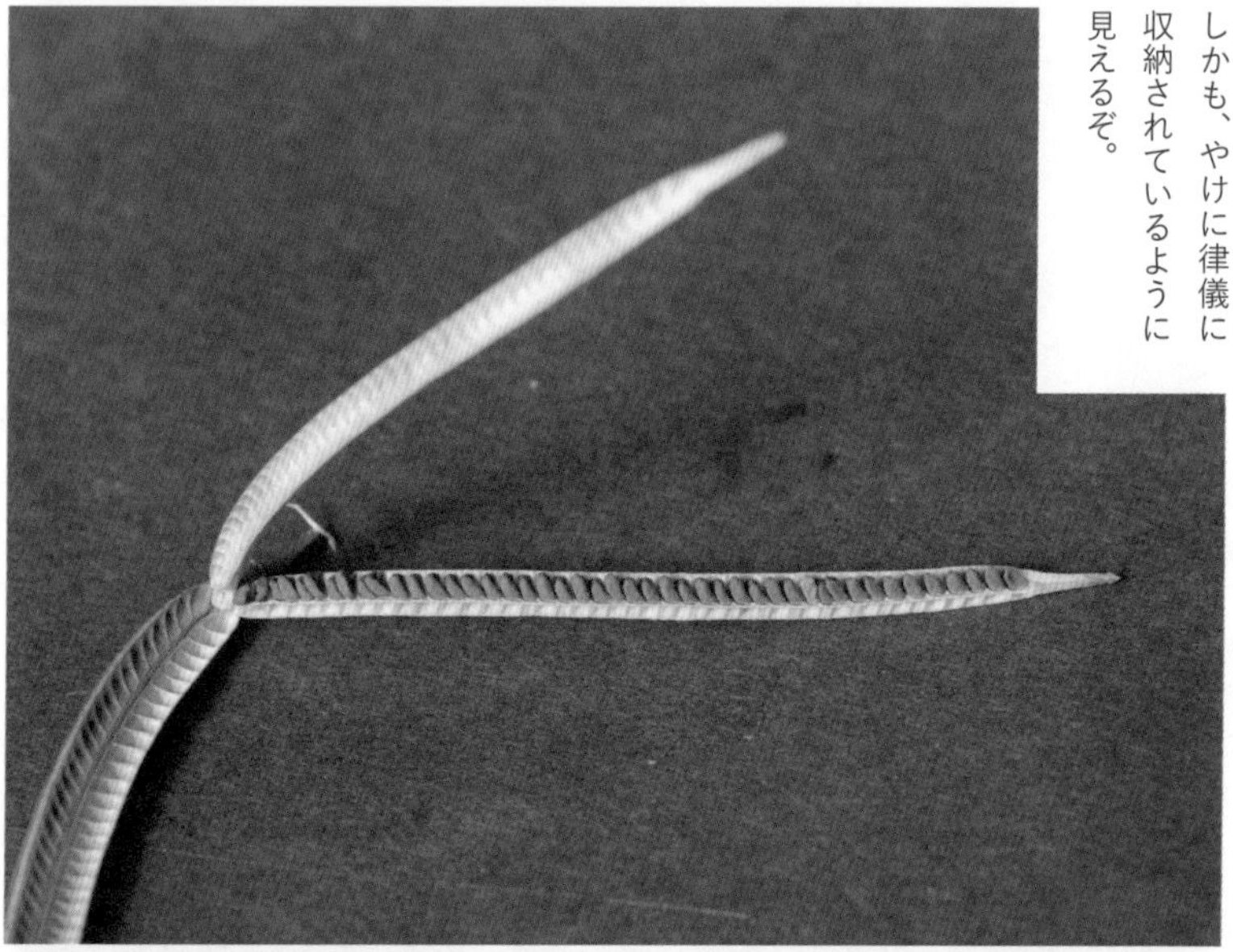

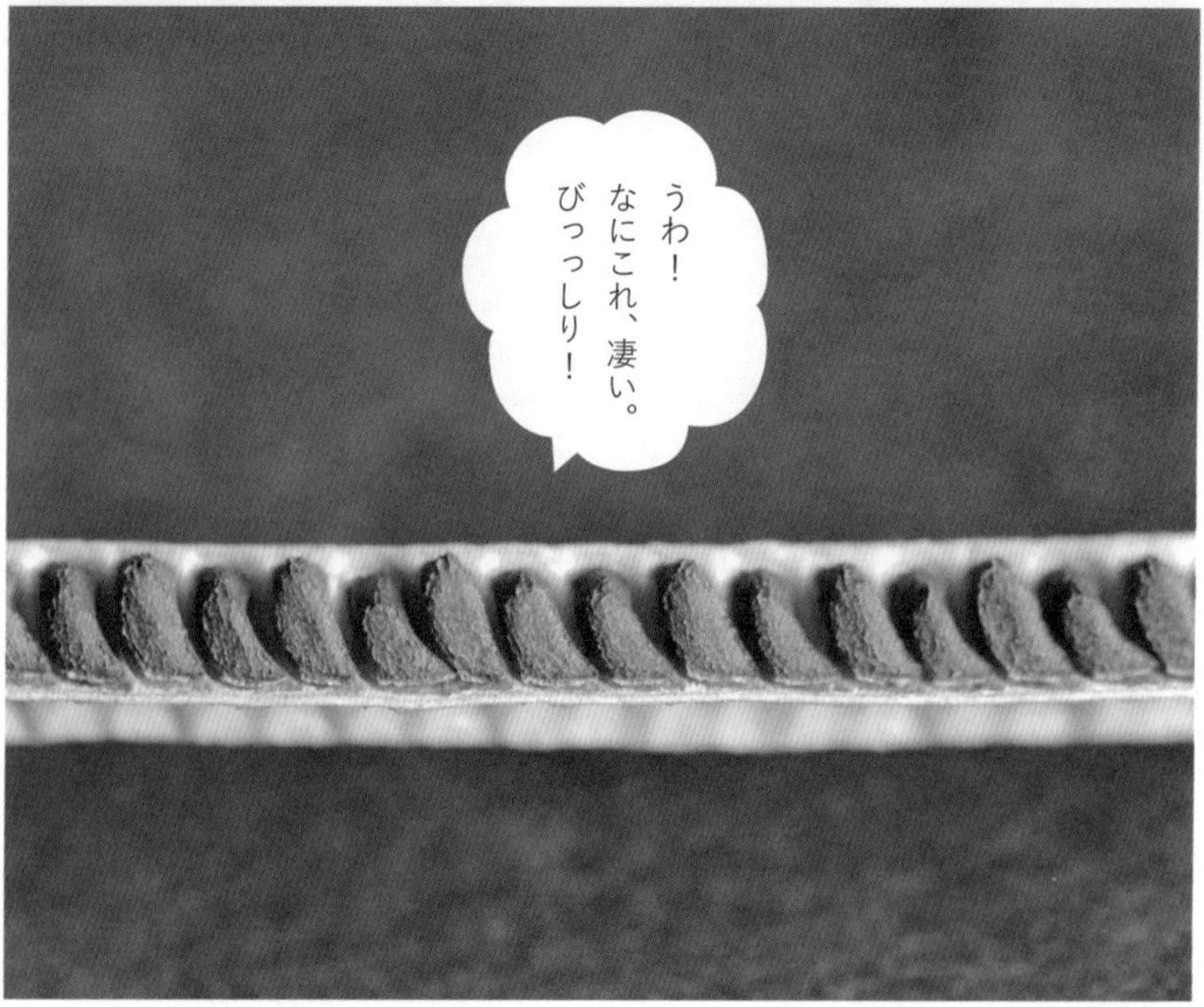
うわ！
なにこれ、凄い。
びっっしり！

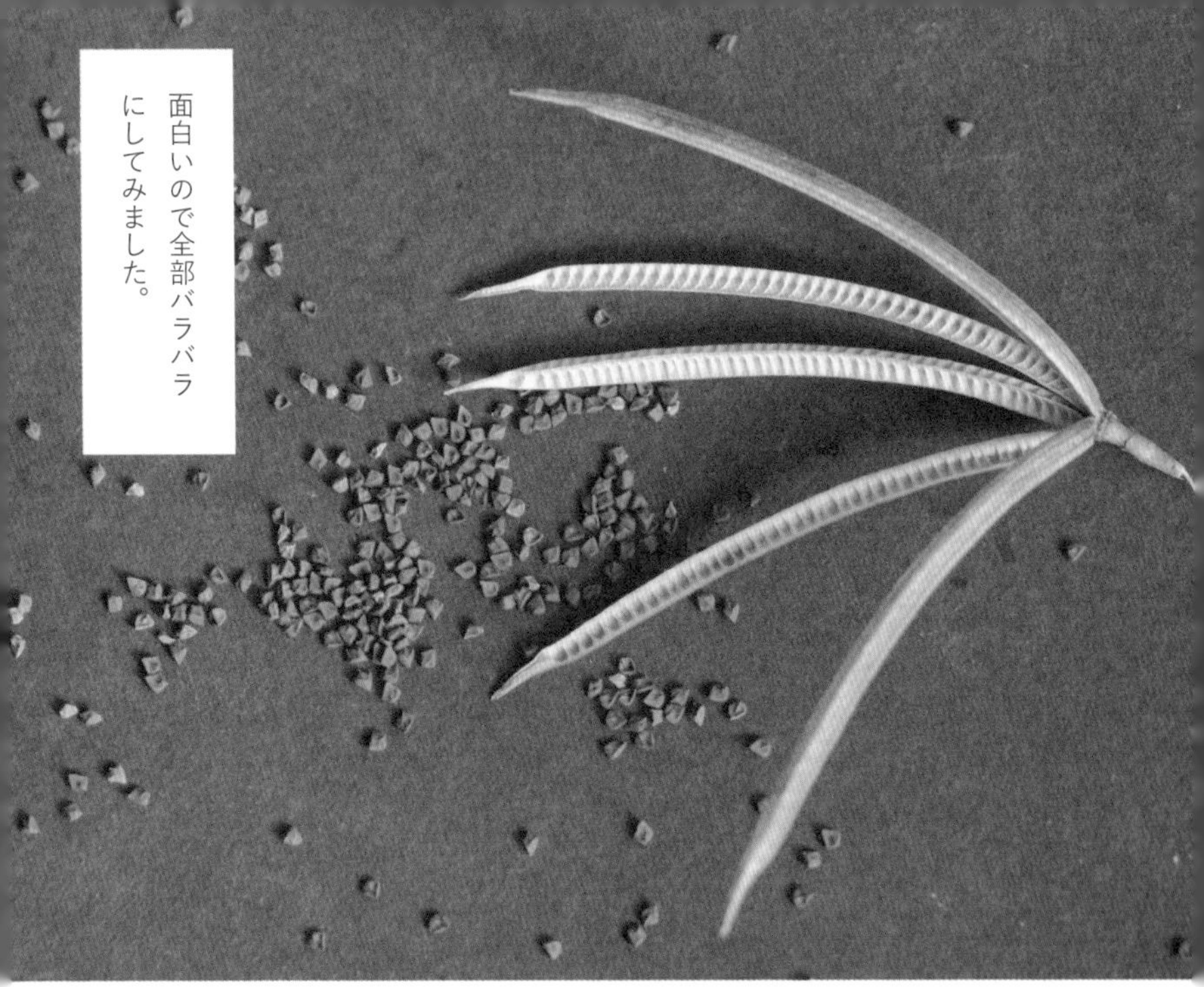
面白いので全部バラバラ
にしてみました。

どひゃー！
なんだこの色！

ターコイズって本物見たことないけど、ターコイズブルーってこんな色かしら？

あまり深く考えずに庭に植えてみたけれど、種には毒があるっていうし、凄いきれいだし、モロヘイヤ、なかなかやるなぁ。種がいっぱい採れたので、また育ててみなきゃ。来年は花が咲く前にちゃんと収穫するようにしよう。

コラム

お世話になった農家さん
愛を込めて野菜を観察　すどう農園

野菜のことを書くのだから、やっぱり自分でも育ててみないとな。と、この本をきっかけに野菜を育てることにも挑戦しました。ところが、種をまいても思った通りに芽が出てこなかったり、成長の途中で虫に食べられて撮影できなかったりと、はじめはうまくいかないことばかりでした。

そこで、思い切って野菜作りを一から学ぼう！　と、神奈川県相模原市の「すどう農園」さんのもとへ通うことを決心しました。


すどう農園の須藤章さんは、周囲の里山環境を活かして野菜を育てています。農薬や化学肥料は使わずに、森の落ち葉などの自然由来のものを活用した農業をなさっています。東京から近いという立地特性もあり、ここでは「さとやま農学校」という農業体験教室が開催されていて、わたしはこちらの年間コースに参加しました。

この教室では、野菜の育て方と同時に、野菜をよく知るための観察方法についてもたくさん教わります。じゃがいもの種芋を植えてしば

らく経ってから掘り返すと、芽と根っこはどんな風に出ているだろう？（P.269）とか、そらまめの種はどの部分から芽が出てくるかな？（P.28）といったテーマを次々と頂けるので、それらに取り組んでいる内に、自分の中に野菜を観察する感覚が作られていきます。

葉っぱの色が悪くなった野菜を観察していると、次の日には虫に食べられていることがありました。虫だって闇雲に野菜を食べるわけではなく、弱ったものから狙い撃ちして食べるんだと分かります。また、にんじんやパクチーなどのセリ科の野菜は、密集させて育てた方が生き生きしているなぁなんてことに気が付いたりもします。これまで、ごく一般的な野菜の育て方については、本で読んだりしてきました。でも野菜の観察を主軸において育てることは考えたことがなかったので、わたしにとって新鮮でした。

キャベツ（P.120）、ほうれん草（P.156）、津田かぶ（P.240）は、すどう農園の畑で育てられていた野菜を根っこから頂戴し、わたしの家の庭に移植して観察をしました。四葉胡瓜《すうようきゅうり》の種どり（P.77）についても見せて頂いています。聞けばなんでも答えてくれる心強い先生のおかげで、なんとかこの本を書き上げることができました。

須藤章さん
写真提供：須藤章さん

すどう農園

第四章 茎・花を食べるお野菜

空心菜《くうしんさい》

科　名 ： ヒルガオ科
原産地 ： 東南アジア

アスパラガス

科　名 ： キジカクシ科
原産地 ： 南ヨーロッパ～西アジア

いちご

科　名 ： バラ科
原産地 ： 南北アメリカ

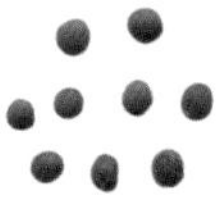

菜花

科　名 ： アブラナ科
原産地 ： 地中海沿岸

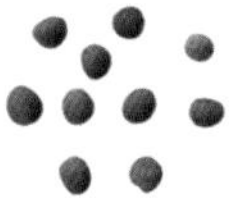

ブロッコリー

科　名 ： アブラナ科
原産地 ： 地中海沿岸

1月	2月	3月	4月	5月	6月	7月	8月	9月
			◇収穫	●開花				◆種どり
種どりできなかった								
		●開花			◆種どり			
		◇収穫 ●開花		◆種どり				
		●開花		◇収穫 ◆種どり				

たけのこ

科　名：イネ科
原産地：中国南部　※孟宗竹

みょうが

科　名：ショウガ科
原産地：アジア東部

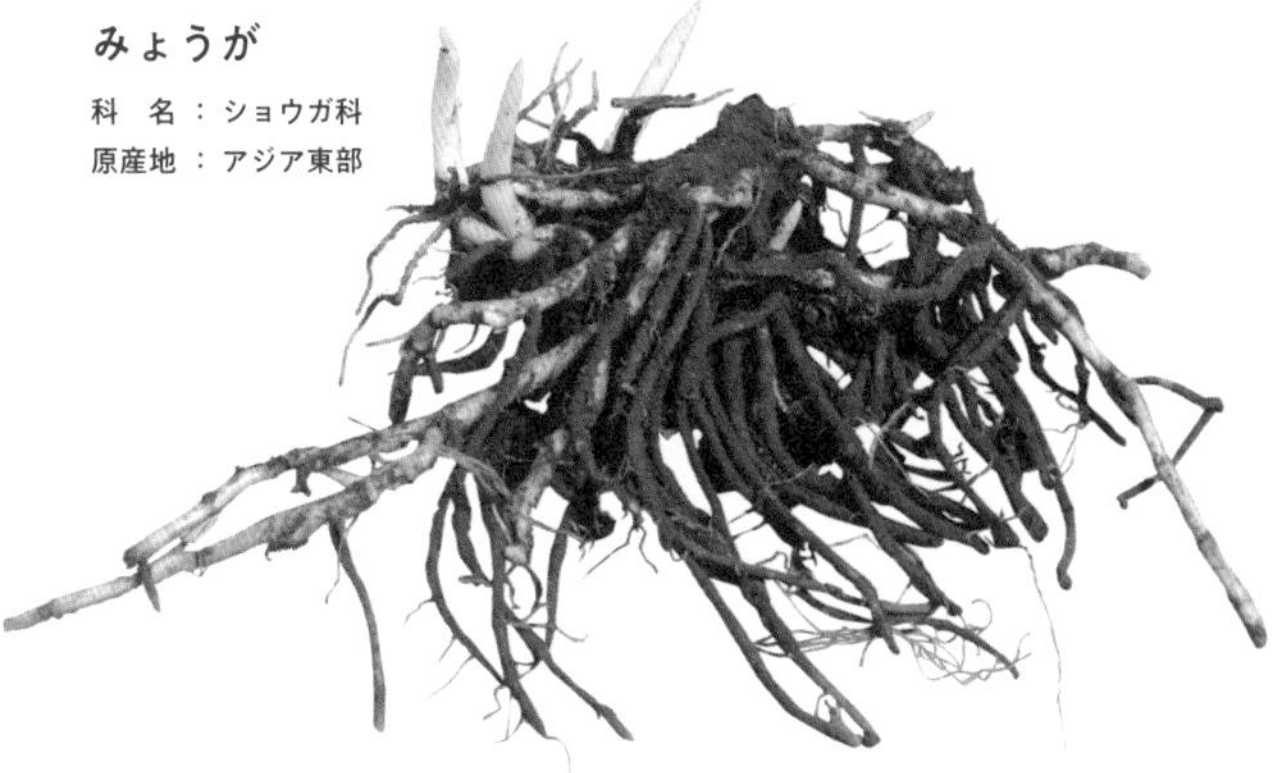

観察メモ　　○種まき　●開花　◇収穫　◆種どり

	4月	5月	6月	7月	8月	9月	10月	11月	12月
アスパラガス	○種まき								
空心菜			○種まき		◇収穫		●開花		
たけのこ	◇収穫	花は滅多に咲かない　種を見たことがない							
みょうが		○地下茎の植え付け		◇収穫	●開花	種を見たことがない			
ブロッコリー					○種まき				◇収穫
菜花							○種まき		
いちご								○苗の植え付け	

※上記のカレンダーは著者がチャレンジした記録です。一般的な栽培カレンダーとは異なりますのでご注意ください。

種はこんなかたち（実物大）

茎・花を食べるお野菜

アスパラガスのお話

種、実、葉っぱと色々な野菜を見てきました。続いてこの章でまず見ていきたいのは茎です。ちょっとイメージが湧きにくい部位かもしれませんが、じつはこれも様々あります。

たとえばこれ。アスパラガス。畑からニョキッと現れる姿がユーモラスです。

何気なく食べていますが、意識して見ればこれって茎そのものですよね。茎ということは、ここから葉っぱが出てくるはずですが、あれ？　葉っぱ、葉っぱかぁ。えぇっと、アスパラガスに葉っぱなんてあるのかしら。といきなりつまずいてしまったわたし。今回は先に答えを調べてみることにしました。色々な本を読んで分かったのですが

これ。この三角形が葉っぱなのだそうです。

むむむ。わたしには全くもって葉っぱに見えませんが、これが葉っぱだって言うのなら、これからぐんぐん伸びていくのでしょうか。半信半疑ながら見守ってみることにしました。

すると、あれ、あれあれ？
思ってたのと違う！

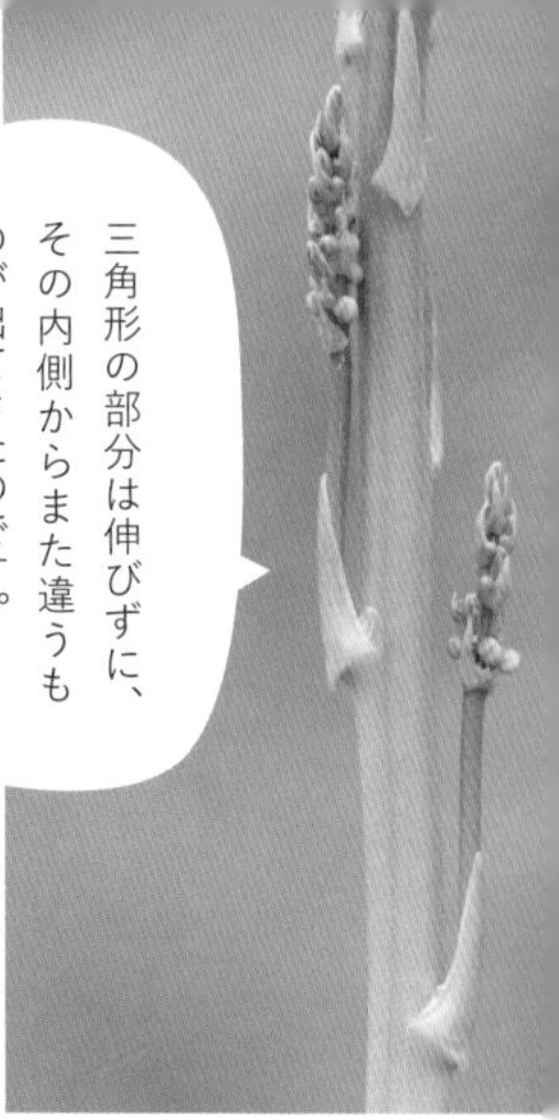
三角形の部分は伸びずに、その内側からまた違うものが出てきたのです。

こんな感じで伸びていきました。
えっ……こっちの方が葉っぱっぽくない？

調べ間違えたのかな。ともう一度調べ直してみたのですが、やはり葉っぱは三角形の部分のようです。

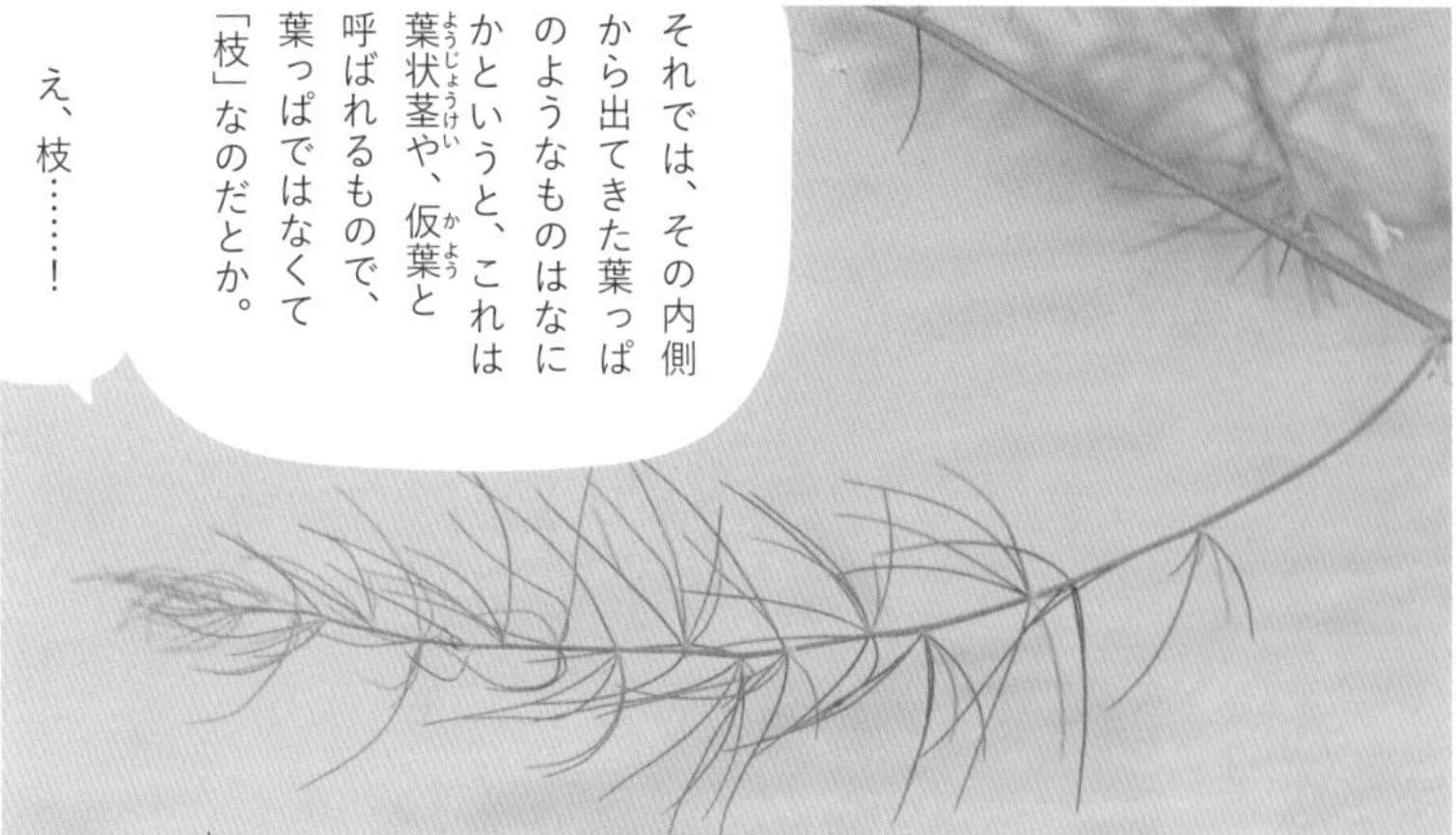
それでは、その内側から出てきた葉っぱのようなものはなにかというと、これは葉状茎《ようじょうけい》や、仮葉《かよう》と呼ばれるもので、葉っぱではなくて「枝」なのだとか。
え、枝……！

こういうところが植物の一筋縄ではいかないところ。いくら葉っぱに見えても、植物のつくりからするととにかく枝なのです。しかも緑色をしているので枝でもしっかり光合成をしているのだとか。

うぅむ。これについてはもう少しどういうことなのか考えてみたいところ。でもそれをしていると植物の世界の深みにずぶずぶとはまってしまいそうなのでアスパラガスのその後に注目することに。

どっひゃー。
なんじゃこの姿……！
葉っぱに見える部分は枝だと言うし、ちょっと目を離すとすっかりアスパラガスとは思えない姿になっているし、なんなのこの野菜。

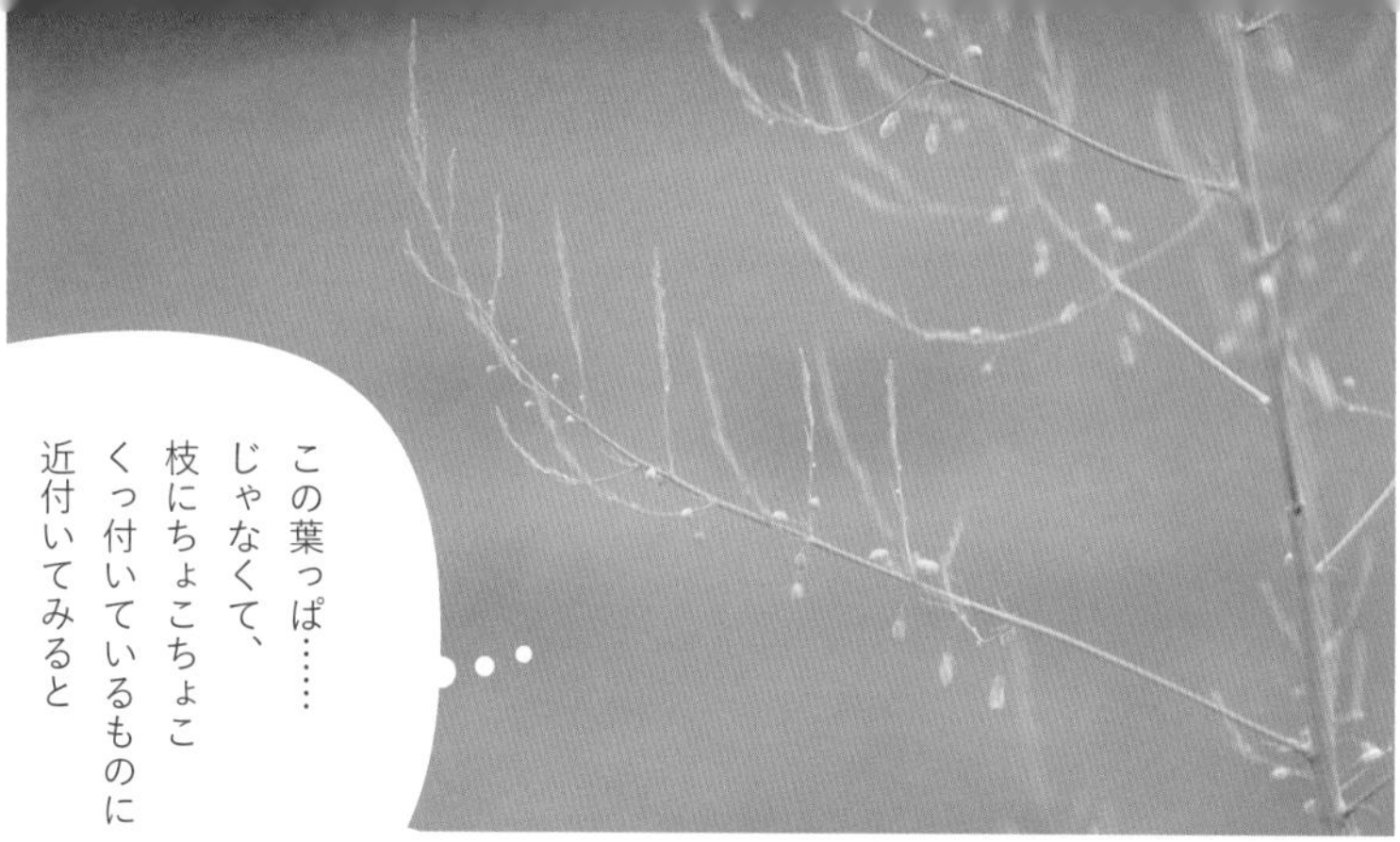

この葉っぱ……
じゃなくて、
枝にちょこちょこ
くっ付いているものに
近付いてみると

小さなお花が
咲いていました。

ほうれん草のところで、野菜にも株によって雄株と雌株というように性が分かれているものがあると書きました。アスパラガスにも雄株と雌株があります。

雄株に咲く花
の中心には
オレンジ色の
花粉が見えて

雌株に咲く花の奥には、
実の赤ちゃんがスタンバイ
しているのが見えます。

面白くなってきたので、
今度は掘ってみます。

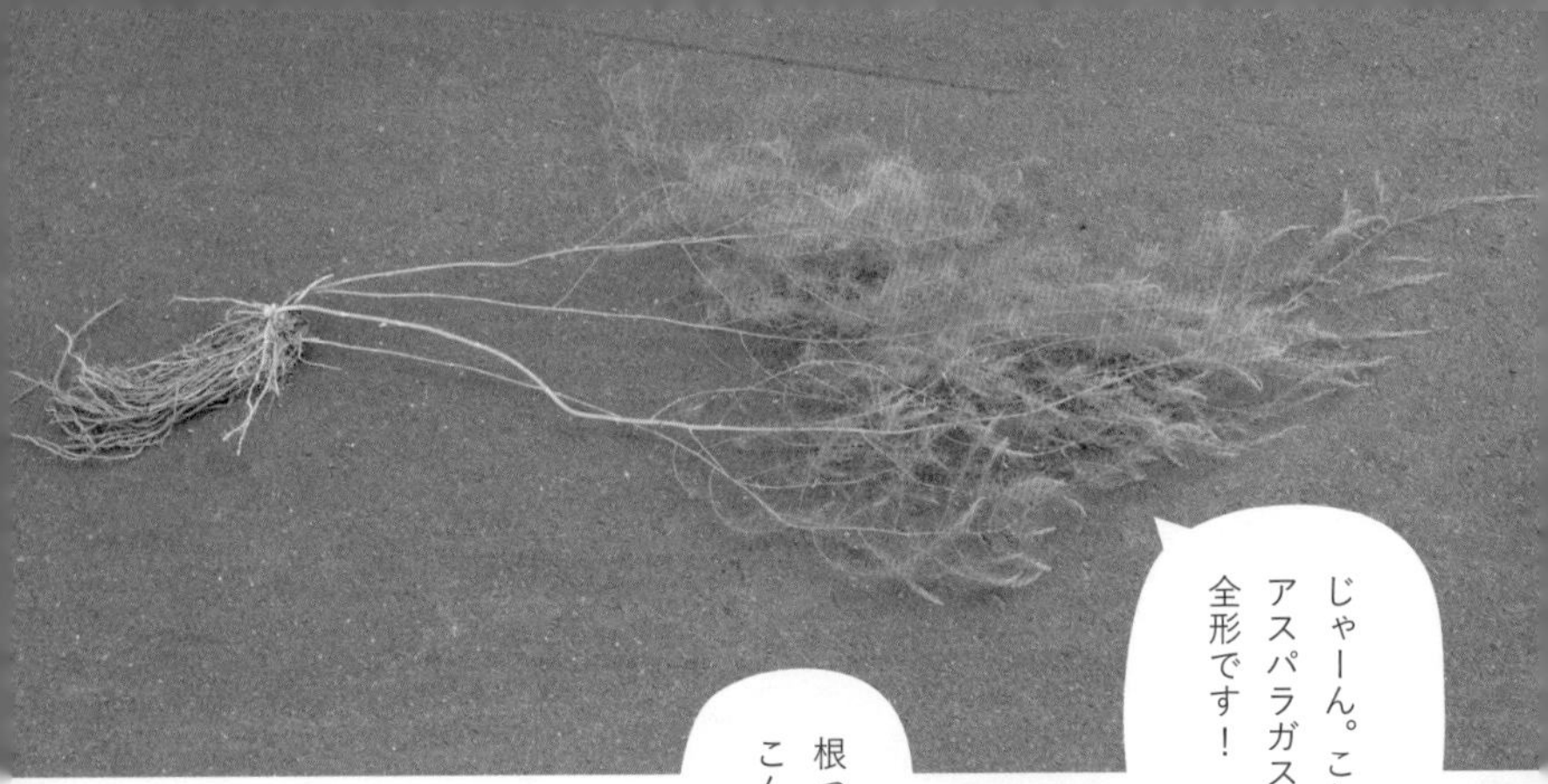
じゃーん。これが
アスパラガスの
全形です！

根っこは
こんな感じ。

これまたたくましい見た目です。この根っこは貯蔵根《ちょぞうこん》と呼ばれるもので、光合成で作った栄養をここに貯め込みます。この根っこがあるおかげで、一度植えれば何年も同じ株からアスパラガスを収穫することができるのです。これまでに見てきた大豆や小松菜などは、花を咲かせて種を付けたらその一代で枯れてしまいますので、野菜によってそのライフサイクルにも違いがあるのですね。

ほら、もう翌シーズンの
アスパラガスが
スタンバイしています。

これがニョキニョキと伸びて、地上にアスパラガスの茎が現れてきます。なんだか面白いことだらけですね。

アスパラガスは秋が近付くともう一度見どころがやってきます。

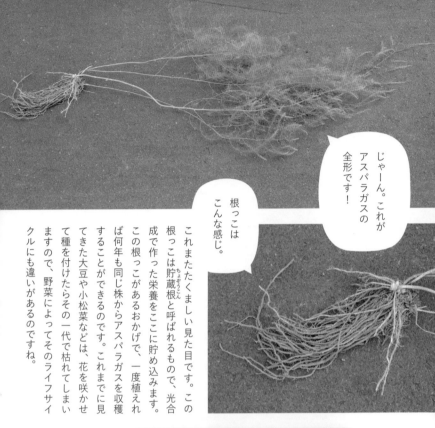

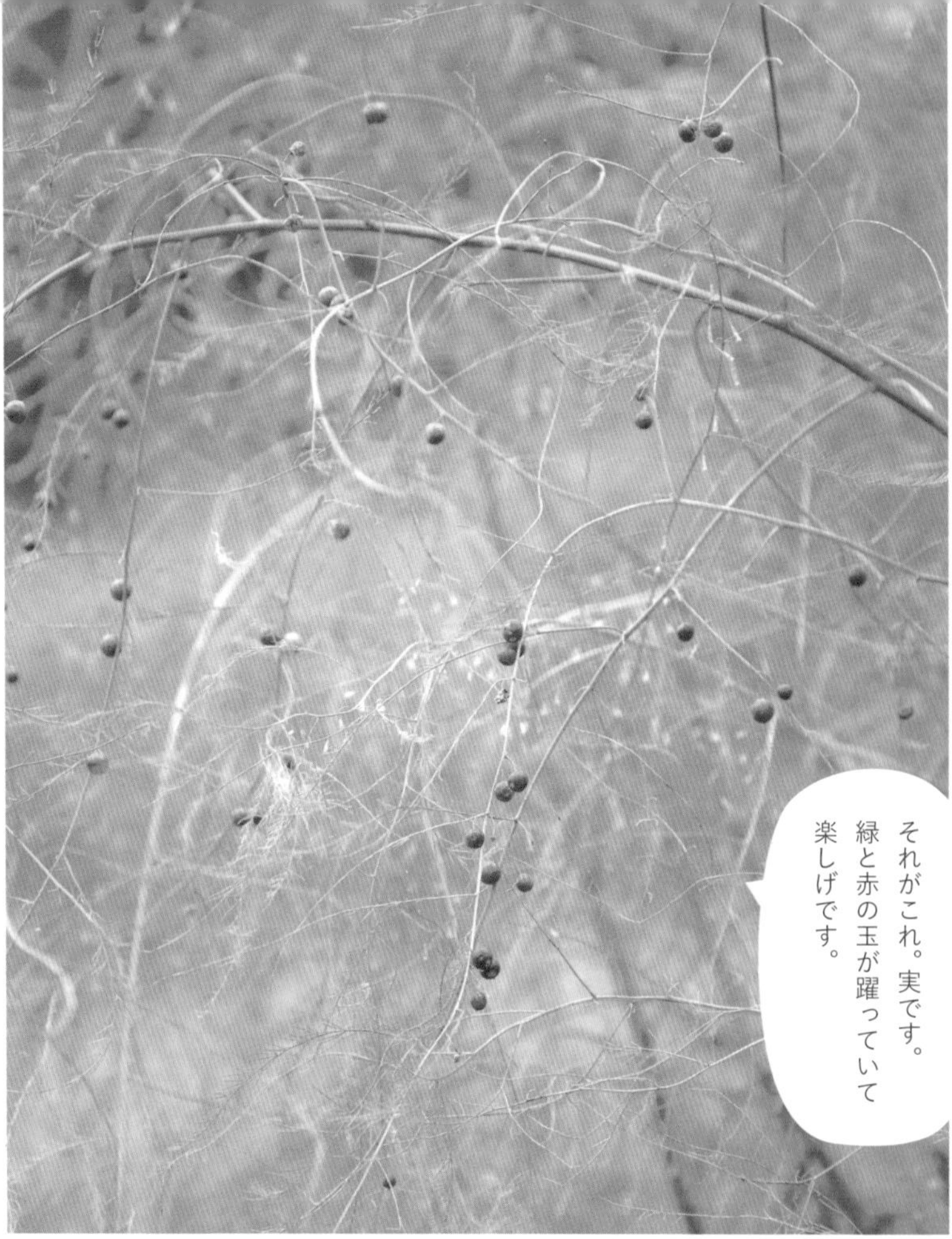
それがこれ。実です。
緑と赤の玉が躍っていて
楽しげです。

赤い方が
熟した実。

割ってみると……
ほら、黒い種。

こうしてできた種を植えれば

アスパラガスが
芽生えてきます。
並ぶと爽やかな
森みたいです。

先ほど見た貯蔵根から出てくる茎は、もう栄養が貯まった状態からのスタートなので、地上に出たそばから収穫ができます。こうして種から芽生えたものはご覧の通りとっても細いので、1年目は収穫することができません。ここから2〜3年経って、貯蔵根にしっかりと栄養が貯まってからいよいよ収穫がはじまります。

この芽生えたばかりのアスパラガスは、来年になったら少しは収穫できるかなぁ。これからたくさん楽しませてもらえそうです。

[アスパラガスのお話 補足]

見た目では葉っぱに見える部分が、じつは「枝」だったアスパラガス。どうしてこんなことになるのか、わたしなりに考えてみました。

諸説ありますが、アスパラガスの原産地は、おおむね南ヨーロッパから西アジアの乾燥地だと考えられています。そうであれば、この地域の気候にヒントがあるかもしれません。

植物の葉っぱは、光合成をして糖を作り生きるためのエネルギーを生み出します。それ以外に、葉っぱに付いている気孔《きこう》という穴から水分を水蒸気として外に発散する役目も持っています。気孔の働きによって根っこが更に水分を吸えるようになり、また体内の水分量の調整をすることもできます。

アスパラガスの原産地が乾燥地だとすれば、水分はとても貴重です。通常のように表面積の広い葉っぱを付けていると、水分を吸収するよりも発散する量の方が多くなってしまう可能性があります。

なので、アスパラガスの場合は思い切って葉っぱを退化させてしまい、代わりに枝で光合成をするというようにそのかたちを変えたのかもしれません。

この他にも色々と考えられる可能性があるはずです。正解を求めるよりも、こうした謎について自分なりに推測するというのも野菜を観察する楽しみのひとつかなと思います。

サボテンの本体も、じつは茎が太ったもの。葉っぱらしきものは見当たりません。これも乾燥地で生きるためのつくりなのでしょう。

種はこんなかたち（実物大）

茎・花を食べるお野菜

空心菜《くうしんさい》のお話

野菜の観察をはじめてから、たくさんの芽生えを見てきました。その中で、わたしが特に気に入っている野菜の芽生えを紹介します。

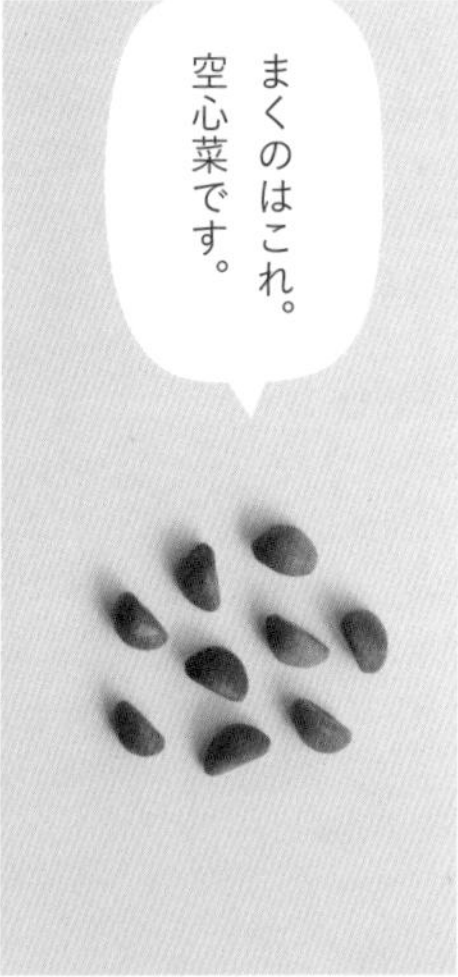

まくのはこれ。
空心菜です。

カチカチと硬い
感触です。
これを土にまき、
しばらく待つと
地面の中から
種がちょこっと
持ち上がって
きました。

よいしょよいしょ、と動き

もぞもぞ、とがんばっています。

う〜ん、
もうちょっと……

ばぁっ！

「はぁ〜種、重たかったぁ。やっと出てこれた。ピース！」と言っているように感じます。見ていてこちらも嬉しい気持ちになる芽生えなので気に入っています。

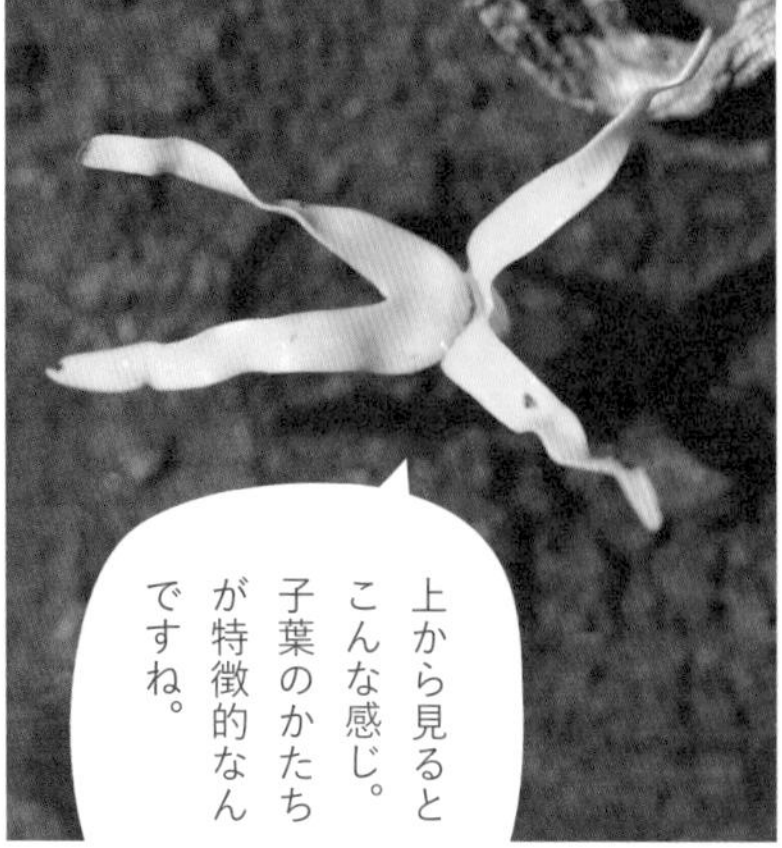
上から見ると
こんな感じ。
子葉のかたち
が特徴的なん
ですね。

さて、せっかく芽生えたのでこのまま成長を見守っていきます。

まずはすっと上に伸びていき……

その後、大きくなっていくと横に這《は》うように
伸びていくので

そうなったら適当なところで切って、
茎ごと収穫します。

うーん。これくらいが採り頃かな？
ちょきんっ！

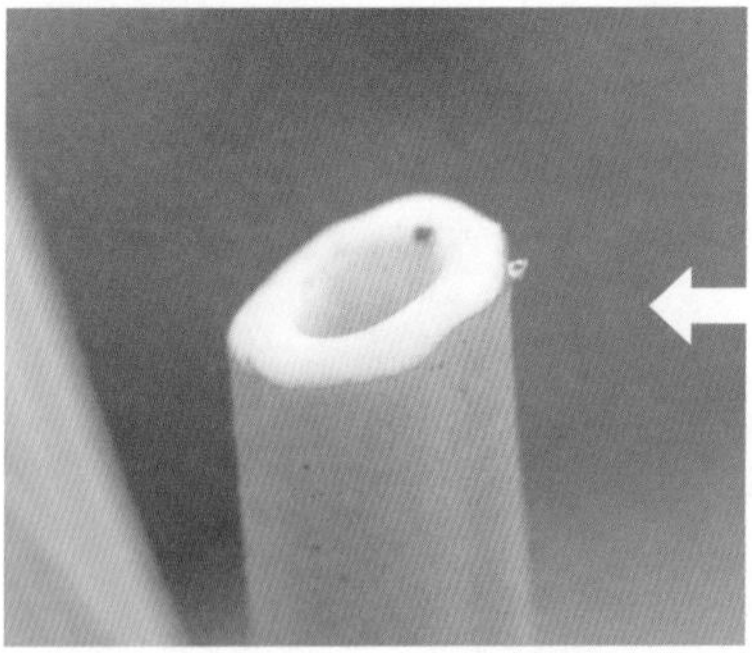

切った断面を見ると、白い液が出てきました。

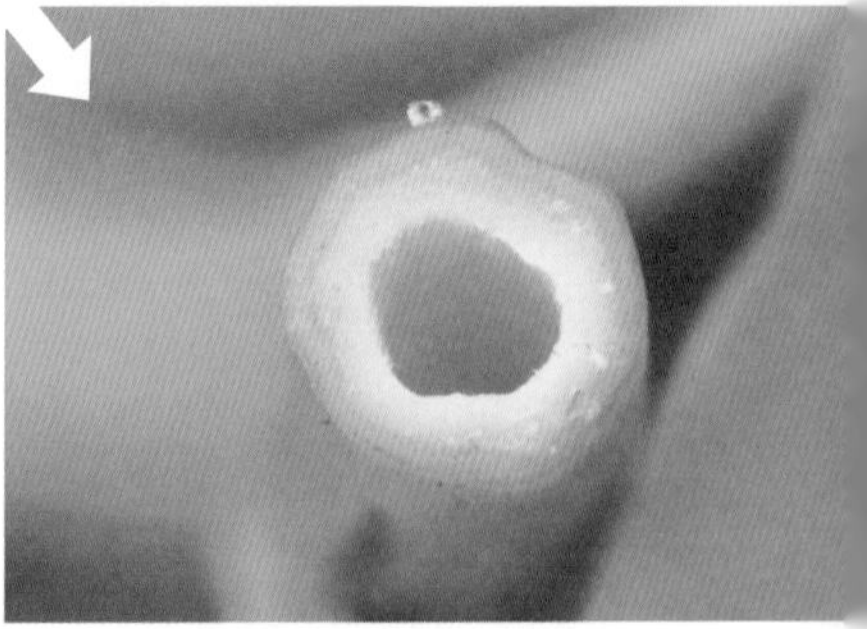

それをふき取って見てみるとほら。
茎が空洞になっているのがよく分かります。
「茎の中心が空洞になっている」から空心菜。
これが名前の由来です。

例によって、収穫せずにそのまま置いておくと、
葉っぱの付け根から

こんなものが出てきました。

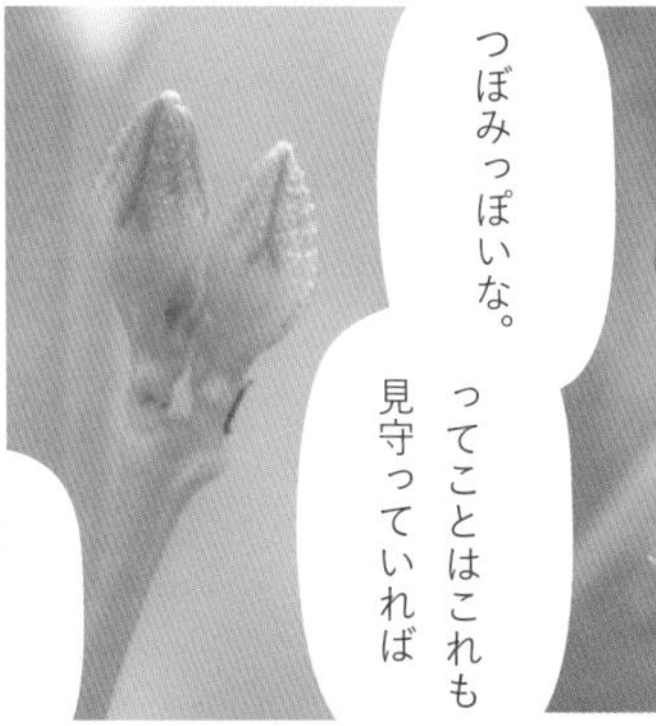
つぼみっぽいな。
ってことはこれも見守っていれば
咲いたー！

あれ、なんかこの花見たことあるぞ。

アサガオやヒルガオにそっくり。ということはこれ、ヒルガオ科なんですね。アサガオやヒルガオの仲間の野菜があるなんて、なんだかちょっと意外。

花が終わったら、
やっぱり種が付くかしら。

とこれまた見守っていましたが、残念ながらこの先、空心菜は種を付けることがありませんでした。あれれ、どうしてだろう？　と思いつつ、すでにわたしの野菜観察も経験値が上がってきましたので、すぐに思い付きました。きっと原産地に関係があるに違いない！

さっそく調べると、空心菜の原産地は東南アジアだと考えられていることが分かりました。気候としては暖かい地域。なので、日本の関東地方で空心菜を育てる場合、5月以降の気温が高くなってきた頃に種まきを行い、7～9月にかけて収穫を行います。それ以降、寒くなるにつれ空心菜はどんどん弱っていってしまいます。わたしがこの空心菜の花を見たのはすでに10月の中旬だったので、季節はすっかり秋。これから寒くなる一方です。空心菜は寒さには耐えられないので、種を付ける前に枯れてしまったのでしょう。

そんなわけで、空心菜は関東では1年で枯れる「一年草」ですが、原産地では冬を越えて生きる「多年草」として扱われています。日本でも沖縄にいけば、種まで見ることができるかもしれません。

いつか原産地に近い土地で育てられている空心菜を見てみたいなぁ。茎の中が空洞なので、東南アジアでは水に浮かべて育てているのだとか。野菜の観察も、切り口によってどこまでも果てがなさそうです。

地下茎《ちかけい》はこんなかたち（実物大・部分表示）

茎・花を食べるお野菜

たけのこのお話

4月も終わりが近付くと、そろそろかな？　と急にソワソワしはじめます。お目当ては、土の中から突然現れる……

たけのこです！

やったやった。と、もうその姿を見るだけで胸が弾んできますが、成長の速いたけのこは採るタイミングが命。なにせちょっと目を離すとこのように

すぐにぐーんと大きくなってしまうからです。

こうなるともう硬くて食べられないので、収穫時期を見極めるのは意外に難しいもの。う～む。

だけどたけのこってどうしてこんなに成長が速いのだろう。

そう思ったら、ひとつ確認したくなりました。

出てきたばかりのたけのこを収穫せずに、

そのまま縦にスパッと切ってみます。

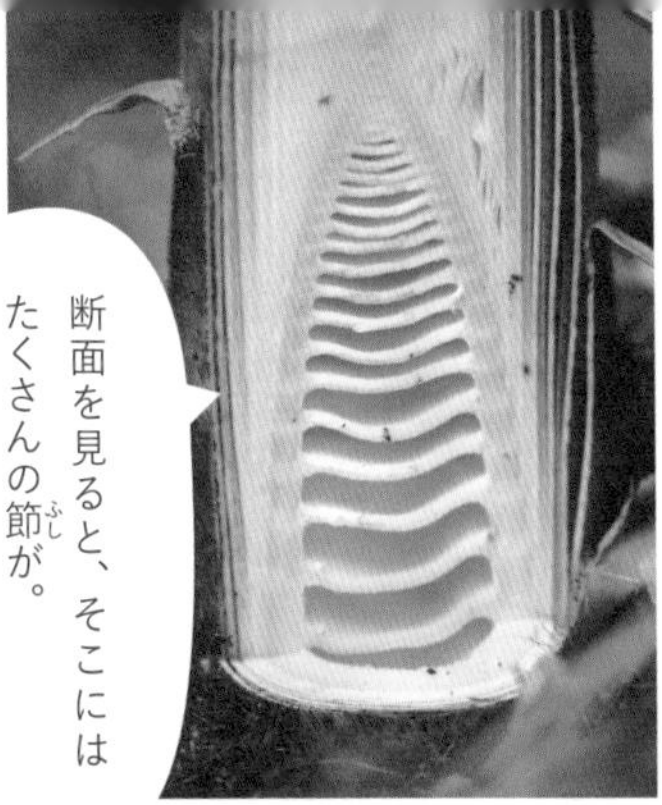

断面を見ると、そこにはたくさんの節《ふし》が。

お部屋がいくつも重なっているようでかわいいです。植物はその頂点が伸びていくようなイメージがありますが、たけのこの場合は、この節のひとつひとつが伸びるのだそうです。

そうであれば、この節の伸び具合を計測すれば、どれだけたけのこの成長が速いのかが分かるのでは……?

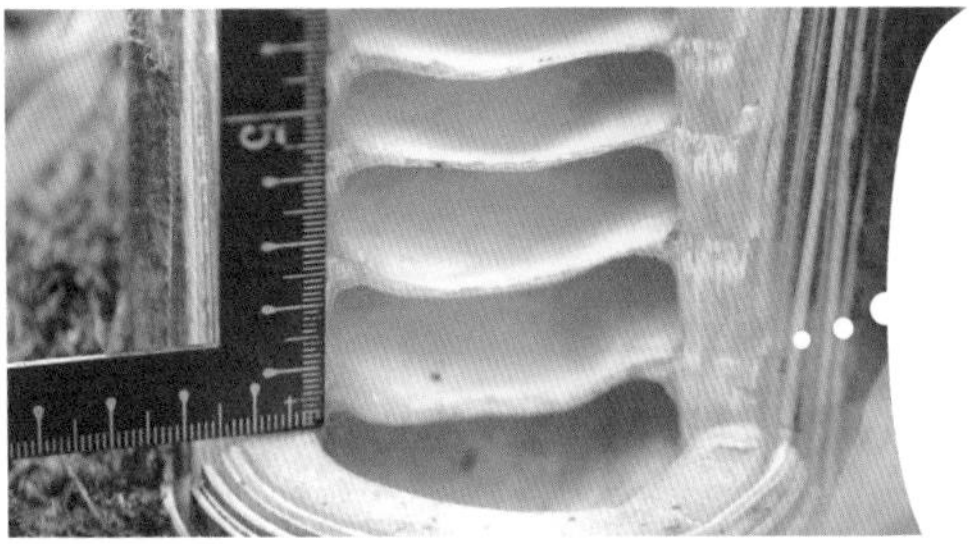

そう思い、節のひとつずつの伸び具合を3日間計測してみました。その結果は、

こんな感じ。それぞれの節が毎日伸びていっていることが分かります。ひとつの節の成長は数㎜程度でも、全体として考えれば確かに相当な伸長になりますし、これが毎日起こるのですから、そりゃあ速いわけですね。たけのこの成長は。

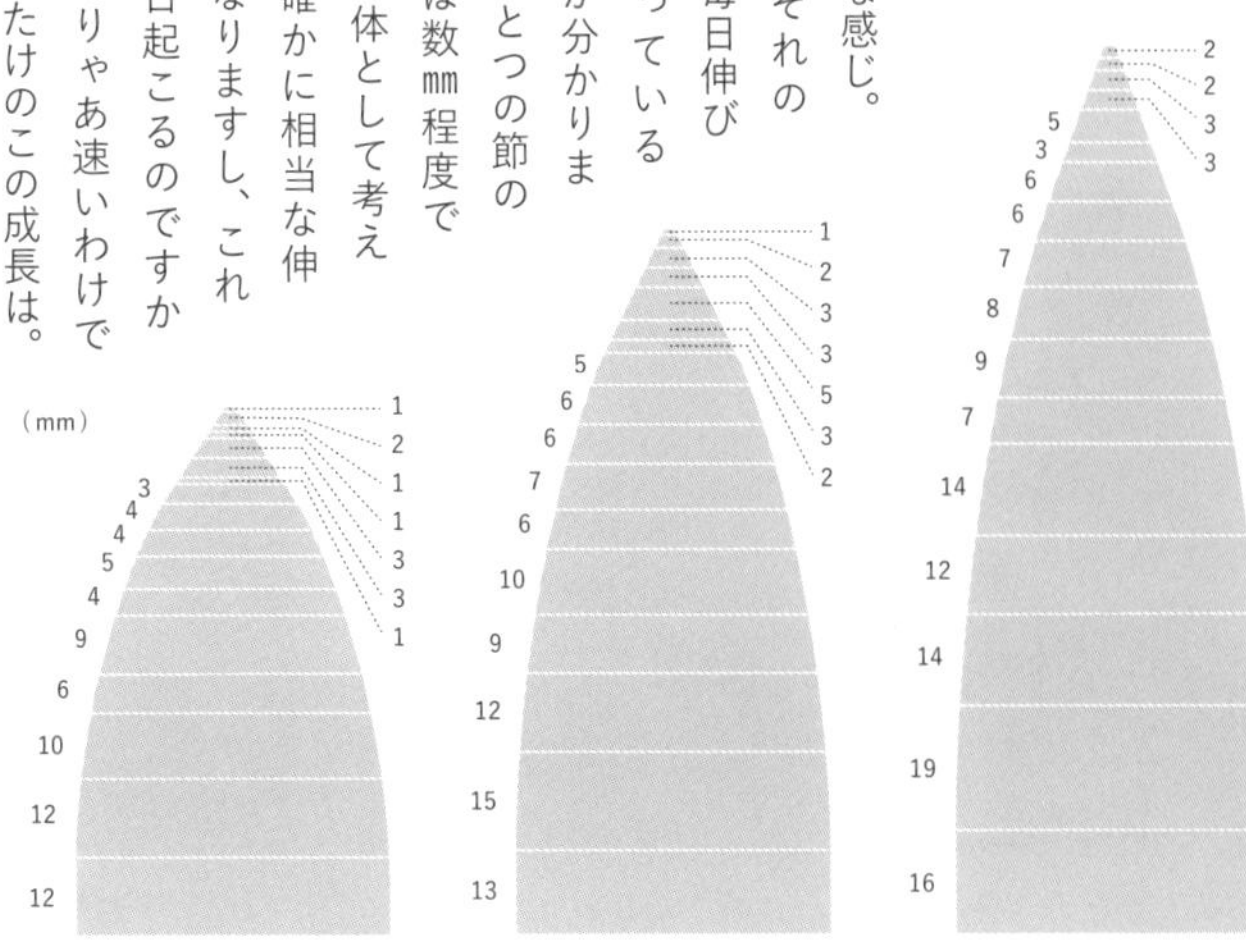
（mm）
3 4 4 5 4 9 6 10 12 12
1 2 1 1 3 3 1
1日目
5 6 6 7 6 10 9 12 15 13
1 2 3 3 5 3 2
2日目
5 3 6 6 7 8 9 7 14 12 14 19 16
2 2 3 3
3日目

ちなみに、このたけのこは4日目には成長しなくなり、やがて枯れていってしまいました。さすがに真っ二つにされたままでは生きていけなかったようです。ということは、こうして縦に切らなければもう少し成長も速いかもしれません。

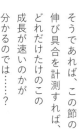

成長の速さの理由が分かったので、ついでにもうひとつ疑問を確かめてみることにしました。

ねぇ、あなたって
どこから出てきているの？

ということで、今度は掘ってみました。

あっ、ストップ！　なにか見えてきた！

もう少し掘ってみます。

地下茎《ちかけい》だ！　更に大きいたけのこの隣に、小さいたけのこもくっ付いています。

おぉ、この左側にある太い茎のようなもの。

ここで、そもそもの話をしますが、たけのこは成長すると竹になります。

今回観察しているのはその中でも孟宗竹《もうそうちく》という種類。竹は、「竹林」や「竹藪」という言葉で表現されるように、ひとつの場所に密集して生えてきます。その理由がこの地下茎にあるのです。

地下茎は、読んで字のごとく「地下を走る茎」のこと。地上部では別々に見えるたけのこや竹は、地面の下でつながる地下茎から出てきていたのです。

では、根っこはどこにあるのかと言うと、

この、地下茎の節からチョロチョロと伸びているもの。これが根っこです。こうして見ると地下茎と根っこは随分と太さが違いますね。

だけど地下にあるんだから、どっちも「根っこ」って言ったっていいんじゃない？　そう思う方もいらっしゃるかもしれませんが、じつはここ、とっても大事なポイントです。

なにが大事かというと、植物は基本的に「茎からは芽が出るけれど、根っこからは芽が出ない」のです。もし竹が地下茎を持たず、根っこだけしか持っていなかったら、きっとこんなに竹林が各地にできることはなかったはず。地下茎があるから竹林ができるわけで、こうして私たちはたけのこを美味しくいただくことができるのです。

あぁ、ありがとう！
地下茎！

そうこうしている間に、一気に
伸びていくたけのこ。

いえ、もうこうなったら「竹」と呼んだ方がいいですね。

竹のまわりに付いていた皮がこうしてポロポロはがれ落ちれば、もう一人前。あなたのことは食べないから、そのままたくさん光合成をして、来年またたけのこを出してちょうだいね。

と、締めたところで、
最後にちょっとおまけ。

皮が落ちたばかりの竹を指でなぞると……

すーっと線がかけることを発見しました。

新しい竹は白い粉にまみれていて、まるで赤ちゃんに付けるベビーパウダーのよう。こうして若い竹を少しでも守っているのかなぁ。

たくましく育つんだよ。あなたも。

地下茎はこんなかたち（実物大・部分表示）

茎・花を食べるお野菜

みょうがのお話

さぁきました、夏と言えば、みょうが！　冷奴やそうめんの薬味として大活躍なので、これで夏を乗り切るという方も多いのではないでしょうか。

今日もいっぱい採れました。みょうがを見ているとなんだか涼しい気持ちになってきますね。こんなにたくさん、どこで採れるかというと、

ここ。わたしの家の裏なんです。

ある年、こうしてみょうがの地下茎を植えてみたところ、採れる採れるわ、大豊作。毎年、食べ切れないほどのみょうがを自給できるようになってしまいました。半日陰に植えておけば勝手に育つのですが、増えて困ることもあるのでご注意ください。

ところで、みょうがってどこにできるか知っていますか？　わたしも自分で育てるまで知らなかったのですが、なんと

ここなんです。土の中から突然
こんにちは。

みょうがはこうして、葉っぱと食べる部分が、それぞれ別の場所から地上に出てくるんです。最盛期にはこれがもう凄くて、あっちでニョキニョキ、こっちでニョキニョキ。あぁもう採り切れない！　という状況に。

食べ切れないけど、採るか。出てきちゃってるもんな……と腰を下ろしてみると

葉っぱ
食べる部分

あれ、なんだこれ。みょうがからなにか黄色いものが出てきてるぞ。

同じようになっているものがいくつかあったので、状態の良いものを探してひとつ抜いてみると、

わぁ、きれい！

なんと美しい姿でしょうか。これってみょうがの花ですよね。えっ、ということは、私たちが普段食べているみょうがは花のつぼみだったということ⁇

ということで、収穫は一時中断。ちょっと観察してみることにしました。またもや地際をゴソゴソ探すと、なんだかつぼみらしきものを発見。このみょうがのてっぺんから伸びている黄色いもの。きっとこれが翌日には……

ほら、咲いた！

しかもその左隣では次のつぼみがスタンバイしているように見えます。

続いてまた真ん中から小さなつぼみが伸びてきているので、これも翌日に観察にいくと……

更に翌日。やっぱり左のつぼみも咲きました。

また咲いた！

もうこれだけ咲いたら疑いの余地なし。そうかぁ、普段食べているみょうがって、花のつぼみだったのね。

それにしても、ひとつのみょうがからよくもまぁたくさん咲くこと。あなた、一体いくつの花を隠し持っているのかしら？

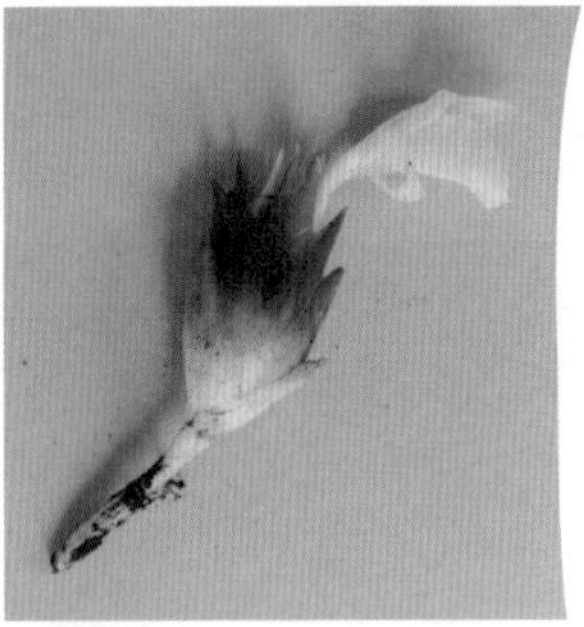

まずこれが、花ひとつめ。この写真だと、つぼみのどこから花が出てきているのか分かりにくいので、外側の皮をひとつむいてみました。

すると出てきたのが、予想以上に長い花の柄。

先ほど観察した感じだと、ひとつのみょうがからいくつも花が咲いてきていたので、他の皮もむいてみたらきっと

ほら、やっぱり次のつぼみが出てきた。
これを繰り返していくと、

こんな結果に。
上段に並べた
黄色いものが花です。

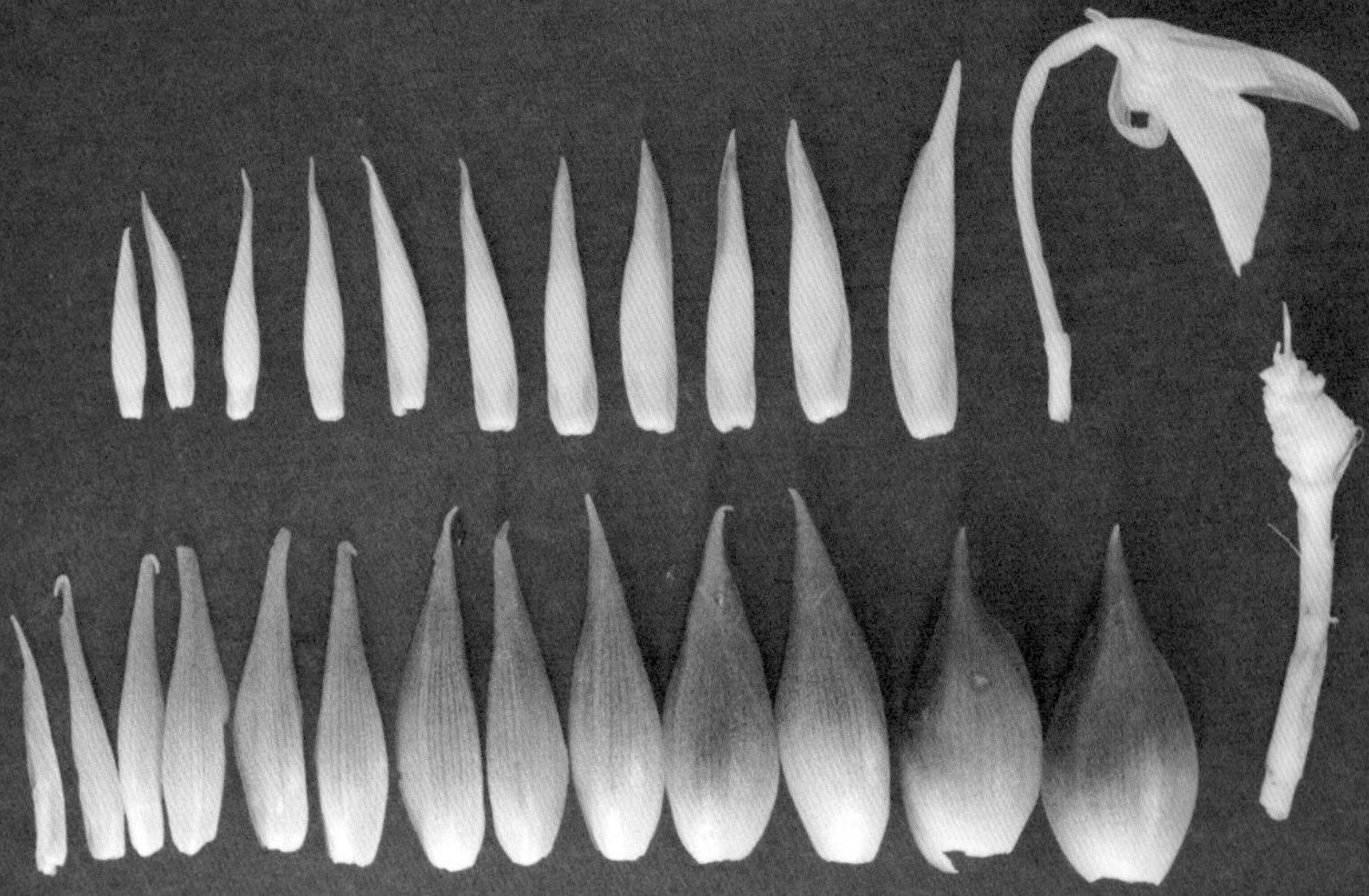

数えてみると、ひとつのみょうがの中に12個も花が入っていました。なるほどねぇ、だからあんなに次々と花が咲いたんだ。

う〜ん、でもなんでこんなに花を多く咲かせる必要があるのだろう。だって、みょうがって、種で増やすのではなく、地下茎で増やすのが普通だものね。

これが
みょうがの
地下茎。

それはさておき、今度は地下茎の観察。全体を掘り返してみました。緑色の大きいものが葉っぱで、下にある小さいものが食べるみょうがの部分です。

地下茎についてはたけのこのページでご紹介しましたが、簡単に復習すると、地下を通る茎のことを言います。根っこではなく、茎なので、これも地中から新しく地上に芽を出すことができます。

みょうがのルーツには不明なことが多いのですが、分かっていることもあります。それは、日本で流通しているみょうがは遺伝情報を含む染色体の関係で、実や種が付きにくい種類なのだということ。なので、日本ではみょうがを種ではなく、地下茎を植えて増やします。

みょうがに実がなることは、新聞で取り上げられるくらい珍しい現象なので、わたしも毎年楽しみに観察していますが、まだお目にかかれたことがありません。いつか見られるかなぁ。みょうがが花をたくさん咲かせるのは本来であれば受粉して実を付ける確率を高めるためのはずですが、日本のみょうがの場合、その花のほとんどは無駄になってしまうのですね。ここまで花を観察した分、なんだかちょっと切ない気持ちになります。

あれ、一番右端にも
ひょろひょろっと伸びていって
いますね。この先はどうなって
いるのでしょうか。

葉っぱ
掘り返す前は、葉っぱと食べる部分が別々の場所から出てきているように見えましたが、こうして掘り返してみると、それぞれがしっかり地下茎でつながっていたことが分かります。
食べる部分

たくさん食卓を彩ってくれたあと、みょうがは冬にいったん地上から姿を消してしまいます。寂しいような気持ちがしますが、大丈夫です。翌春になればまたその元気な姿をひょっこり見せてくれますので。

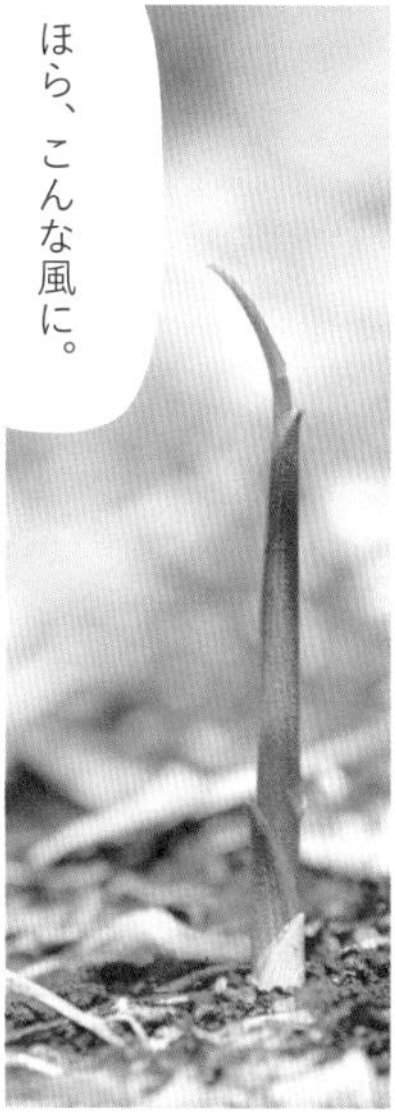

ほら、こんな風に。

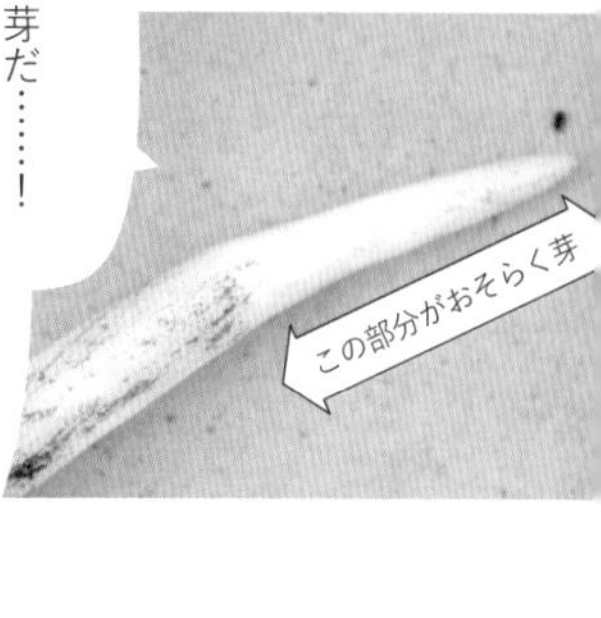

この部分がおそらく芽

あっ、芽だ……！

これが花の芽か葉っぱの芽かは分からないですが、こうやって次々と芽を出して地上に出ることができるので、あんなにたくさんのみょうがが収穫できるわけですね。

やぁ今年も会えたね！なんて嬉しく思いながら、頭では早くも夏のみょうがが三昧を思い浮かべ、うしししと喜んでいるのでした。

種はこんなかたち（実物大）

茎・花を食べるお野菜

ブロッコリーのお話

芽生えがぴょこん。

9/1

今度はブロッコリーの
種をまいてみました。

ちょっと大きくなってきたら
庭に植え替えます。

12/4

だいぶ立派になってきました。そろそろブロッコリーの姿が出てきてもいい頃なんだけど、まだ姿が見えないなぁ。どこかにいるかな？

茎の先端に
近付いて

葉っぱを1枚ペラッ。

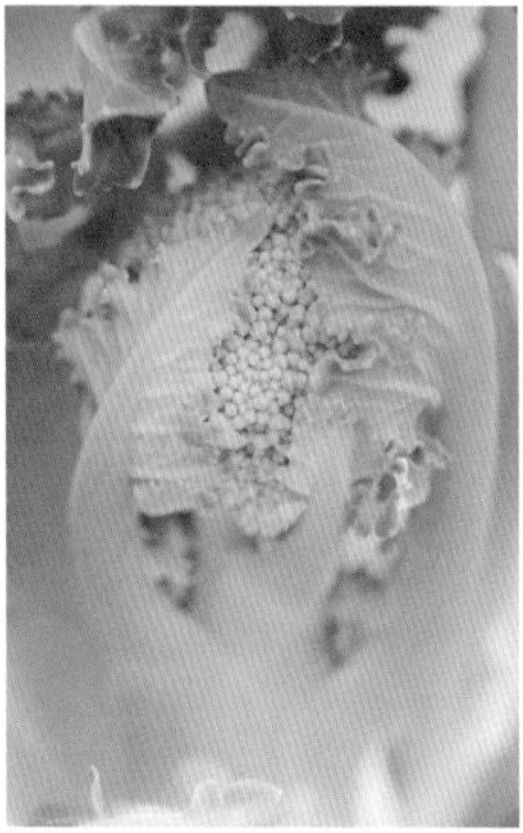

葉っぱに包まれるようにしてスタンバイしているブロッコリーを発見しました。これが大きくなれば、よく知っているブロッコリーの姿になります。

今までそんなに気にしたことなかったけど、改めて見ると変なかたちだな、この野菜。

近付くと、表面が凄いぶつぶつしていることが分かります。

うーむ。これって植物としてはどの部分を食べる野菜なのだろう。

そう思ったらすることはただひとつ。きっとこの姿がまた変化するときがあるので、それまで待つことにしよう。

3月上旬になり、吹く風が春めいてくる頃。そろそろかな？　と見にいくと、

ニョキニョキニョキ〜！

っと、表面にあった小さな粒々がそれぞれ伸び上がってきました。な、なんだなんだ。春になったらブロッコリーがいきなり動き始めたぞ。

そして、なんと花が咲きました

3/31

日に照らされてキラキラしています。

ブロッコリー！
あなたって、この花のつぼみが
たくさん集合していたもの
だったのね！

いつもわたしはもう少しで花を咲かせる
ところを茹でて食べていたわけなのか。
そう思うとなんかすみません。

と衝撃を受けていたところ、その隣から
「おーい」と声が聞こえた気がしました。

あっ、そういえば
カリフラワーも
一緒に育てて
たんだった。

姿はブロッコリーとよく
似ているし、表面にはほら、
小さな粒々が集まってる。

これも花の
つぼみかも……。

さっそく調べてみると、この予感は見事に的中。カリフラワーはブロッコリーの花が突然変異により白くなったものを、品種として固定して作られた野菜なのだそうです。ということは、きっとあなたも花を咲かせるはずだよね。どんな花なのかなぁ。

ブロッコリーを観察していたら、またひとつ宿題が増えてしまいました。カリフラワーの花にもきっといつか会える日がくると信じて、楽しみにしています。

［ ブロッコリーのお話 補足 ］

多くの野菜は、人の手によって品種改良されてきた歴史を持っています。ですので、時を遡《さかのぼ》っていくと、かつて自然の中で野生植物として生きていた頃に辿り着きます。

今回、カリフラワーはブロッコリーの花が白く変化したものであるとご紹介しました。それではブロッコリー自体はもともとどんな植物だったのでしょうか。

この野菜の正確な原産地は分かっていませんが、地中海沿岸なのではないかと推定されています。ですが、そこにいきなりブロッコリーらしきものが存在していたわけではありません。まず、そこに生えていた野生植物から、ケールという野菜が誕生したことがスタートとなります。

これがケール。気になるので育ててみました。これにも現在は様々な品種があり、もっと葉っぱが縮れるものなどもあります。

ケールを収穫せずに置いておくと、そのあとは素直に直立していき、やがて花を咲かせます。

まるで雰囲気が異なりますが、なんとこれが、ブロッコリーの原種に近いものと考えられています。品種改良により、花茎をどんどん発達させていくことでブロッコリーを作ってきたというわけです。

左ページへ

面白いのは、ブロッコリー以外にも、
ケールに近い野生植物をルーツとしている野菜があることです。

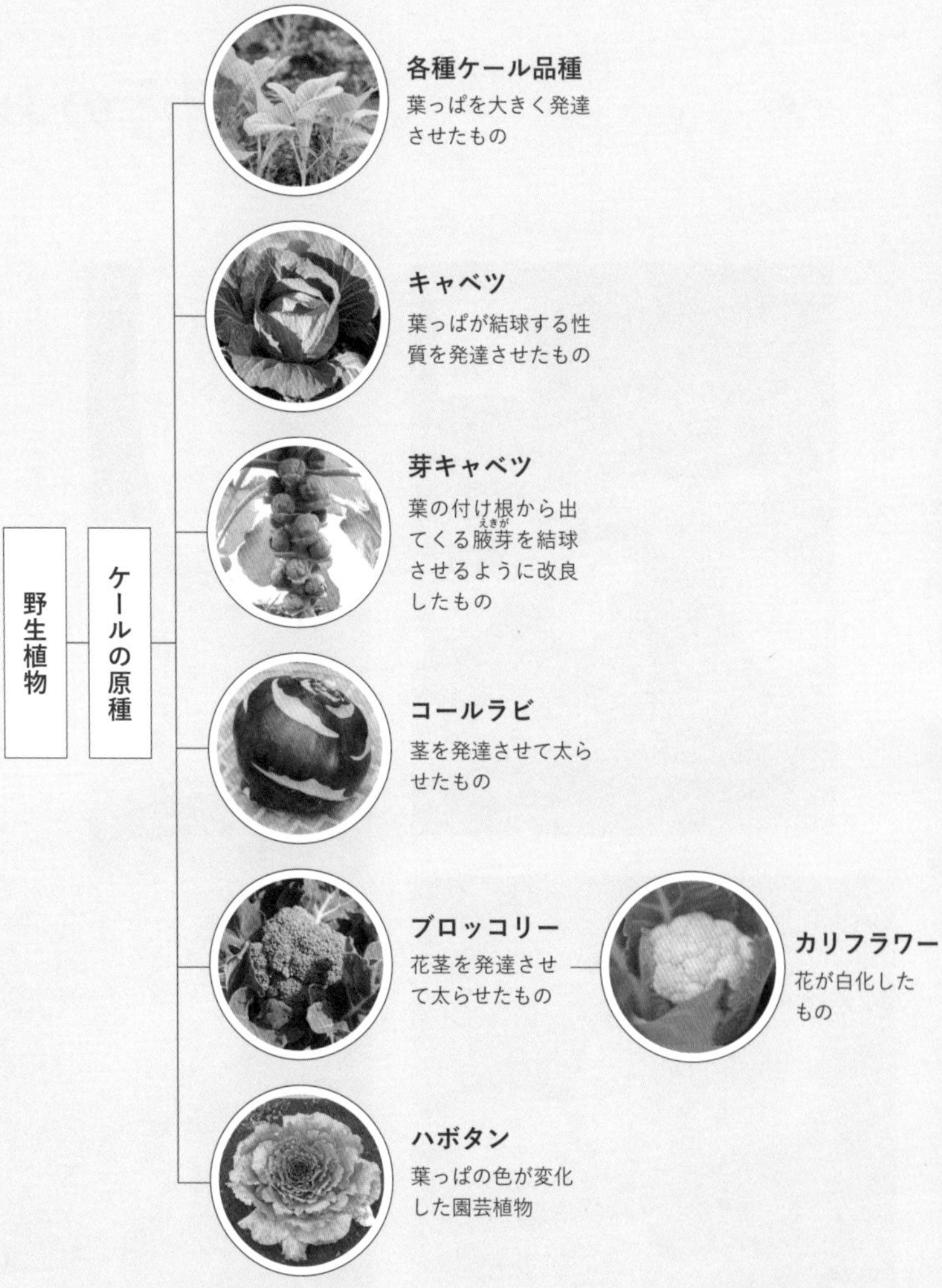
野生植物
ケールの原種
各種ケール品種
葉っぱを大きく発達させたもの
キャベツ
葉っぱが結球する性質を発達させたもの
芽キャベツ
葉の付け根から出てくる腋芽《えきが》を結球させるように改良したもの
コールラビ
茎を発達させて太らせたもの
ブロッコリー
花茎を発達させて太らせたもの
カリフラワー
花が白化したもの
ハボタン
葉っぱの色が変化した園芸植物

キャベツ、芽キャベツ、コールラビ、ブロッコリー、カリフラワー、ハボタンは、今でこそまるで違う姿形をしていますが、そのルーツを辿っていくと、ひとつの植物に辿り着くのです。野菜は凄い！ と思いながら観察をしてきましたが、ここまで多様な野菜を長い時間をかけて改良し、生み出してきた人間もまた凄いなと感じます。

茎・花を食べるお野菜

菜花のお話

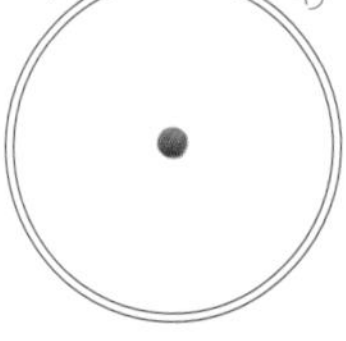
種はこんなかたち（実物大）

みょうがとブロッコリーが花のつぼみであることに驚きましたが、そういえばもっと分かりやすく花を食べているものもあるなと気が付きました。

菜花です。
なんと言っても
菜の花ですからね。
名前からして花です。

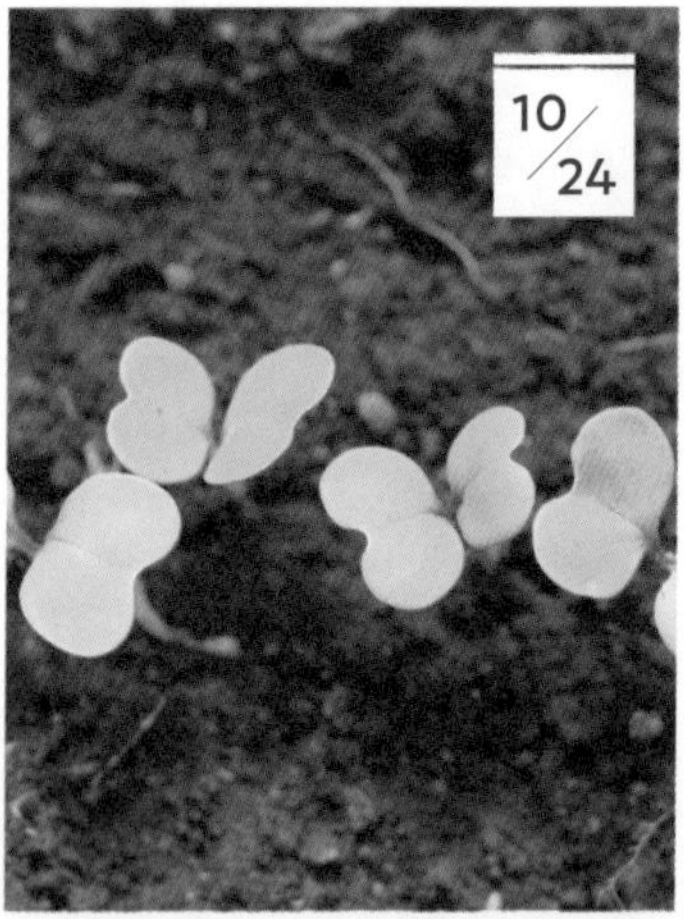

園芸店で種を買ってきて、まいてみました。

育っていきます。

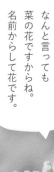

3/2

これくらい
大きくなると

つぼみが出てくるので、
これを収穫して

さっと茹でて
食べるというわけ。

育てるのは簡単だし、花のつぼみは次から次へと出てくるし、調理も簡単で美味しいので、わたし大好きです。菜花。

好きなので、花のアップ写真を撮ってみました。雄しべと雌しべがよく見えます。

花が終わると、緑色の子房が大きくなっていき

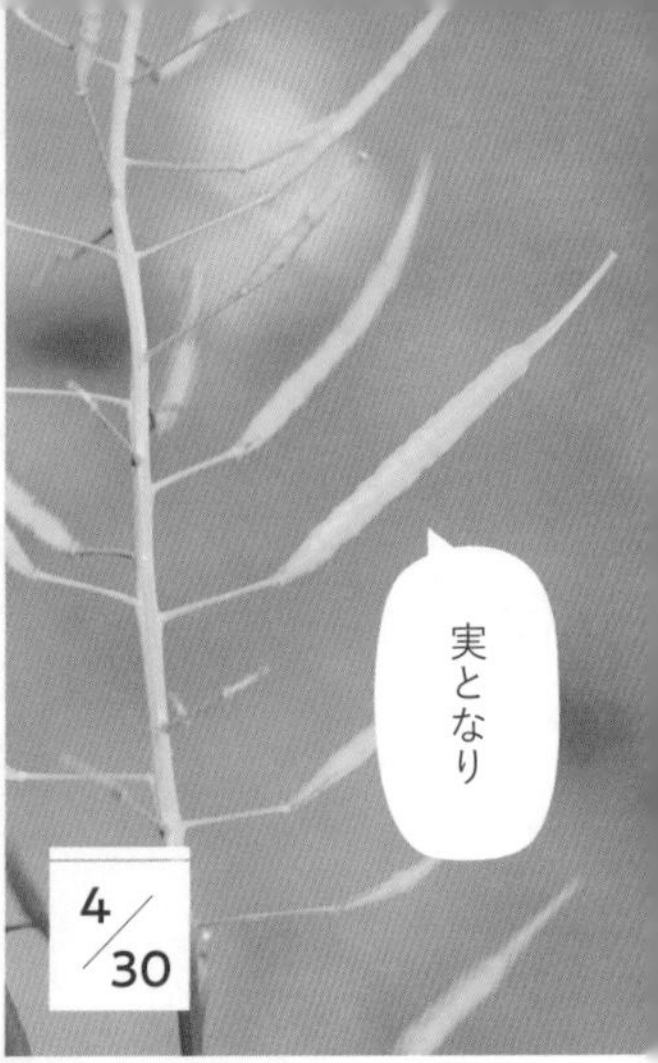
実となり
4/30

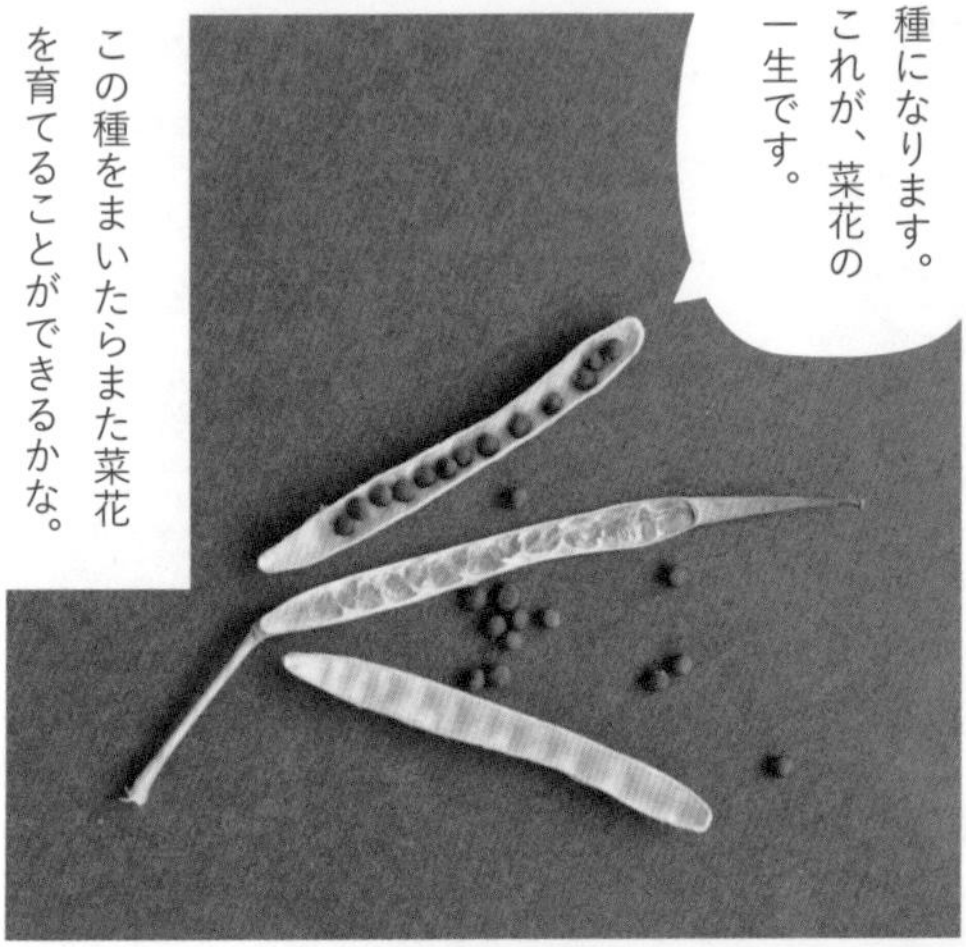
種になります。これが、菜花の一生です。

この種をまいたらまた菜花を育てることができるかな。

今回は「菜花」と書かれた種を購入して庭にまきました。近頃園芸店などで売られている菜花には、和種や西洋種など色々と品種があるようですが、いずれにしても花のつぼみを食べることを目的に改良されてきた品種になります。

ですが、この菜花を見てふと思いました。この花と実、種のかたちってこれまで何回も出てきたよね。これってアブラナ科でしょう？　そうなるとさ、他のアブラナ科の野菜の花のつぼみも食べられるのかなぁ。だって植物としてはみんな同じグループなわけだから。

そんなわけで、同じ時期に
庭にあったアブラナ科の
野菜で花のつぼみが付いて
いるものを集めてみました。

これらをさっと茹でて

準備完了。

雪国の野菜の雪菜《ゆきな》もあったので
それもラインナップに加えました。

ふむふむ。どれも味がちょっとずつ違って美味しいぞ。もぐもぐ。水菜は苦みもくせもなく、そのシャキシャキ感が食べていて楽しいし、雪菜は葉も茎も柔らかで、噛んだそばからコクを感じる奥深い味わい。小松菜はちょっと苦くて甘い春の味覚そのもの。かぶだけちょっと苦みが強かったので、これは率先して食べなくてもいいかなぁと思ったけど、収穫のタイミングの問題なのか品種の問題なのか。

なるほど。これはなかなか面白いぞ。花を観察したい一心で色々な野菜を育ててきたけれど、こんなところに美味しいサービスがあるなんてラッキー。それぞれを食べ比べると、花を食べるように品種改良されてきた菜花はやっぱり過不足のない甘さと苦みで、安心の美味しさでしたが、花を食べる目的で作られたわけじゃないアブラナ科の野菜だって、十分に花の味を楽しむことができました。

野菜の品種によって味が違ったので、これは研究の余地があります。こうなってくると、花を食べるために、色々なアブラナ科の野菜を育てたくもなってきます。もしかしたらこういう探求から、野菜の品種改良は進んでいくのかもしれません。

種はこんなかたち（実物大）

茎・花を食べるお野菜

いちごのお話

秋にホームセンターの園芸コーナーを見ていたら、いちごの苗が売っていました。これは！　と思いすぐに購入。だって、自分でいちごを育てることができたらいいですよね。庭で採れたいちごでお腹いっぱいになってみたいじゃないですか。

そんなわけで庭に植えたいちご。無事に冬を越し、春になりました。

暖かくなると、株の根元から新しい葉っぱが出てきます。

そして、気付いていませんでしたがじつは花のつぼみもあったようで、地際にひっそりと花が咲きました。

花が咲いたということは、これが大きくなっていちごになるのかな？
花が終わると、一度つぼんだような姿になります。

そしてまた開いたときには、

おぉ！いちごっぽい！

少しずつ大きく
なっていきます。

花のときは上を
向いていましたが、
実はだんだんと
下向きになりながら

緑から白に
変わり

白から赤に
変わって

真っ赤ないちごの
でき上がり！

最近ではビニールハウスでいちごを育てるようになったので、いちごと言えば冬のものというイメージが定着していますが、野外で育てるとその収穫は5月頃になるんですね。

かつて、ビニールハウスでの栽培技術が浸透していなかったときは、いちごと言えば初夏に食べるものでした。

様々な工夫をしてくださる農家さんがいらっしゃるので、今私たちはクリスマスケーキにいちごを乗せることができるというわけです。本当に有難いことです。

ところで、今回は観察用と思ってひと株しか育てなかったので、お腹いっぱい食べるほどには収穫できませんでした。ちょっと未練が残っています。5月のいちごはもう収穫してしまったけれど、このままこの株を庭に置いておいたら、また夏とか秋にいちごの収穫できないかなぁ。と淡い期待を込めて、そのまま片付けずに植えたままにしておくことにしました。

それがこれ。もう8月です。葉っぱの色も濃くなって、硬い手触りになりました。

おや？　いちごの株の根元から、赤いひものようなものが何本も出てきています。なんだろう。

赤いひもの先端に近付くと、なんと、小さい葉っぱが付いています。

ひょいっと持ち上げてみると、下からは根っこが生えてきていました。

なんだこりゃ。
ちゃんと観察
してみたいぞ。
と思い、土ではなく
苗ポットの上に
根を下ろさせる
ことにしました。
ひも1

うまく苗ポット
に根を下ろせた
みたいで、
葉っぱが大きく
なってきました。
ひも2
ひも1
って、あれれ？
また新しく赤い
ひもが出てきて
いるぞ。

撮影する角度がコロコロ変わってしまったので、ひもに番号を付けました。

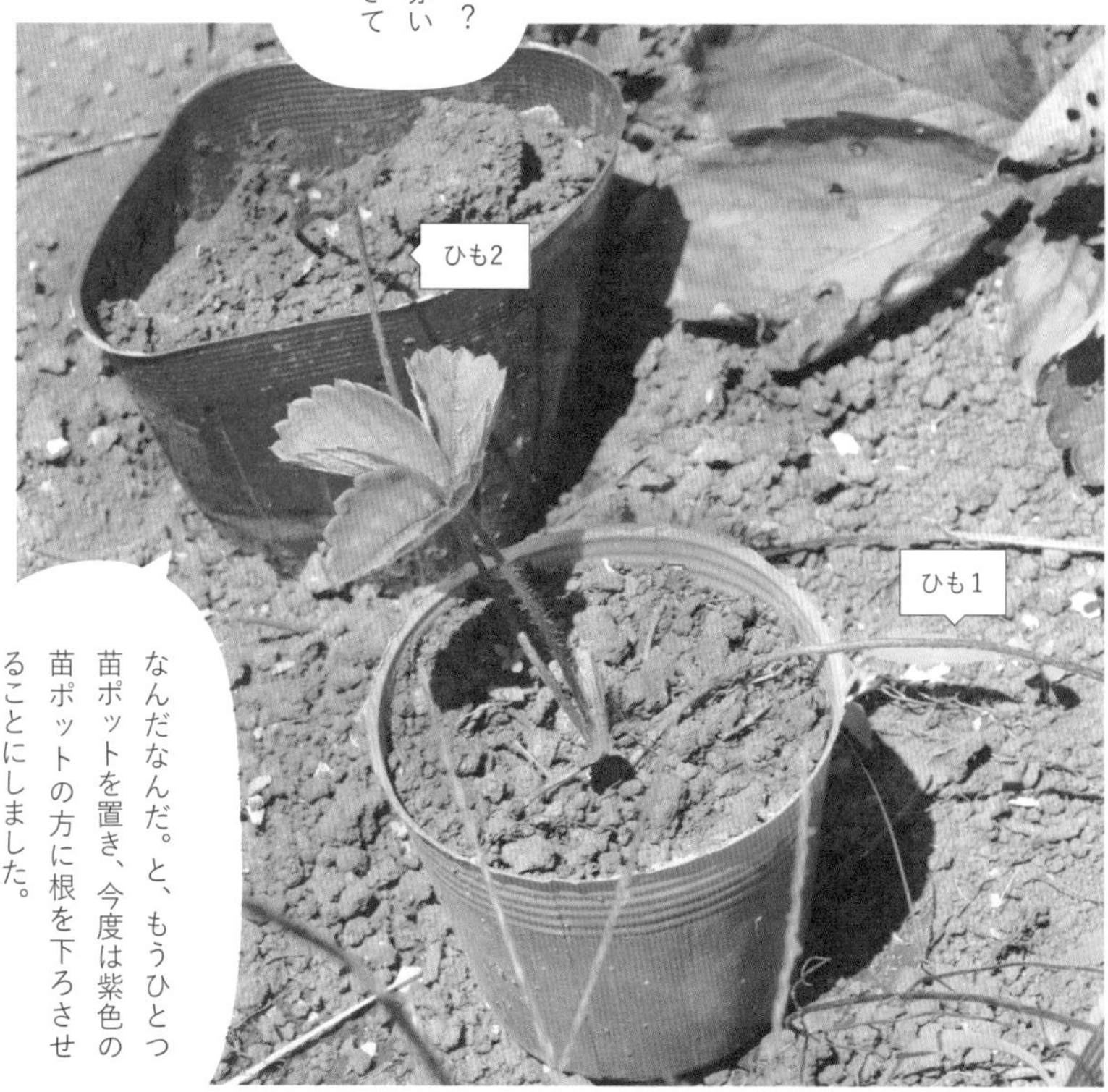
ひも2
ひも1
なんだなんだ。と、もうひとつ
苗ポットを置き、今度は紫色の
苗ポットの方に根を下ろさせ
ることにしました。

すると、紫色の苗ポットの方にもちゃんと根っこが下り、葉っぱも大きくなりました。

ひも2

その内に、それぞれをつないでいた赤いひもは自然に取れてしまいました。
ひも1
ひも2

あれ？　でも紫色の苗ポットにいる葉っぱはまだ元気に生きてるぞ。ってことは、この苗ポットの葉っぱは、もうすでに独立した存在として生きているってこと？

葉っぱ
もとの株

苗ポットではなく、庭の土でそのまま観察するとこんな感じになります。もとの株から赤いひもが伸びて、その先に葉っぱが付いています。

根っこもしっかり下りて
いるようです。これ、
やっぱり新しい株ができた
ってことなのかな？

さながら分身の術のようでびっくりしてしまいますが、植物の中にはこうして親の株からひものような茎をぴゅんぴゅん伸ばし、その先に新しい個体を作る方法をとるものがあります。この際、赤いひもをランナー、または走出枝《そうしゅつし》と呼びます。わたしはこのランナーをただ観察していただけですが、気付けば新しいいちごの苗をふたつもゲットしていました。なんだかラッキーです。いちごはこうやって株を増やすことができるので、毎年新しい苗を植えて育てることができるんですね。

なるほど。
それは分かった。
でも種から育てる
方法だって
あるんじゃないの？

だって、いちごの
表面って、種いっぱい
付いてるじゃん。
これ、使えないの？
と思って見ていた
のですが、

んん？
よく考えると
なんか変だぞ。

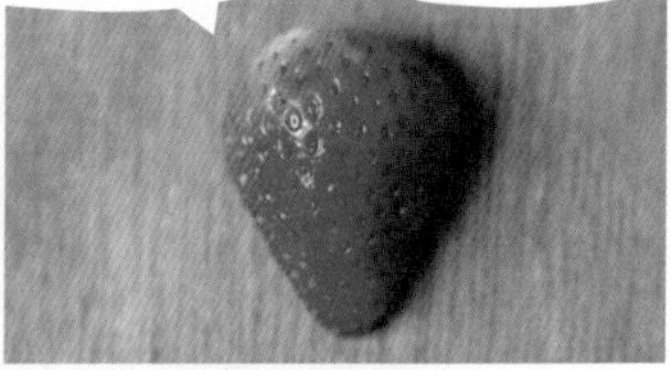

いちごの花を見たときに
「これが大きくなって
いちごの実になるのかな」
と、書きましたが

いちごの花の中心をアップ
にしてみると、こんな姿を
していたんです。

たくさん伸びている黄色い線が雌しべで、その雌しべの根元のそれぞれがちょっと膨らんでいるのが分かるでしょうか。緑色で、ぽこっとでっぱった部分です。植物のつくりは、「雌しべの根元には子房がある」ということになっています。そしたらこのぷっくり膨らんだ緑色の部分が、実としてそれぞれ膨むんじゃないのかなぁ。そしたらですよ。

イメージとしては、
こうして実の
粒々がたくさん
集まった姿に
なりそうな
もんなのに、

イメージ図

実際はこうなるんですよ。
滑らかです。

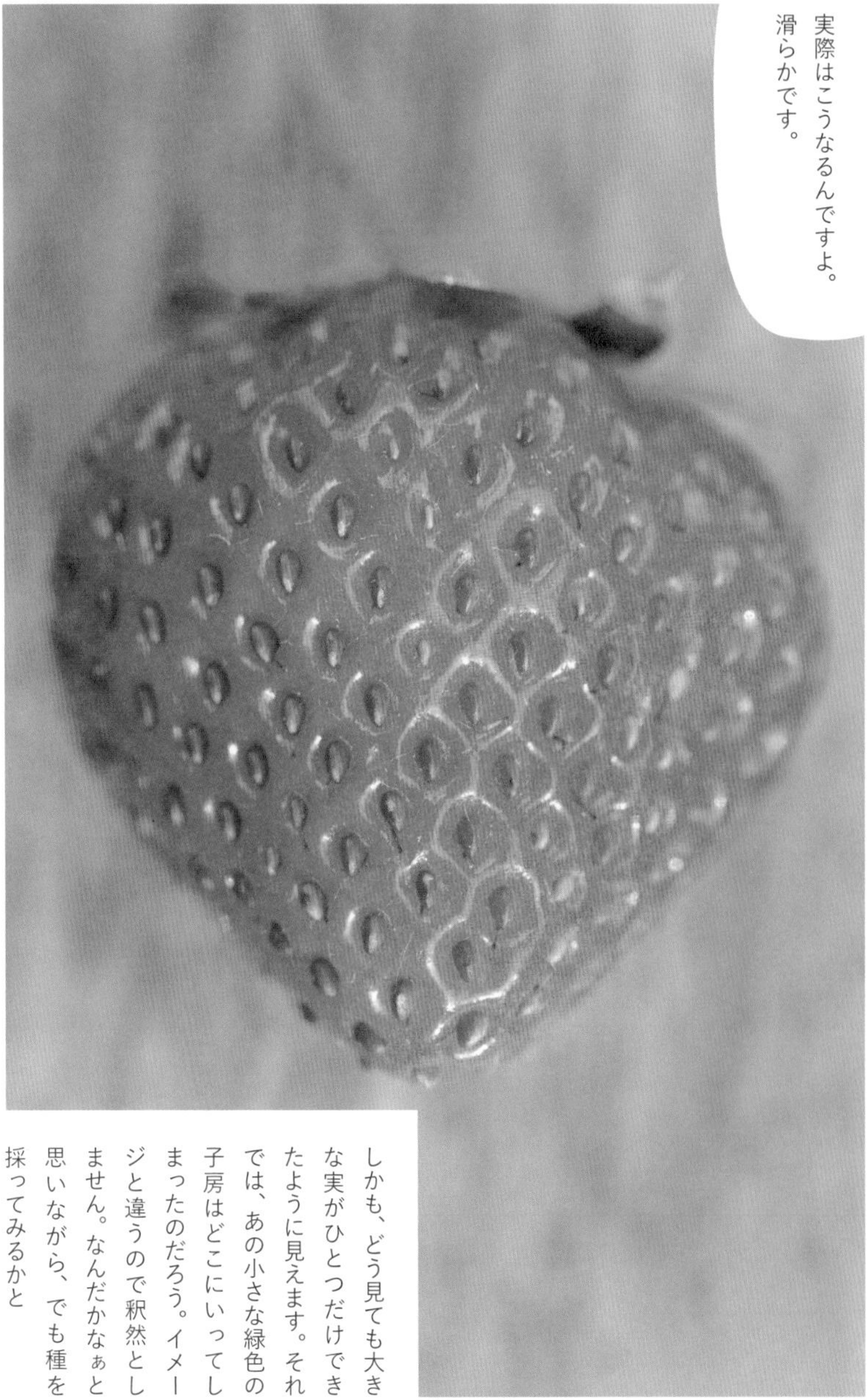

しかも、どう見ても大きな実がひとつだけできたように見えます。それでは、あの小さな緑色の子房はどこにいってしまったのだろう。イメージと違うので釈然としません。なんだかなぁと思いながら、でも種を採ってみるかと

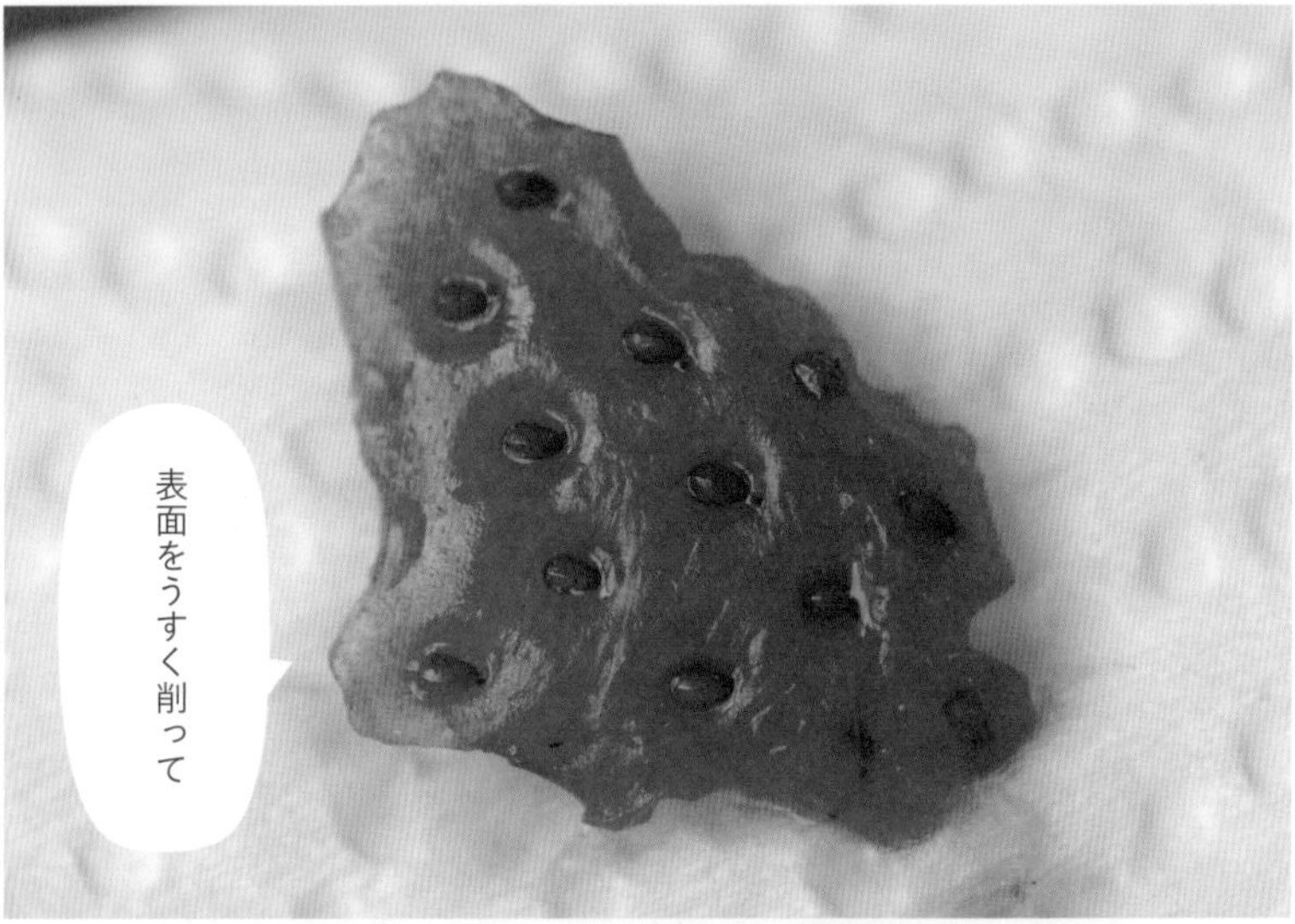
表面をうすく削って

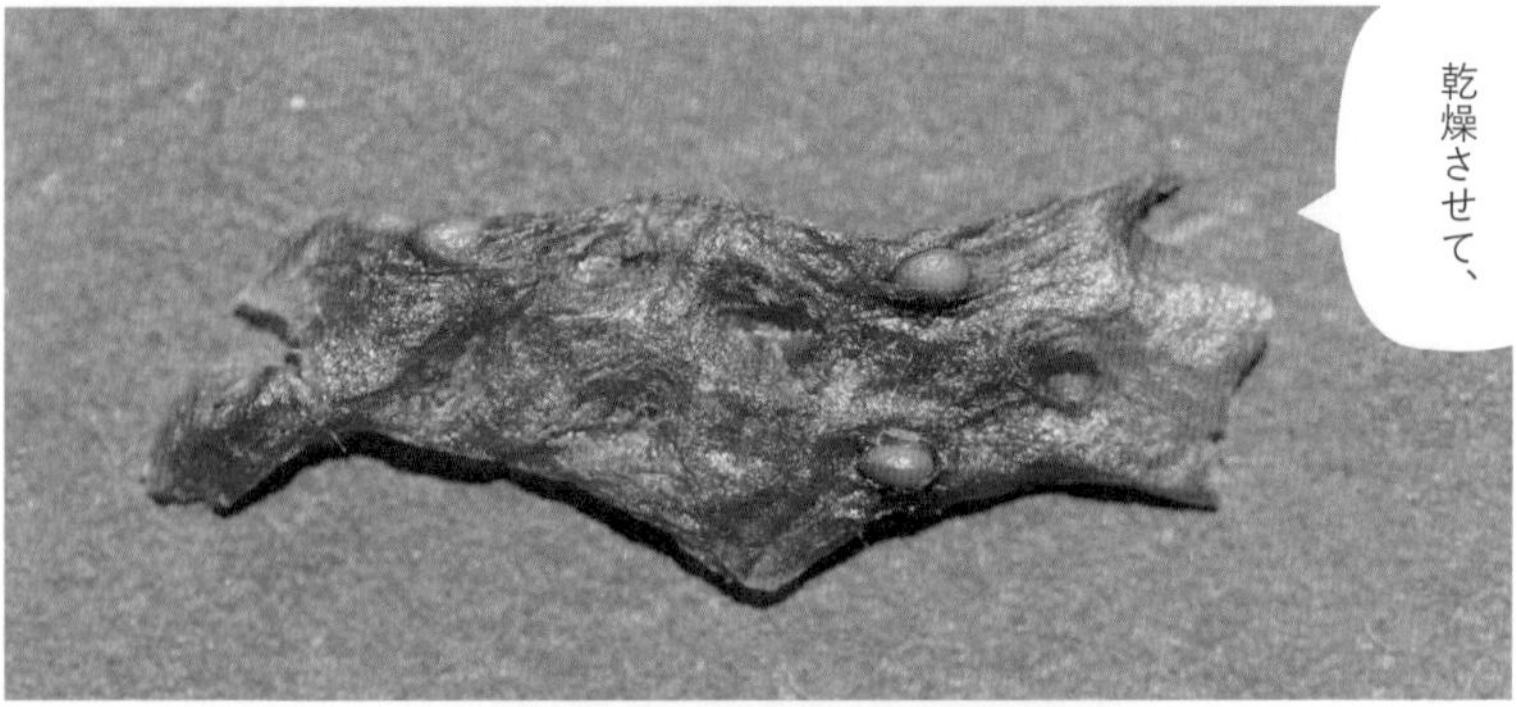
乾燥させて、

種を採ってみました。やっぱり種だよね？
こんな作業をしていたら、あっ、もしかして。とある可能性に気が付きました。

種子かと思っていたけど、もしかして、これが果実なのかな？

というのも、「種子に見えるけど、じつは果実」っていうものが植物には多くあるのです。

たとえばセイヨウタンポポは

花が終わると綿毛を付けて

その綿毛ひとつの根元が、
こうしてちょっと膨らみます。

これ、種子でしょ？ と思います
が、じつはこれ、正確に言うと果
実なのです。

果実と言えば、ぶどうのようにジューシーな果肉を持つものが真っ先に思い浮かびますが、そうではなく、乾燥した果実を持つ植物も存在します。見た目だけでは分かりにくいですが、タンポポの場合は種子の周りに乾燥した薄い果皮が付いています。果皮が付いているということは、果実と呼ぶべきなんです。でも、日常で話すときに「タンポポの果実が〜」なんて言ったら、果実ってどこ？ どの部分の話をしているの？ と混乱してしまうので、普段は「種」と呼んでしまうわけですね。

じつは、これまでに見てきたお米、とうもろこし、レタス、春菊、ほうれん草も、種子に見えたものは、正確に言うと果実です。今回は、これから先の観察でいちごの粒々が種子ではなく果実であるということがとても大事になってくるので、あえてここを強調しました。その他の野菜では、読みやすさの方を重視して、種子に見えるものは全部「種」と書いています。この先で見る、にんじんや、ごぼうの種も、一見して種子に見えますが、じつは果実です。気になる方はご関心に合わせて調べてみてください。

それを踏まえて、今度はいちごの断面を見てみます。

これまで、この赤くてジューシーな
部分を果実だと思っていたけれど

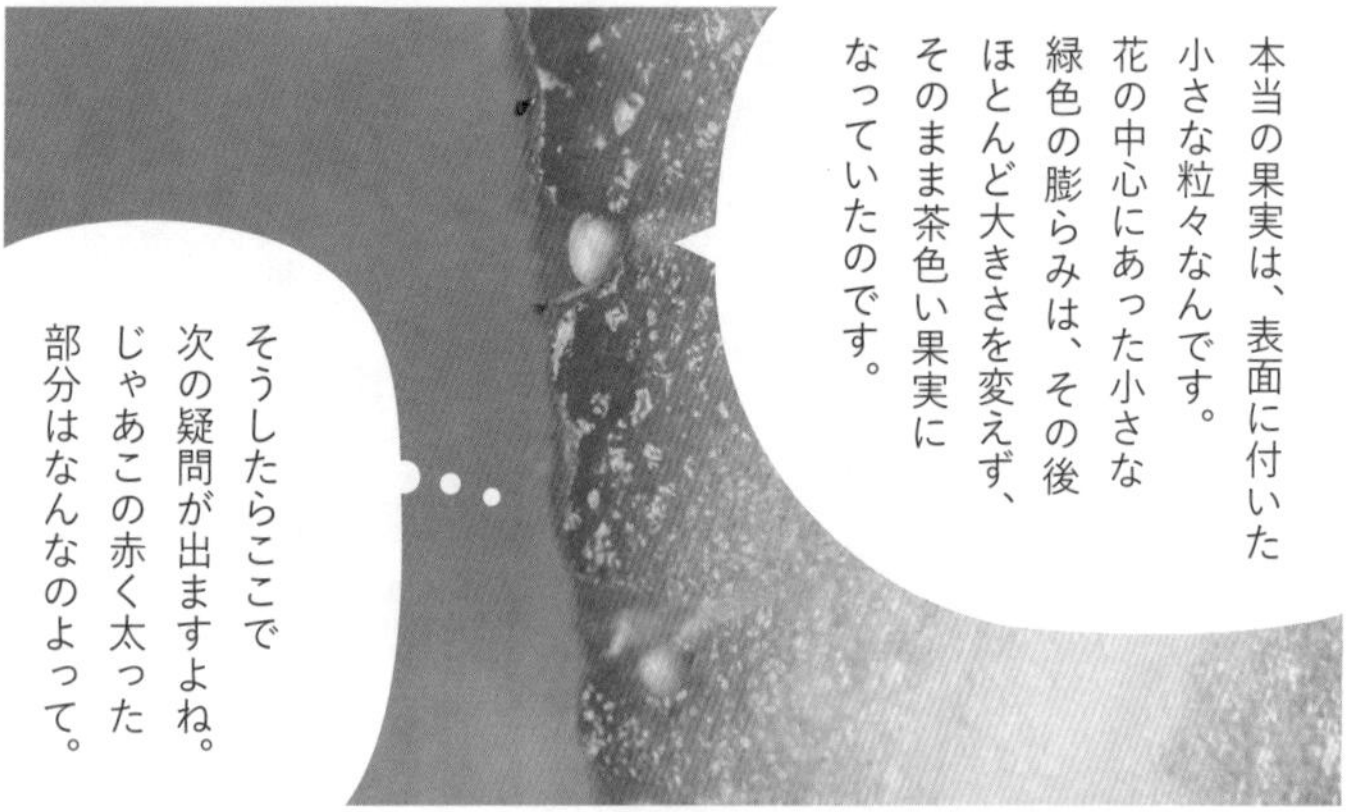

本当の果実は、表面に付いた
小さな粒々なんです。
花の中心にあった小さな
緑色の膨らみは、その後
ほとんど大きさを変えず、
そのまま茶色い果実に
なっていたのです。

そうしたらここで
次の疑問が出ますよね。
じゃあこの赤く太った
部分はなんなのよって。

これについては、すでに観察済みの春菊に
いいヒントがありました。

春菊の花が終わったあと、こうして種（これも正確
に言うとじつは果実）がぽろぽろ取れましたよね。

ここで、この種（果実）が付いていた部分に
注目してください。じつはここにも名前が
あって、花床《かしょう》または花托《かたく》と呼ばれます。

花びらや雄しべ、雌しべなどがくっ付いてい
る部分なので、文字通り花の床や、土台とい
う意味です。春菊の場合は、花が咲いている
ときも、種（果実）になったときも、花床のか
たちがほぼ変わりませんが、いちごの場合は
受粉したあとに、花床が太るんです。

これが、花の断面。このときはまだ花床が小さい状態。

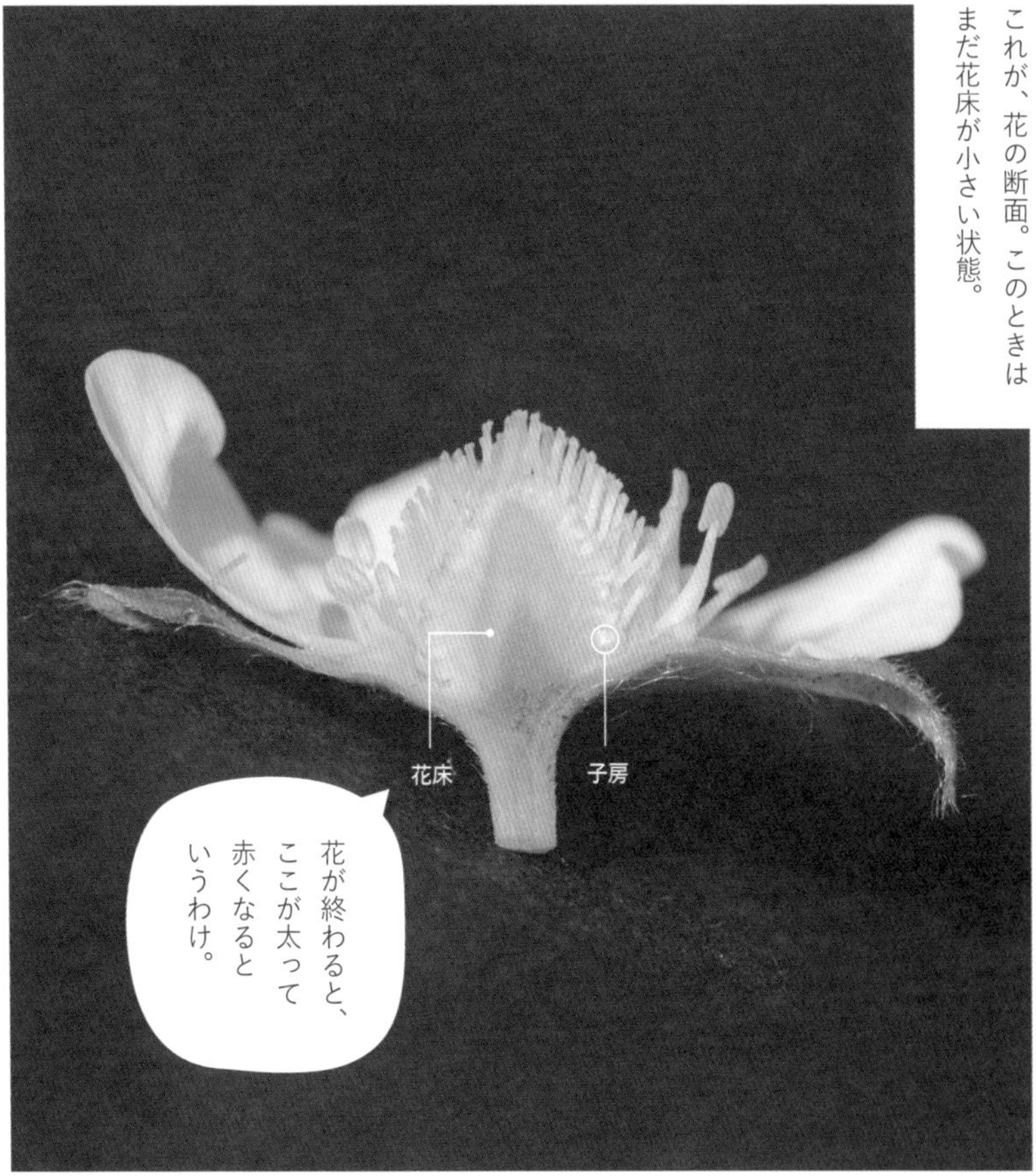
花床
子房
花が終わると、ここが太って赤くなるというわけ。

いやぁ、びっくりですね。てっきり果実を食べているのかと思いきや、花の床を食べていたのですから。かなり変わり者ですね、いちごは。

じつは今回、いちごをどの章に入れるか悩みました。植物のタイミングとしては果実がなっているときに食べているので、第二章の「実を食べるお野菜」に入れるのがいいはずです。

でも美味しく食べている大部分は花床なので、「花が咲いたあとの部分を食べている」と言った方が正確なのではないかと思い、今回はこの章に入れてみました。

種でも増えるし、ランナーでも増える。そして食べる部分は果実ではなく花の床。知っているつもりで、知らないことだらけだなぁ、世の中は。

コラム

お世話になった農家さん
畑で種を継いでいく　ほんだ自然農園

種からはじまって、また種へと還ってくる。そんなお野菜の一生をテーマに撮影をはじめたとき、困ってしまったことがありました。自分ひとりの力では、うまく育てることができない野菜があったのです。

小松菜や春菊といった葉物野菜は、わたしでも比較的簡単に育てることができました。でも、にんじんやごぼうなどの根菜はどうにも難しい。そこで、育てることができない野菜に関しては、農家さんのお世話になることにしました。

近年、にんじんやごぼうを育てる農家さんは多くいても、その種どりまでする農家さんは非常に少なくなりました。野菜の種を採ろうとすると、収穫期を過ぎた野菜が畑にいつまでも残ることになり、作付け計画を立てるのが大変です。その種どり作業だって手間がかかります。種から種まで観察したいわたしは困りました。

そんな中、国分寺に種どりまで行う農家さんがいらっしゃいました。「ほんだ自然農園」の本多知明さんです。本多さんは、東京では珍しい「自然農」とい

う農業をされています。詳しい話は専門書に譲りますが、これは畑を耕すことはせず、その土地の自然の循環の仕組みを活かす農法です。なので、野菜もその土地で採れた種を毎年継いでまいていくことになります。本多さんにとっては「種を採る」までがお仕事なのです。

本多さんの畑に伺うと、収穫期を過ぎた野菜をたくさん見ることができます。にんじんの花（P.258）も、ごぼうの花（P.264）も、わたしは本多さんの畑ではじめて見ました。大きく黄色くなった小布施丸茄子《おぶせまるなす》の実（P.71）を見せて頂いたときには心から驚きましたし、とうもろこしの雌しべの美しさ（P.59）にも感動。他にも、たけのこを割らせてもらったり（P.201）、里芋を土ごとごっそり頂いたり（P.284）と、普通じゃないお願いにも快く応じてくださいました。その他、オクラ（P.86）、玉ねぎ（P.162）、ねぎ（P.168）、アスパラガス（P.188）、さつまいも（P.274）でもお世話になりました。

色々な農法があり、また、野菜を育てるのは簡単なことではないんだというのも大きな気付きでした。野菜がその一生を全うしていく、そんな本多さんの畑がわたしは大好きです。

本多知明さん

ほんだ自然農園

第五章 地下部分を食べるお野菜

大根

科　名 ： アブラナ科
原産地 ： 中央アジア

かぶ

科　名 ： アブラナ科
原産地 ： アフガニスタン・西南ヨーロッパ

ごぼう

科　名 ： キク科
原産地 ： 中国～ヨーロッパ

にんじん

科　名 ： セリ科
原産地 ： ユーラシア

12月	1月	2月	3月	4月	5月	6月	7月	8月	9月
			●開花		◆種どり				
	◇収穫			●開花	◆種どり				
						●開花		◆種どり	
						●開花		◆種どり	

じゃがいも

科　名 ： ナス科
原産地 ： 南米アンデス地域

さつまいも

科　名 ： ヒルガオ科
原産地 ： メキシコ～ペルー

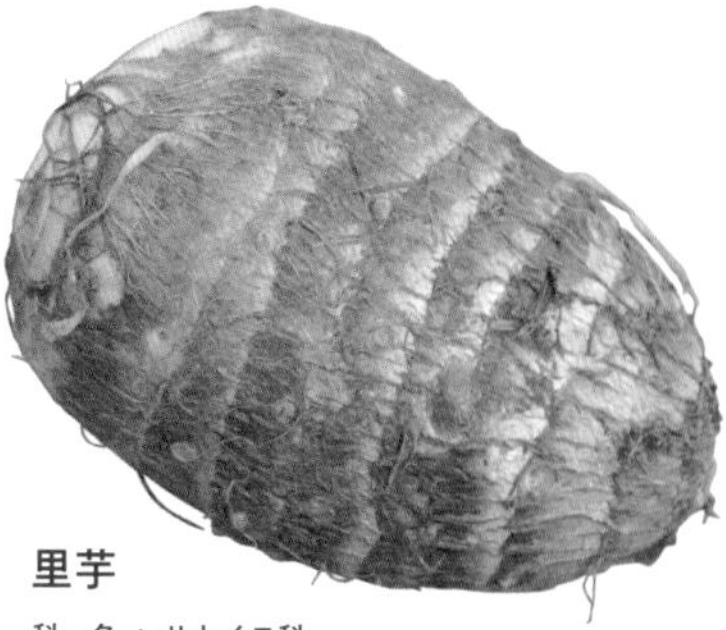

里芋

科　名 ： サトイモ科
原産地 ： インド～インドシナ半島

観察メモ　○ 種まき　● 開花　◇ 収穫　◆ 種どり

	9月	4月	5月	6月	7月	8月	9月	10月	11月
かぶ							○ 種まき		◇ 収穫
大根								○ 種まき	
にんじん					○ 種まき			◇ 収穫	
ごぼう	○種まき			◇ 収穫					
じゃがいも		○ 種芋の植え付け	● 開花		◇ 収穫（種芋）				
さつまいも			○ 苗の植え付け		花が咲かなかった			◇ 収穫（種芋）	
里芋		○種芋の植え付け		花が咲かなかった					◇収穫(種芋)

※上記のカレンダーは著者がチャレンジした記録です。一般的な栽培カレンダーとは異なりますのでご注意ください。

種はこんなかたち（実物大）

地下部分を食べるお野菜

かぶのお話

これまでに見てきた野菜の共通点は、収穫する部分が地上にあることでした。すでにたくさん見たなぁという気持ちがしていますが、まだ地下部分を食べる野菜が残っているので最後に見ていきます。

と言っても、いきなり地下部にはいかず、入り口としてこの野菜を観察することにしました。

かぶです。

どうしてかぶからなのか。それは、収穫時に畑で見ると、食べる部分がちょっぴり地上に出ているからです。

引っこ抜いて収穫するので地下の野菜っぽいけど、地上の野菜でもある。ということで、かぶから第五章をはじめます。

ひと口にかぶと言っても日本には多くの種類があり、色やかたちも様々です。今回はその中から津田かぶを選びました。この紫色が特徴の島根県の野菜です。

まずは、芽生えからよく見ていきます。地上部にはじめに出てきた葉っぱ。これは子葉です。

それでは、この子葉と地面をつなぐ棒状の部分はなんと呼ぶのでしょうか？

ここ、じつは胚軸《はいじく》と呼ぶのです。茎とは言わないんですね。胚軸なんです。普段あまり使わない言葉なのでピンとこないかもしれませんが、この胚軸、こんなところでも見かけることがあります。

それがこれ。柿の断面です。

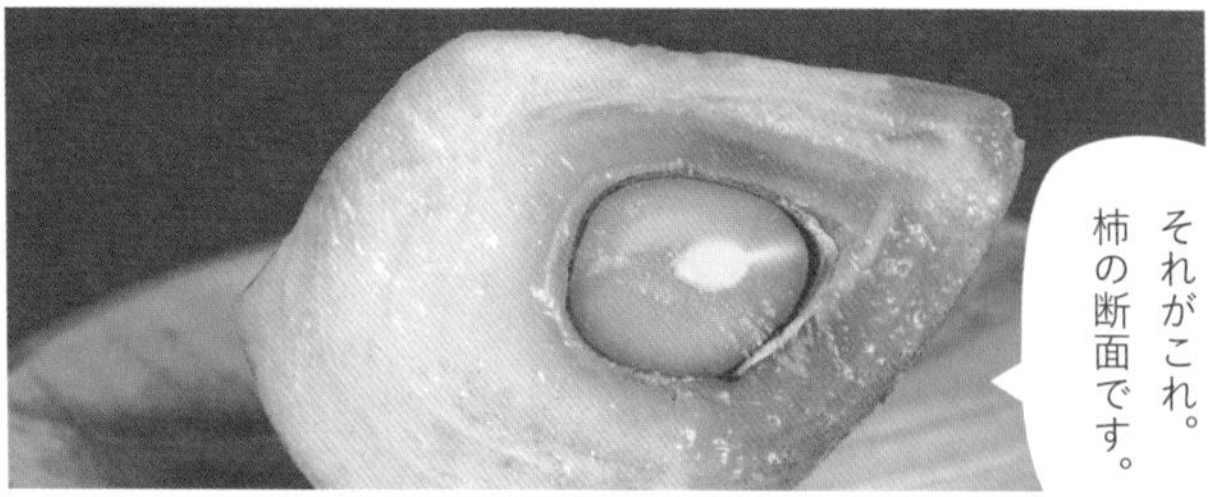

柿を切ったときに、たまに中の種までスパッと切れることがあります。このときに断面に近付くと

横向きになった白いハートが見つかります。これ、なんと葉っぱの赤ちゃんなんです。

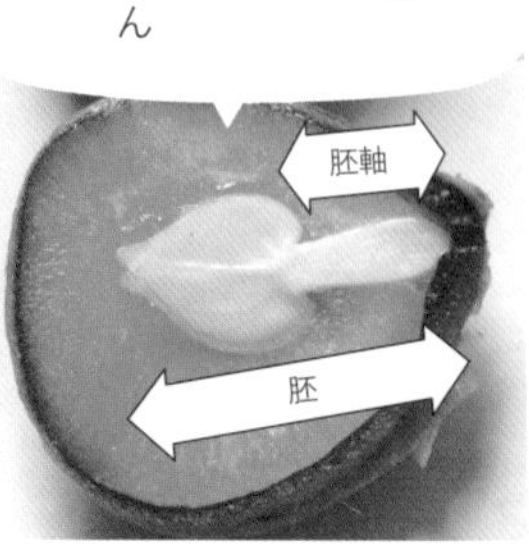

植物の種の中には、これから成長していくための、言わば胎児のようなものが入っていて、それを胚と呼びます。柿は、このかたちが明瞭で、葉っぱの下に茎のような部分まで付いています。これが胚軸です。「胚に付く軸」だから胚軸なんですね。更に、このときはまだ見た目では分かりませんが、胚軸の根元には、根っこのもとになる幼根《ようこん》がスタンバイしています。となると、植物の発生段階において、子葉と幼根の間にあるものが胚軸ということになります。それを踏まえて、先ほどのかぶの芽生えをもう一度見ると、この部分が胚軸であることがお分かり頂けるのではないかと思います。

どうしてわざわざ柿まで持ち出して、胚軸を説明しているかと言うと、今回はこれがとっても重要なんです。

なぜなら、このあとにかぶはこうしてすくすく成長していくわけですが

この紫色に膨らんできた部分、ここがまさしく胚軸が太ったものだからです。

引っこ抜いて収穫するので、ついつい根っこを食べているように思ってしまいますが、ここは根っこじゃないんです。しつこいですが、胚軸なんです。じゃあ、根っこはどこにあるのかと言うと、これはやっぱりかぶを引っこ抜いてみないと見えません。だって根っこですからね。地中にあるわけです。

ということで、抜いてみました。

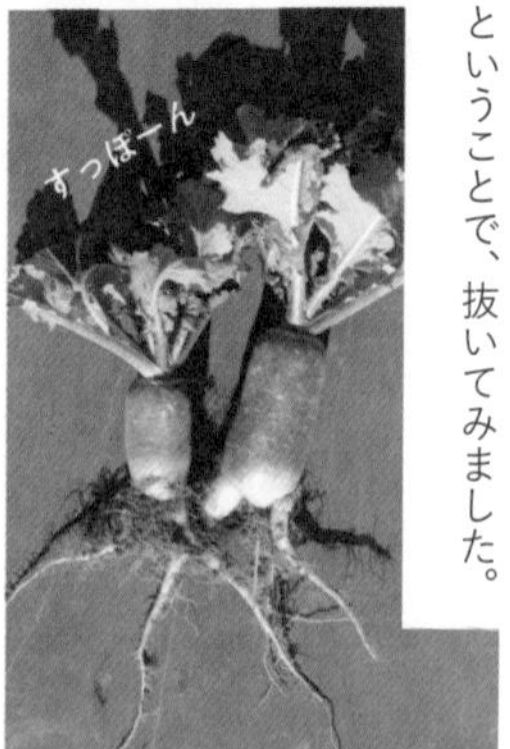

すっぽーん

土があると分かりにくいので洗って……

津田かぶは本来、勾玉《まがたま》のようなユニークなかたちをした野菜です。わたしが育てたものはなぜかそうなりませんでした。

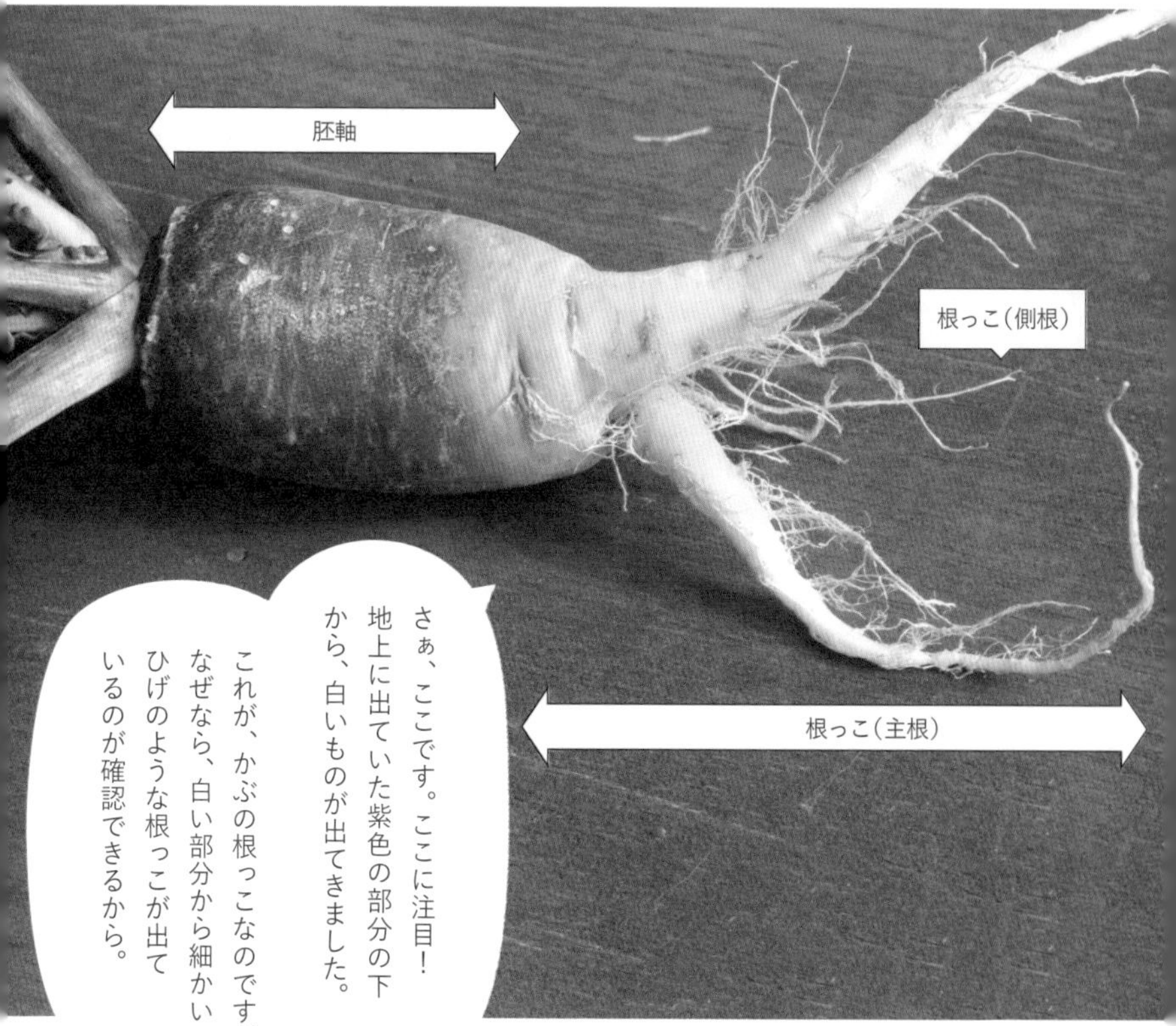
胚軸
根っこ（側根）
根っこ（主根）
さぁ、ここです。ここに注目！
地上に出ていた紫色の部分の下から、白いものが出てきました。
これが、かぶの根っこなのです。
なぜなら、白い部分から細かいひげのような根っこが出ているのが確認できるから。

植物の言葉では、太くて白い根っこ（今回は2本に分かれていました）を主根《しゅこん》、そこから出ている細かいひげのような根っこを側根《そっこん》と言います。普通、主根からは側根が出ますが、胚軸から側根は出ません。胚軸は根っこではないからです。であれば、側根が出ている場所を確認すれば、根っこと胚軸の境界を判断できそうです。ということで、今度は紫色の部分を観察。すると、どうもつるつるとしていて、ひげのような根っこは見当たりません。となれば、やっぱりこの部分は胚軸だと言えます。

よし。なんだか大変だったけど、これで胚軸と根っこの確認ができたぞ！

じゃあ、茎はどこにあるの？　という疑問が浮かびましたが、それは次に大根を観察するのでそこで触れようと思います。一気に色々見ると大変ですからね。ひとまず胚軸、胚軸、胚軸……とまぁ、胚軸はこれくらいにして、ここから先はせっかくなので津田かぶのその後を見守っていきます。

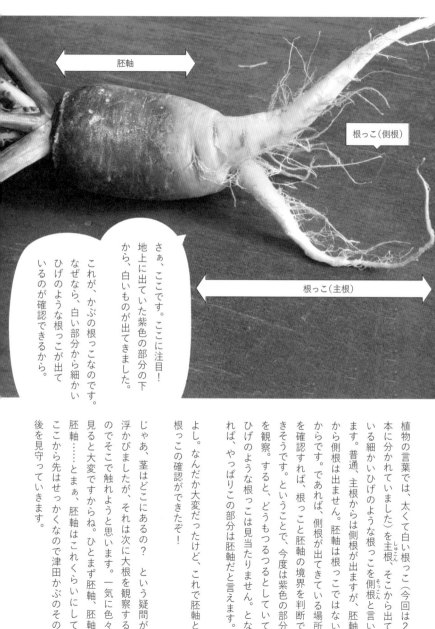

冬を越えた津田かぶ。迫力抜群！
このあとはもういつもと同じ流れです。

葉っぱがニョキニョキと伸びてきて

花が咲きました。

最終的にここまで。

黄色くて、花びらが十字に出ています。ってことはアブラナ科だな。こうして色々と見てくると、アブラナ科の野菜って結構多いんだなということも分かってきます。

花が終わると

実が大きくなって
5/6

茶色く熟します。
5/31

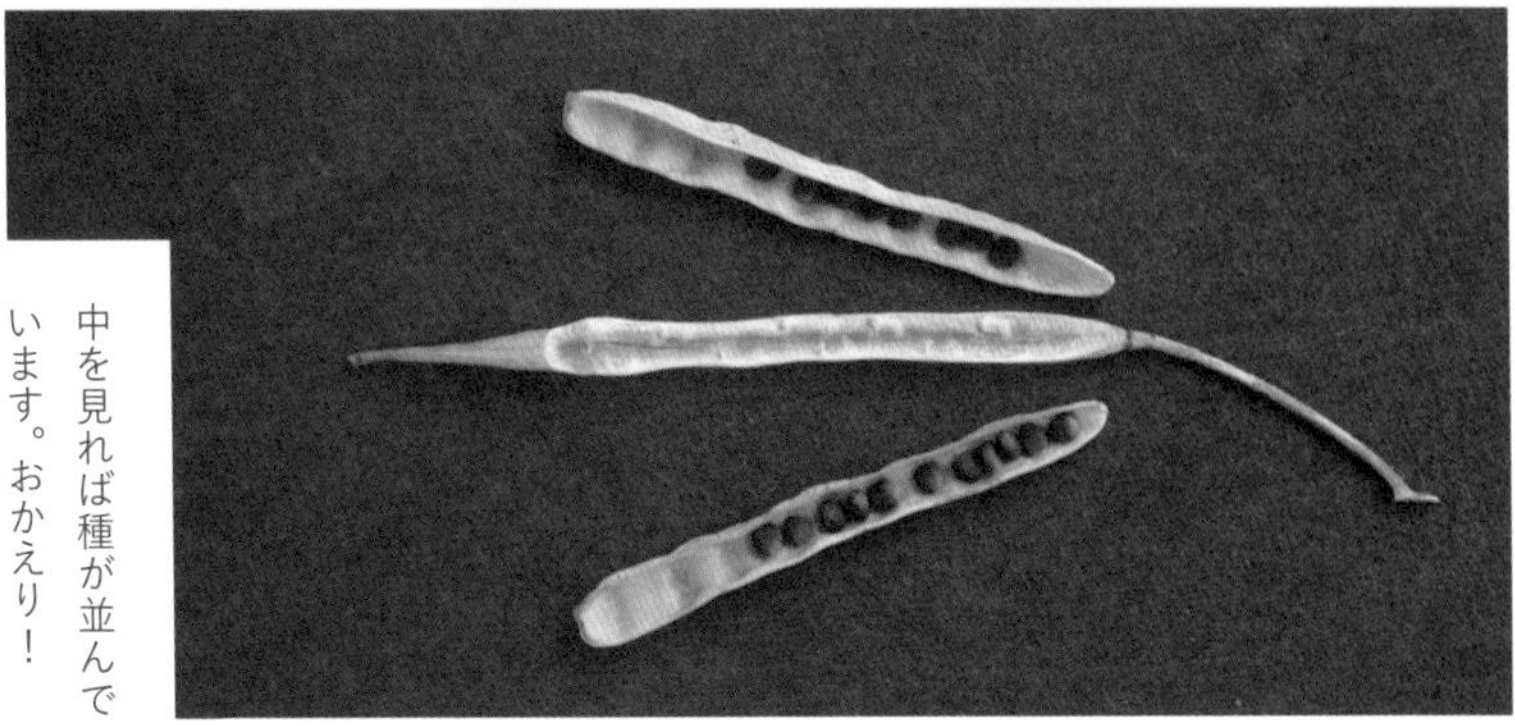

中を見れば種が並んでいます。おかえり！

種まで確認できたこのときに全体を掘り返してみました。

こ、これまたなんとも凄みのある姿です。収穫時には全然分かりませんでした。かぶも本来はここまで姿を変えるポテンシャルを持っていたんですね。凄い。

なんだか雰囲気があるなぁと思い、あのぷっくり膨れていた胚軸を見てみると
すっかりスカスカになっていました。

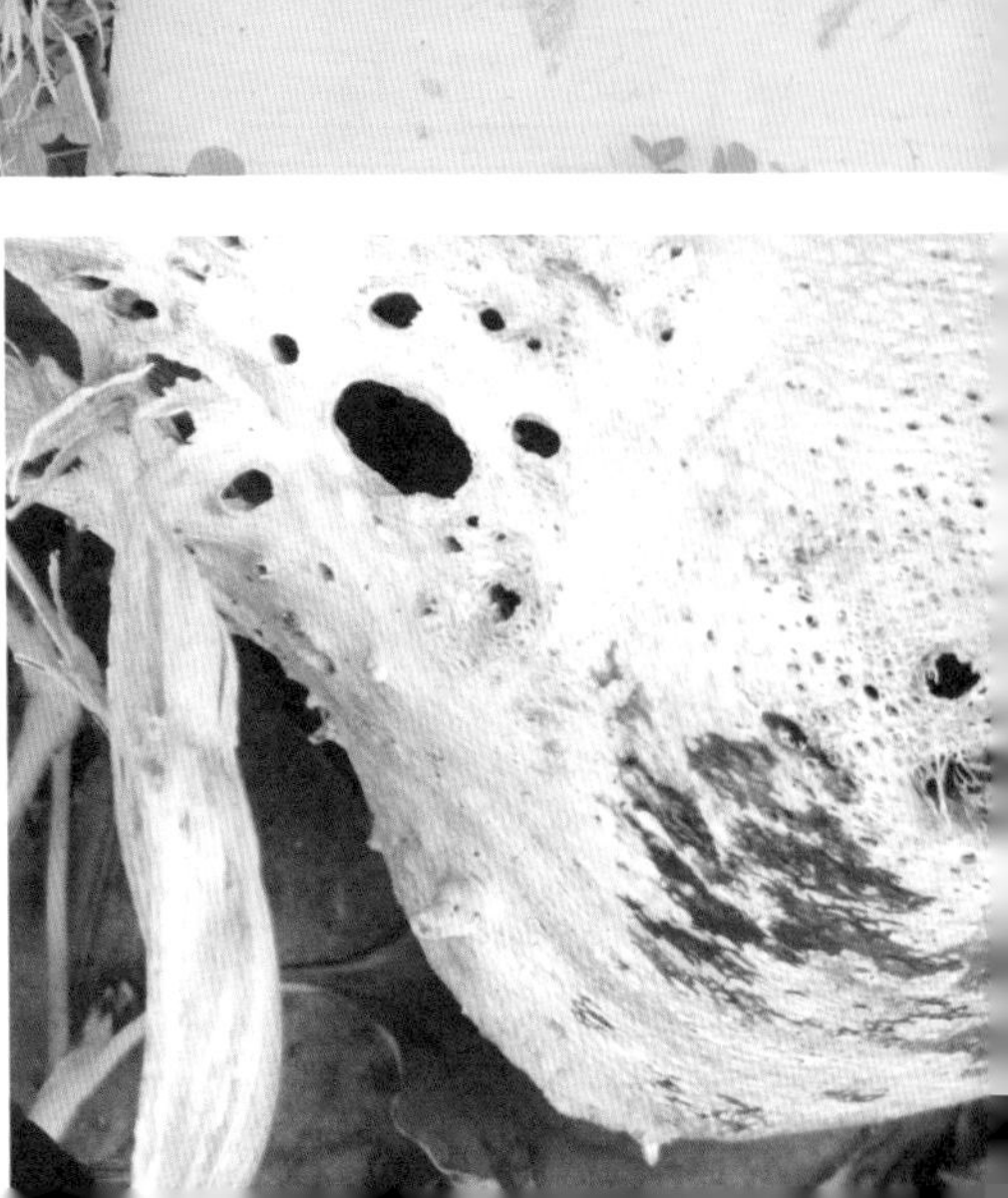

きっと花と実のために栄養を使ってしまい、更に地上や地中の虫などに食べられてしまったのだと思います。もし、かぶが野生植物として存在していたら、こうしてスカスカのかたちになるまでなにかの役に立つわけですね。

ちょっと感動。凄いや、野菜の生き方は。

種はこんなかたち（実物大）

地下部分を食べるお野菜

大根のお話

かぶは地下っぽいけどじつは地上にある野菜だったことが分かりました。では、かぶに似たものとして、これはどうでしょうか。

大根です。こちらも芽生えから見ていきましょう。

あっ！　種かぶったまま出てきた！

種の殻が落ちたら

子葉
みんなでバンザイして芽生えていました。
胚軸

上から見てもハート型の子葉が手の平を空に向けているようでかわいいです。

さてさて、かぶのところでさんざん「胚軸」と言い続けてきましたので、この芽生えで胚軸がどこにあるのかはもうお分かりですね。答えは右側の写真に書き込んだ通りです。

大根もこうして少しずつ大きくなります。地上部だけを見ていると、やっぱり胚軸の部分が
胚軸

胚軸
太くなるんです。

じゃあ、大根の場合も私たちは胚軸を食べているのでしょうか。

それを確かめるべく、引っこ抜いてみました。

スーパーではきれいに整ったかたちの大根ばかり見ますが、自分で育てると意外に色々なかたちをした大根が採れるんですよね。

それでは、胚軸と根っこを確認すべく、軽く洗って近付いてみます。

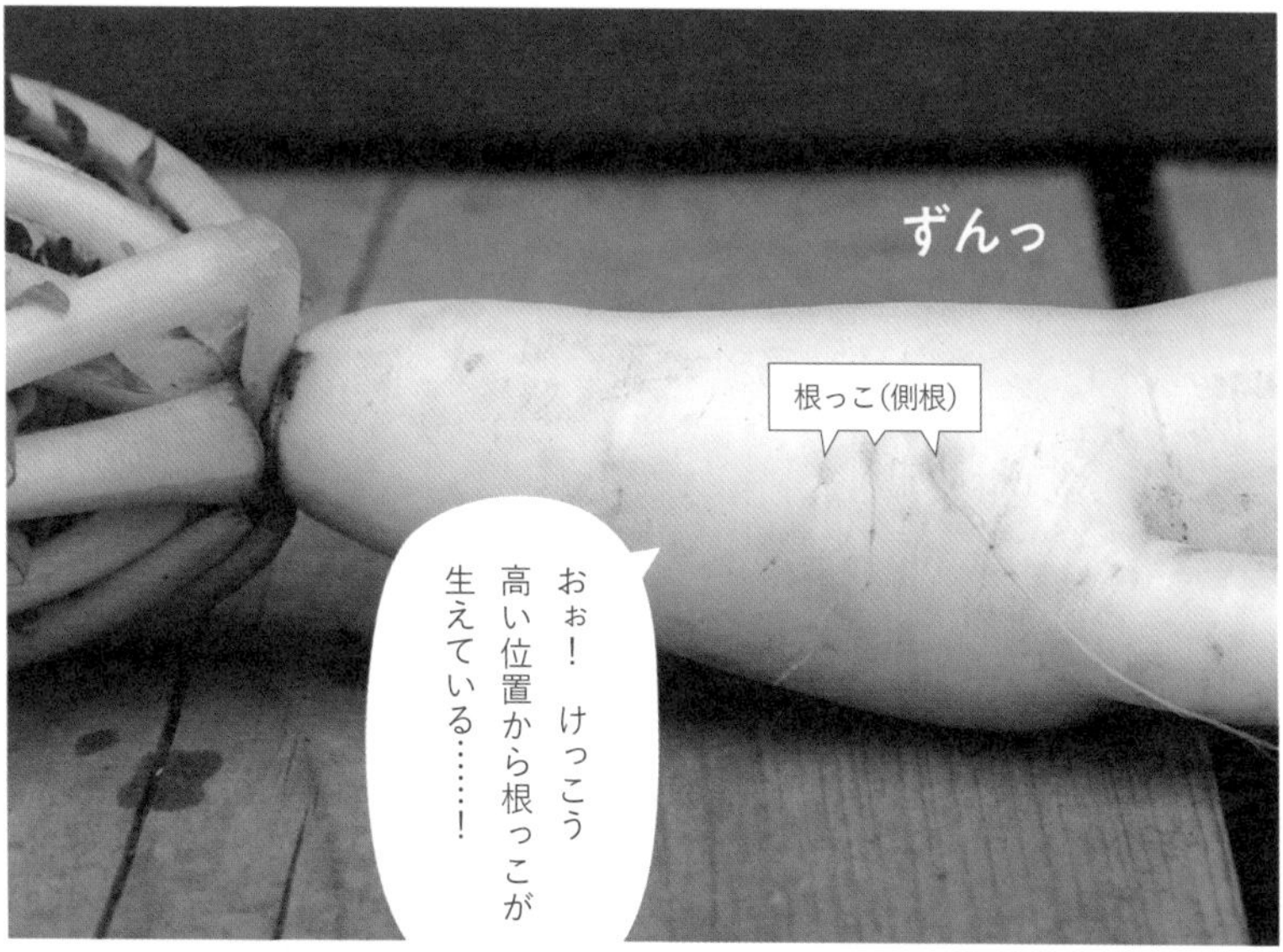
ずんっ
根っこ(側根)
おぉ！　けっこう
高い位置から根っこが
生えている……！

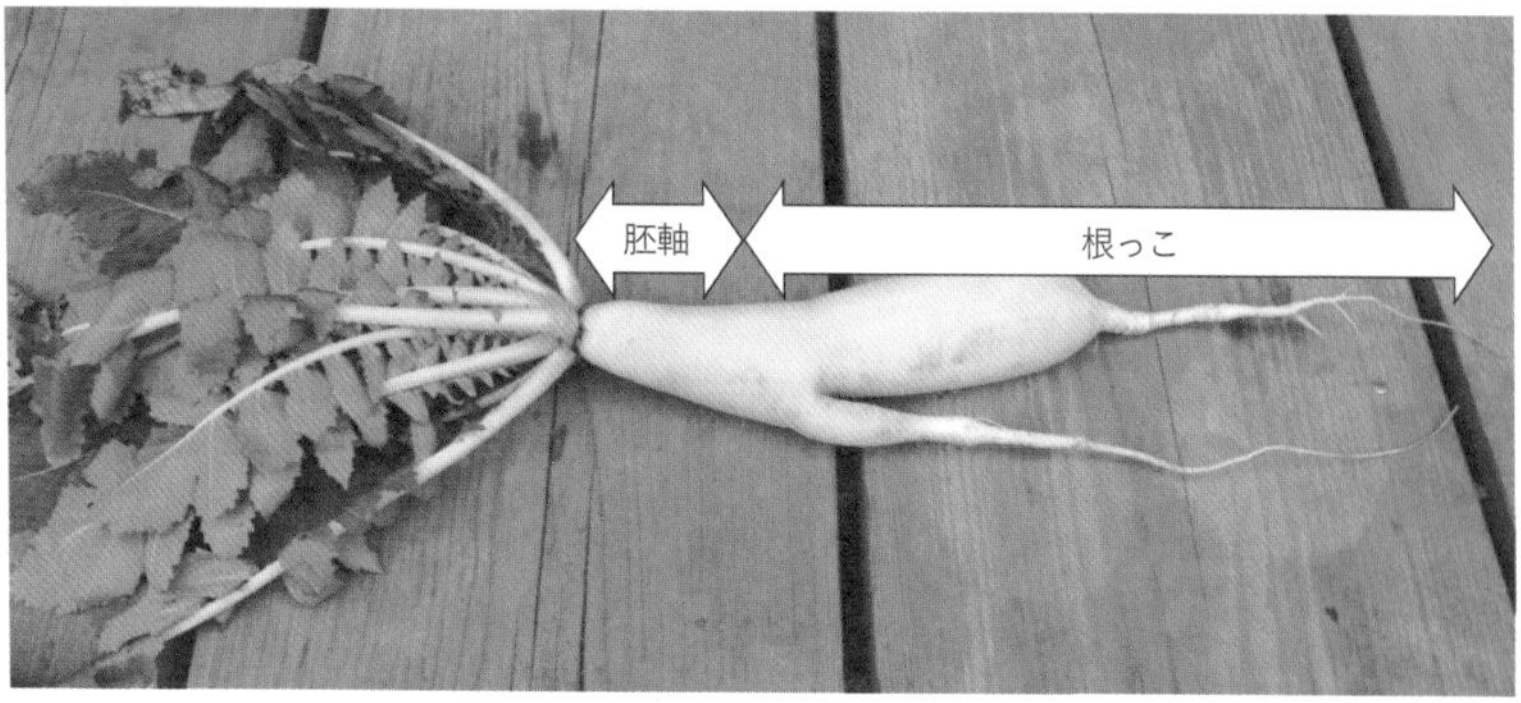
胚軸
根っこ

ということは、胚軸と根っこの関係はこんな感じ？

かぶの場合は、ぷっくり膨れた胚軸と、すらっと細くなった根っこでかたちが大きく違いましたが、大根の場合は胚軸と根っこがつながって一緒に大きくなっているようです。

ということは、大根は胚軸と根っこの両方を食べる野菜だということになります。というより根っこの部分の方が長いので、ほとんど根っこですね。その漢字のとおり、「大きな根っこ」だったわけだ。

大根とかぶってなんとなく似たもの同士に見えるけど、実際はその食べる部分が全然違ったんですね。

さぁそれでは、かぶのときに残しておいた宿題を見てみます。大根の茎はどこにあるのでしょう？

ここを、こんな風に切って

また近寄ります。

するとたくさんの葉っぱが集中して付いている部分があります。葉っぱは茎から出ると決まっているので、このダイヤみたいなかたちになっているところ、これが茎です。

大根の茎はこうして長く伸びずに短く収まっていたというわけです。かぶも同じなので、気になる方は観察してみてください。

今は短い状態の茎は、このあとぐんぐんと伸びていきます。

それが、大根が花を咲かせるときです。

夏の終わりに種をまいた大根は、冬にかけて地面の下で大きくなります。そして冬を越え、春がくると今度は地上部に変化を起こします。ほら、ちょっと大きくなってきた。

このときに上から見下ろすと

中心にもう花のつぼみを発見！

ここからは茎がどんどん上に伸びていきます。

おっ。花が咲いたぞ！これはじっくり観察せねば

と思っている間に、
次々に花が咲いていきます。

これが大根が本来なりたかった姿ですね。
かぶもそうだったけど、地上部って
動き始めたら一気に動くんですよね。
さぁ、花を見てみよう。

あれー！
なんかきれい!!

薄紫だったり、白かったり、花は大きいけど繊細な色をしています。花びらが十字になっているから、これもアブラナ科なはずだけど、これまで見てきたアブラナ科とは色が違うし花の雰囲気もどことなく違います。

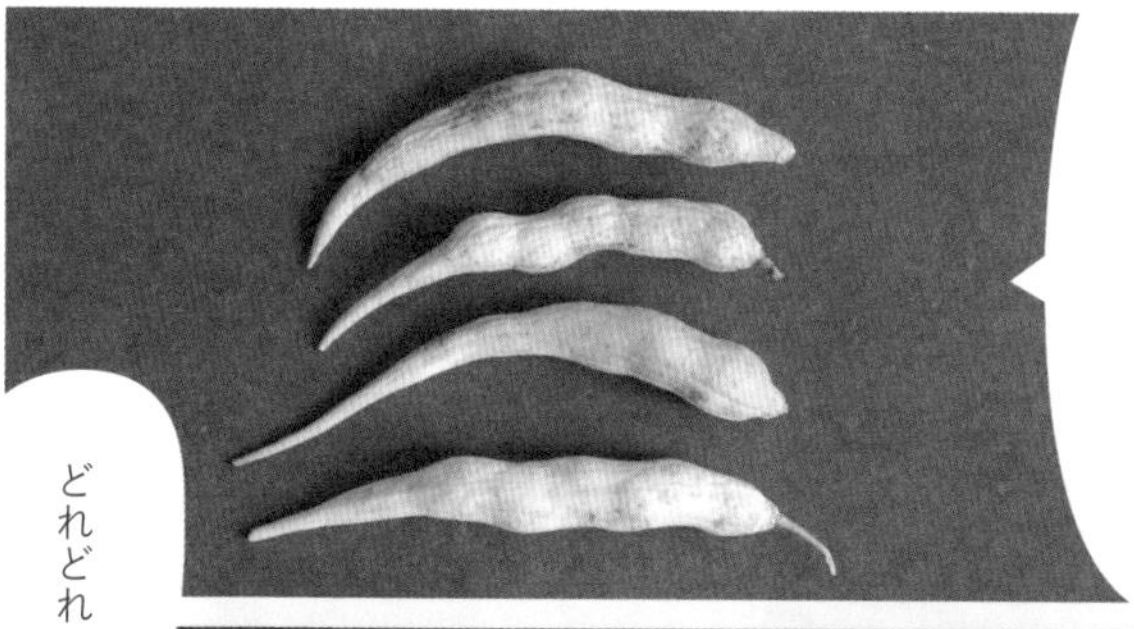
そのあとにできる実も、
これまでのアブラナ科と
ちょっと違うなぁ。
ところどころくびれてる。
どれどれ

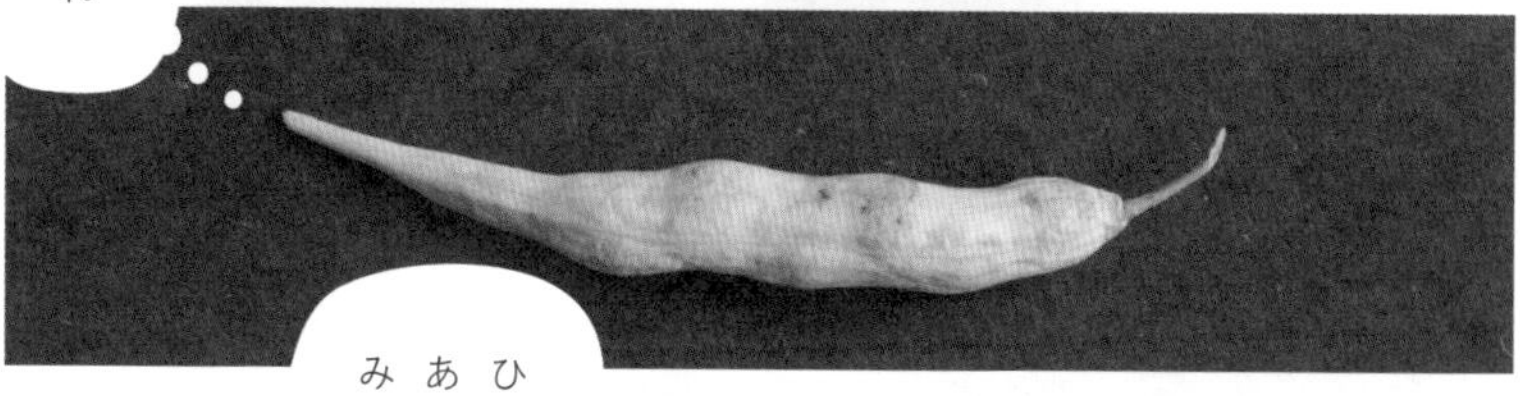
ひとつ
あけて
みよう。

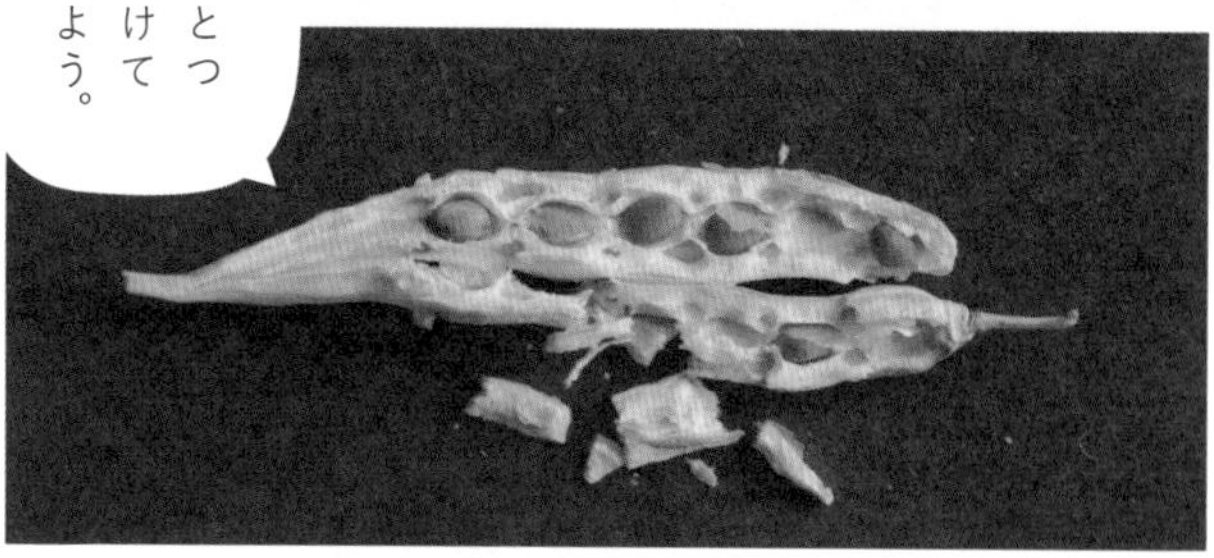

あら、なんだかパリパリしてる。種がちょっと硬めのスポンジにくるまれているような感じです。

梱包もばっちり。これなら次の芽生えシーズンまでしっかり種を守っていられそうです。同じアブラナ科の野菜でも、その花と種のかたちには随分違うものもあるみたいです。野菜を植物の分類でグループ分けして捉えていくのも面白いテーマになりそうです。

種はこんなかたち（実物大）

地下部分を食べるお野菜

にんじんのお話

地中にできる野菜は他にもまだたくさんあります。
今回はこれ。にんじんです。
根元の土をささっとどけると
オレンジ色の頭が見えます
そのまま掘っていくとほら。出てきました。もう見るからに地下にある野菜ですね。

葉っぱを見ると、ひらひらと鳥の羽のようになっていることが分かります。つまんで揉めば、すーっと爽やかな香り。

おっ、ちょっと待てよ。
この葉っぱのかたちと
香り。セリ科の特徴に
似ていますね。

にんじんってセリの仲間なのかな？　かぶや大根の花を見てアブラナ科だと分かったように、野菜もその花を見ると分類が分かります。となれば、にんじんの花も観察してみたくなってきますよね。

ということで、秋から冬にかけての収穫期を過ぎた翌年の6月にまた様子を見にいきました。すると……

わっ！
なにこの姿。

随分と様変わりしたので、これが本当ににんじんなのか疑ってしまいますが、しゃがんで根元を確認すると

オレンジ色の頭が見えていました。
やっぱりにんじんですね。これは。

その姿勢のまま
見上げてみると

うわぁ、なんと細やかな花でしょうか。打ち上げ花火みたい！

上から見下ろすとちゃんと様子が分かります。

白くて大きな花は、実物を見ると結構な迫力があります。これ全体でひとつの花のように見えますが、春菊の花と同様で、小さな花が集まってできています。

この小さいのが、ひとつの花です。ね、ちゃんと花びらも付いています。

ん〜近付くと甘い良い香りがしてきた。

この花は、つぼみから実になるまでの動きが面白くて

はじめはこうして、上部がすぼむように
丸くなっているのに

次第に端っこの方から広がっていき

花が見えはじめ

ドーム状に開きます。

花が終わると

今度はまた、端っこの方から上に持ち上がってきて

またこういうすぼんだ姿になります。

すぼんでいたつぼみが、花が咲くときにはドーム状に開き、実になるときにはまた壺《つぼ》のようなかたちに戻るのです。よく動いています。

どれどれ、すっかり茶色くなったな。と近付いてみると

トゲトゲの種がびっしり！

凄い変化に驚いて写真を撮っていると

腕に種がたくさん付いていました。トゲトゲが服の繊維に入り込んでいます。

にんじんはユーラシアが原産とされ、アフガニスタンからヨーロッパへと伝わっていったと言われています。もしかしたら野生植物だったときにはこうして動物にくっ付いて分布を広げていく作戦を持っていたのかもしれません。きっと他にも自然の中で生き抜いていくための様々な工夫を持っていたことでしょう。それが今では、種はおろか花さえ咲かせることなく、人に食べられる運命になったというわけです。

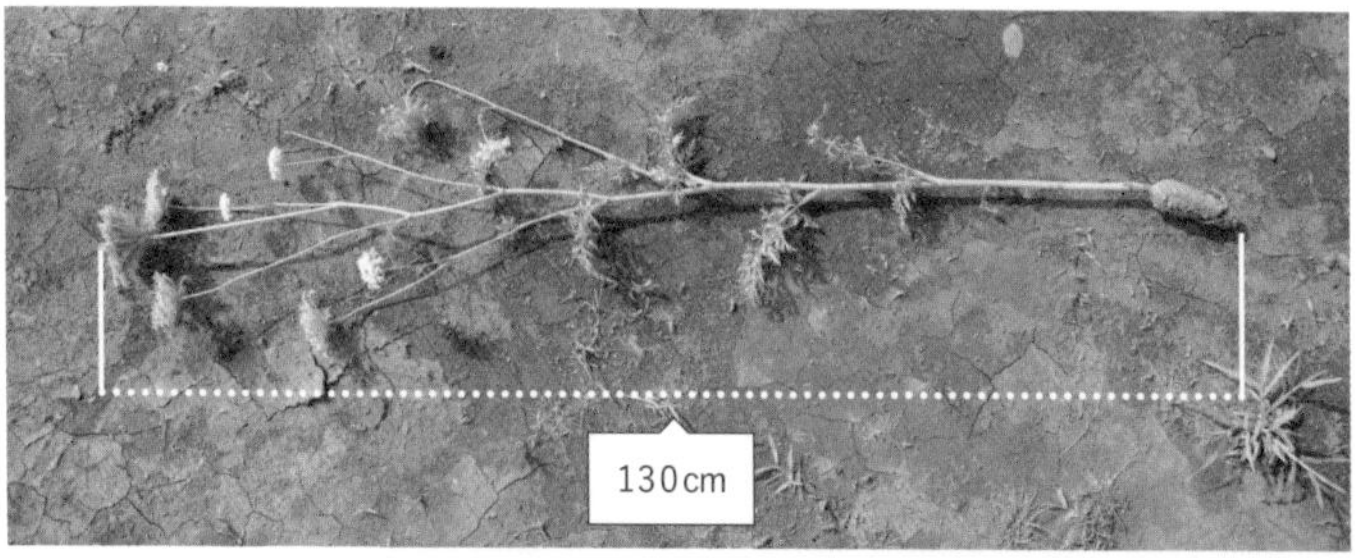

花が咲いたときに、にんじんごと掘り起こしてみました。

にんじんが太くなるのは、本当はこうして花を咲かせ、種を付けるために栄養を貯めているからです。それを私たちはいただいているのですから、そりゃ栄養満点で、かつ美味しいわけですね。

これが芽生えたてのにんじん。

あなたのことは、その一生の途中で収穫してしまうと思うけど、それまで元気に育ってね。

種はこんなかたち（実物大）

地下部分を食べるお野菜

ごぼうのお話

なんとも存在感のある大きな葉っぱが畑に生えています。

これも地中にできる野菜なのですが、一体なんでしょうか？　早速確かめてみましょう。

ザクザクッと掘ると、長い根っこが見えてきました。

取り出してみれば一目瞭然。
正解は、ごぼうです！

これは大浦太牛蒡《おおうらふとごぼう》という種類なので、名前のとおり少し太いですね。立派です。

ごぼうはこの根っこの部分だけがスーパーで売られているので、全体の姿をイメージするのが少し難しい野菜だと思います。

ふむふむ。こんな葉っぱなのだね。ちらっと裏を見てみると

毛むくじゃら！

これまたなかなか面白い葉っぱをしています。しかしこれだけ葉っぱが大きくて、根っこが長ければ、地上部だってもっと大きくなってもいいはずですよね。にんじんのように。ということは、これも収穫せずに畑に置いておいたら地上部が立ち上がってくるのでしょうか。よし、ひと株は収穫せずにそのまま見守ってみるぞ！

……と意気込んだものの、忙しい日々のなか、
すっかりごぼうの存在を忘れていたわたし。
気付けばこんな姿になっていました。

えぇ〜！
お、おおきい……！
近くで見ると迫力満点です。

花も咲いていました。
アザミそっくりで
素敵です。

ということは、
ごぼうはキクの仲間に
なるわけですね。

面白くなってきたので、このまま種に
なるまで見守ってみることにします。
これは花が終わって少し経ったところ。

しばらくすると、すっかり茶
色に。これでもう種になった
かな？　と、手を伸ばすと、

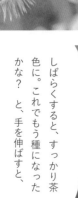

いたっ！
そして、えぇっ⁉

トゲに刺されたような痛みを感じたあと、ごぼうはそのまわたしの指にくっ付いて離れません。なにこれ、どうしちゃったの？　と、慎重に指から離し、くっ付いていた部分を拡大すると、

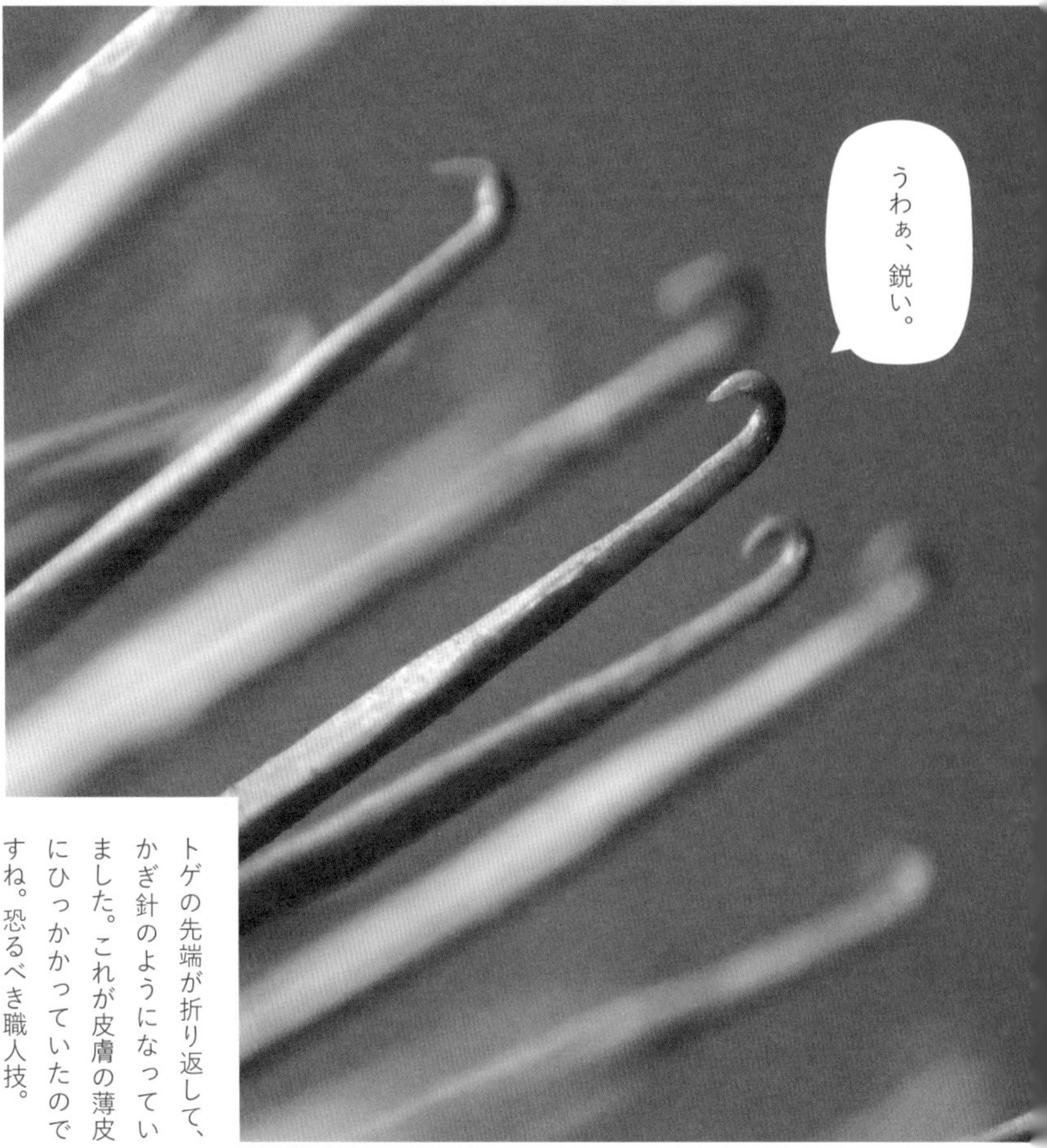
うわぁ、鋭い。

トゲの先端が折り返して、かぎ針のようになっていました。これが皮膚の薄皮にひっかかっていたのですね。恐るべき職人技。

トゲに気を付けながら中身を出してみると、

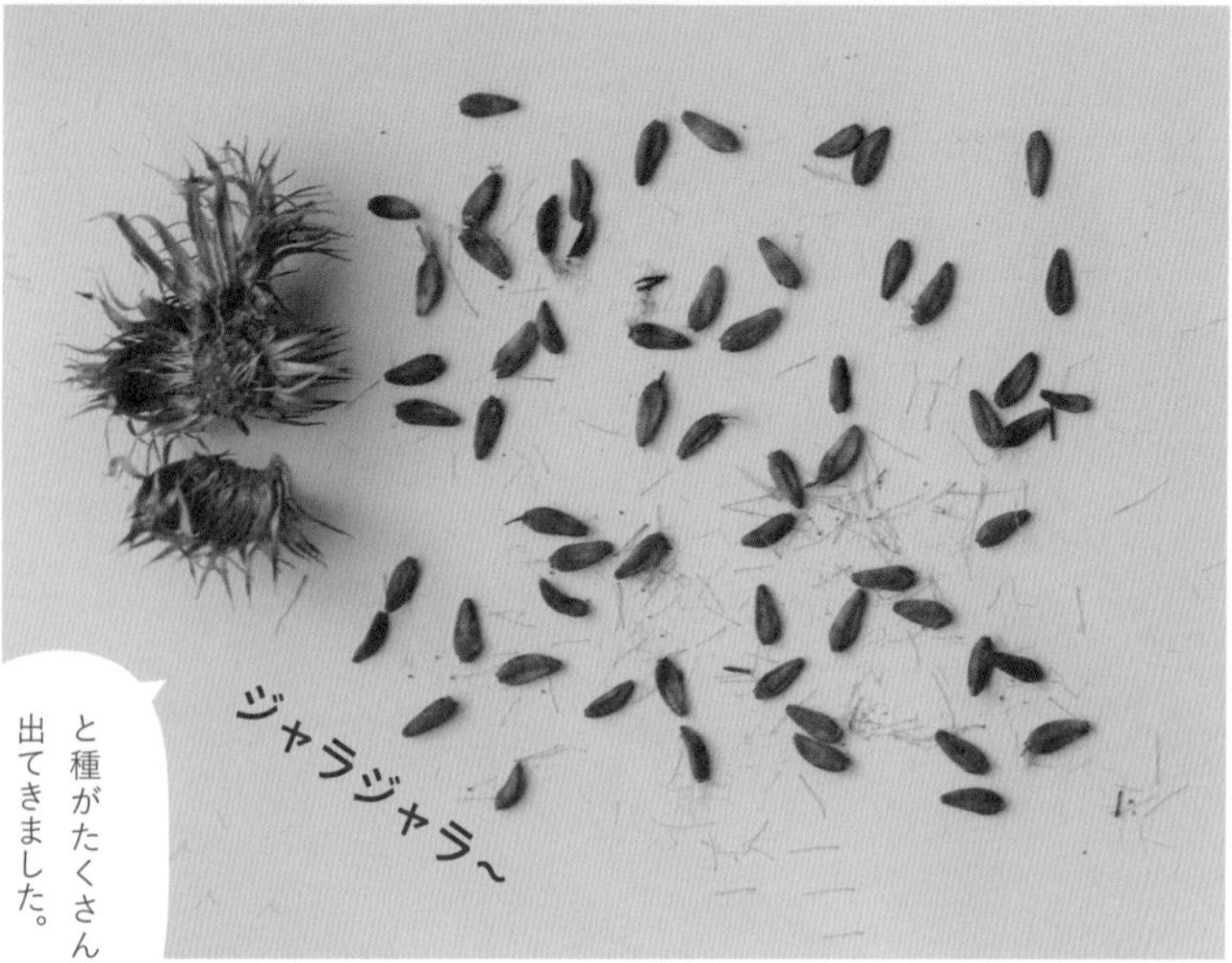
ジャラジャラ〜
と種がたくさん出てきました。

先ほど指にくっ付いたトゲの部分は、植物の言葉で総苞《そうほう》と呼ばれる部分。ごぼうはこの総苞で種を外側から包むことで、種が熟すまでバラバラにならないように守っているわけですね。

そして、その総苞の先端に付けた返し針で動物などにくっ付いて、たくさんの種を一気にまとめて遠くに運ぶという作戦を持っているようです。

と言っても、やはりにんじんと同じく、今はもう人が扱う野菜なので、その作戦を使う機会はほとんどないわけですが。

にんじんの場合は、種のひとつひとつにトゲが付いていましたが、ごぼうは種そのものにはトゲが付いていません。その代わりと言ってはなんですが、ひげがちょこんと生えていてかわいいです。

これはキク科の植物が持っている冠毛《かんもう》という部分で、タンポポなどのように長い冠毛を持つものは、これを使って風に乗り遠くに運ばれていきます。ごぼうは総苞で動物にくっ付くことができるので、冠毛で飛ぶ必要はなかったのかもしれません。キク科が種を運ぶ方法も様々ということですね。

あんなに大きかったごぼうも、芽生えのときはこんなに頼りない姿をしています。あそこまで大きく成長できるなんて、ごぼうもやっぱりただものではありません。

地下部分を食べるお野菜

じゃがいものお話

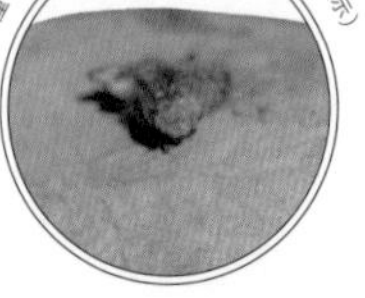

種芋《たねいも》はこんなかたち（実物大・部分表示）

この本を書くにあたって、とにかくたくさんの種類の種をまきました。どの種もとても小さくて、こんなところから命がはじまっていくのか！　と驚き続けています。

でも、中には種以外のものからスタートする野菜もあるんです。

たとえば、じゃがいも。
これは、赤い見た目の
アンデスレッドという品種。

じゃがいもを育てる場合は、種ではなく種芋《たねいも》を土に埋めます。前の年に収穫した芋を翌年まで保存しておいたもので、それを埋めると芋そのものから芽が出てきます。

ほら、たまにありませんか？
食べ切れずに放置していた
じゃがいもの表面のくぼみから
ニョキニョキとなにかが生えて
いるのを発見することが。

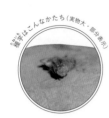

これ、ちょっと分かりにくいですが、芽が膨らんで葉っぱが出てきたところ。

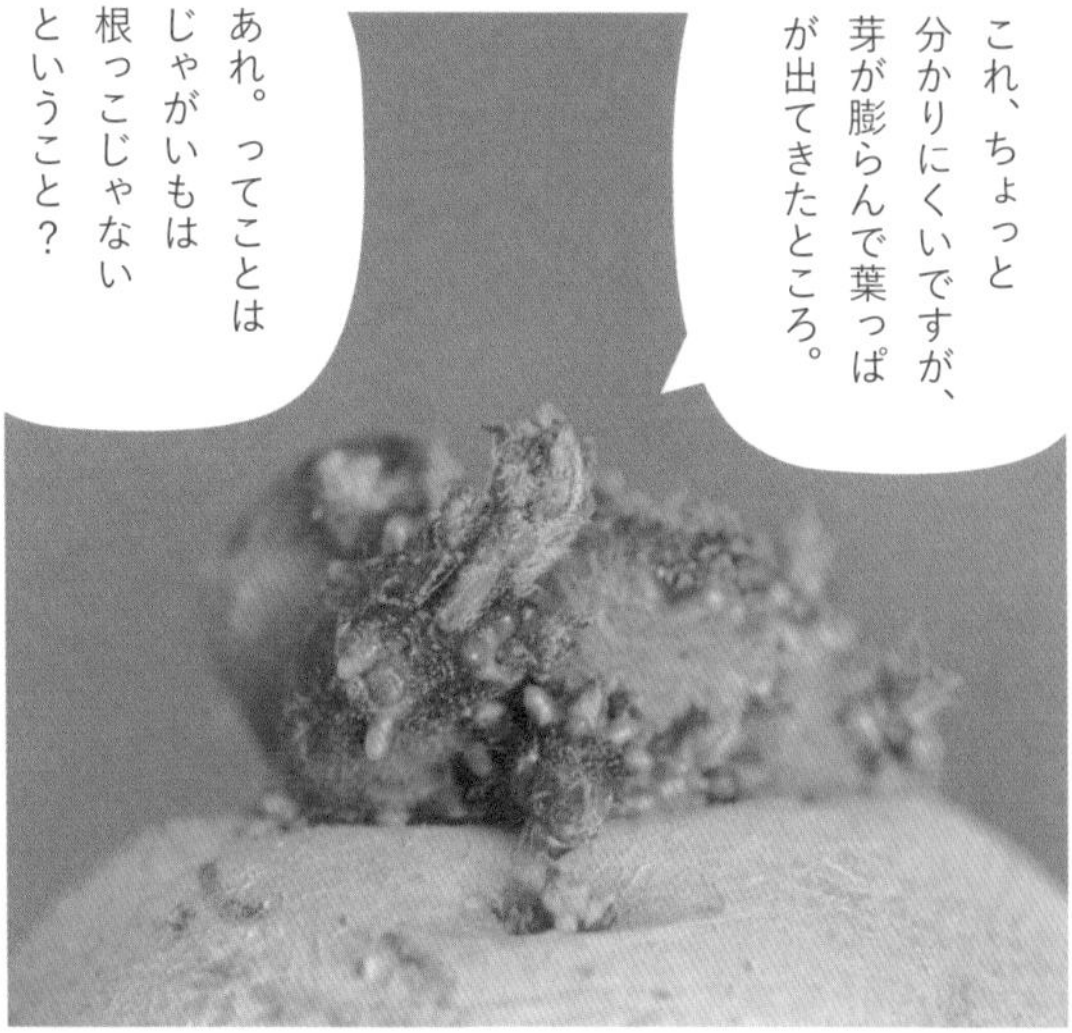

あれ。ってことはじゃがいもは根っこじゃないということ？

というのも、第四章のたけのこや、みょうがのときに書いたのと同様で、植物は基本的に「茎からは芽が出るけど、根っこからは芽が出ない」からです。ということはですよ。じゃがいもは地中から掘り返して収穫するので、これも地下にある茎、つまり地下茎と言えるのかしら。うーむ。これは確かめてみなければ！

ということで、様子が分かりやすいように完全には埋めず、半分だけ地上に出して埋めてみました。すると、じゃがいもを取り囲むように葉っぱがニョキニョキと出てきました。

掘り出してみます。

もう疑う余地もなく、芋自体から葉っぱが出ています。

ということは、やっぱり茎だったのね。じゃがいもは。全然そんな風には見えないけれど。

これから新しく芋になる部分はどこにあるのでしょうか。

このちょっと赤紫色になっているのが地上に出ていく茎でしょ。

その横にモサモサ出ているのが根っこ。どこかに地上の茎とは別で、地下を走る茎があると思うのだけど。

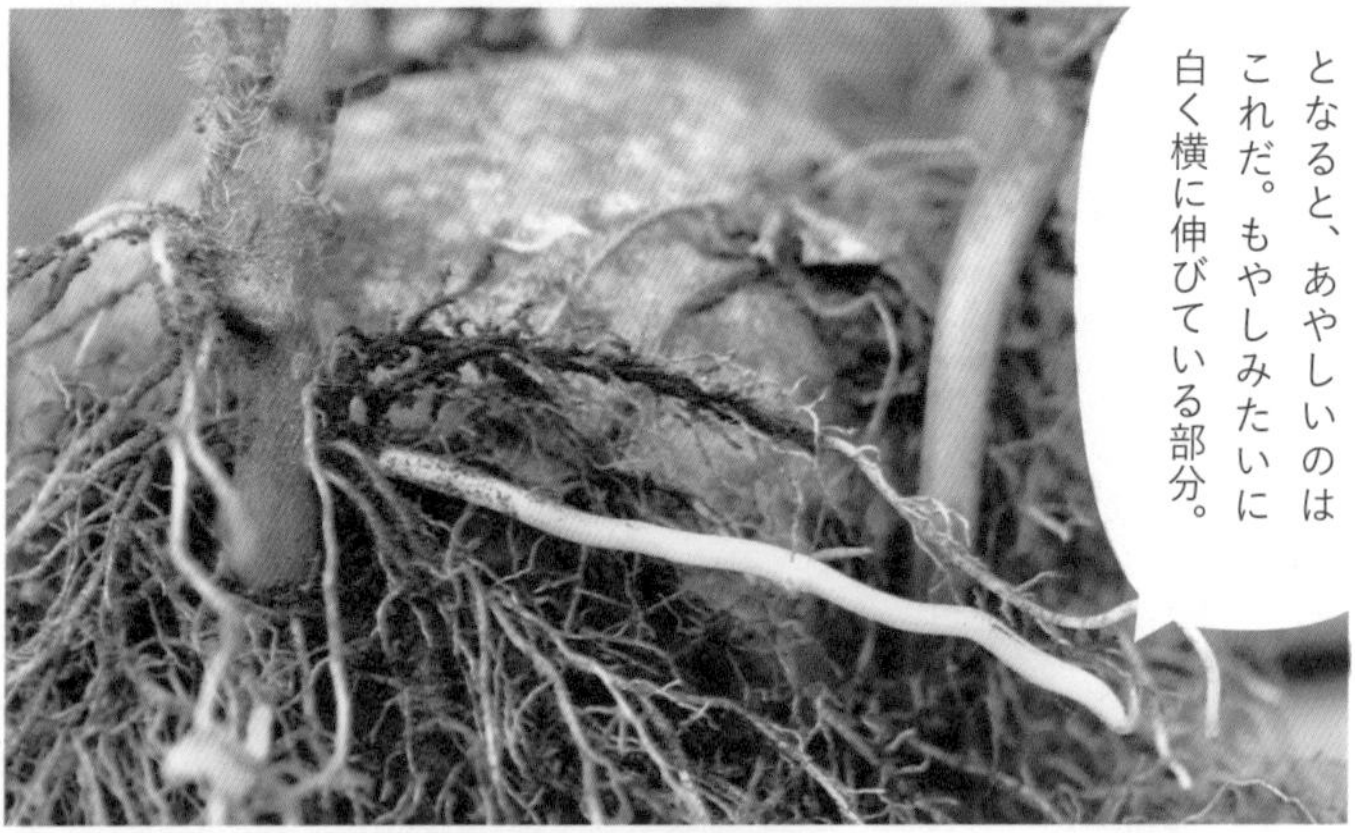

となると、あやしいのはこれだ。もやしみたいに白く横に伸びている部分。

根っことはかたちが違うので、これが地下茎なのではないだろうか。

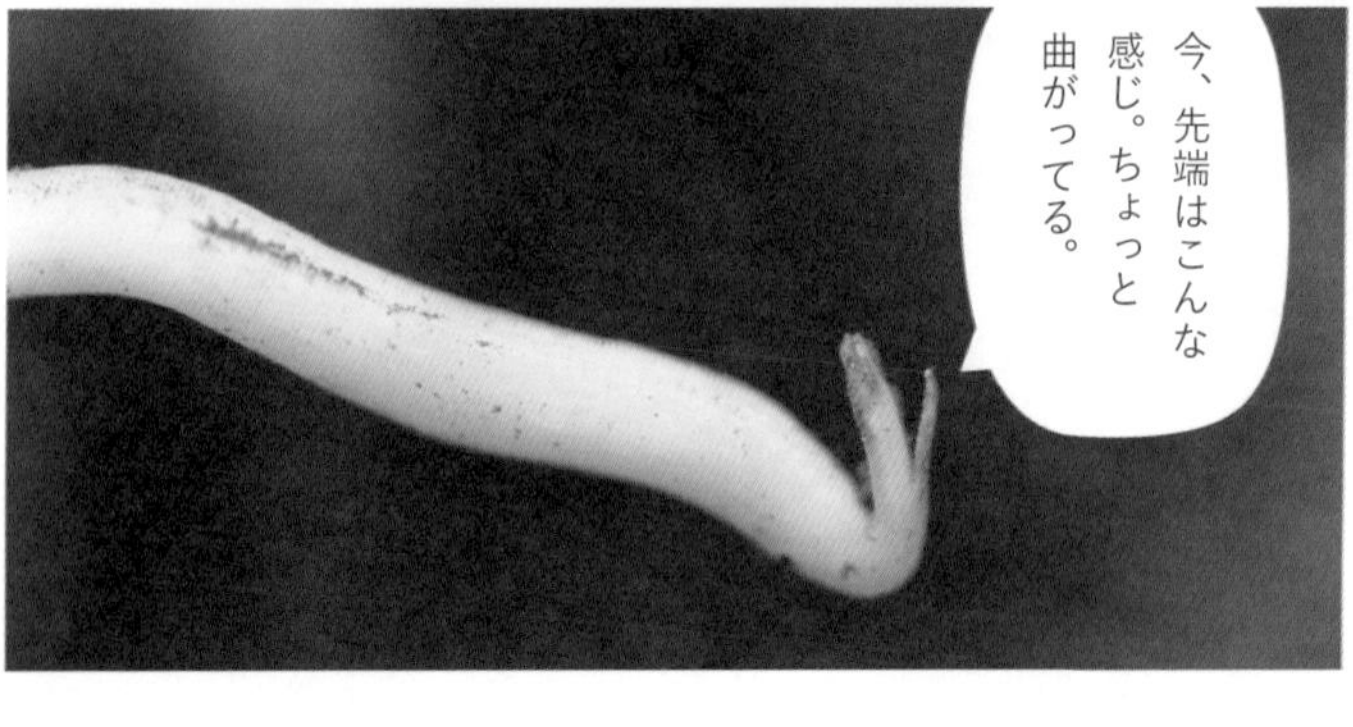

答え合わせのために、この地下茎を見守っていきます。

今、先端はこんな感じ。ちょっと曲がってる。

芽が出たじゃがいもを埋め戻し、1か月が経った頃。

地上部の葉っぱが立派になってきました。
5/4

また掘ってみます。すると

おっ、さっきの地下茎の先端が赤くて丸くなってる！　やっぱりこれが新しい芋になるんだ。

地上部には花が咲きました。
5/23

この花、見覚えありますね。第二章のなすやピーマン、ミニトマトの花に似ています。

ということはこれ、ナス科ですね。じゃあちょっと膨らむような感じの実が付くのだろうか？　と楽しみに見守っていると

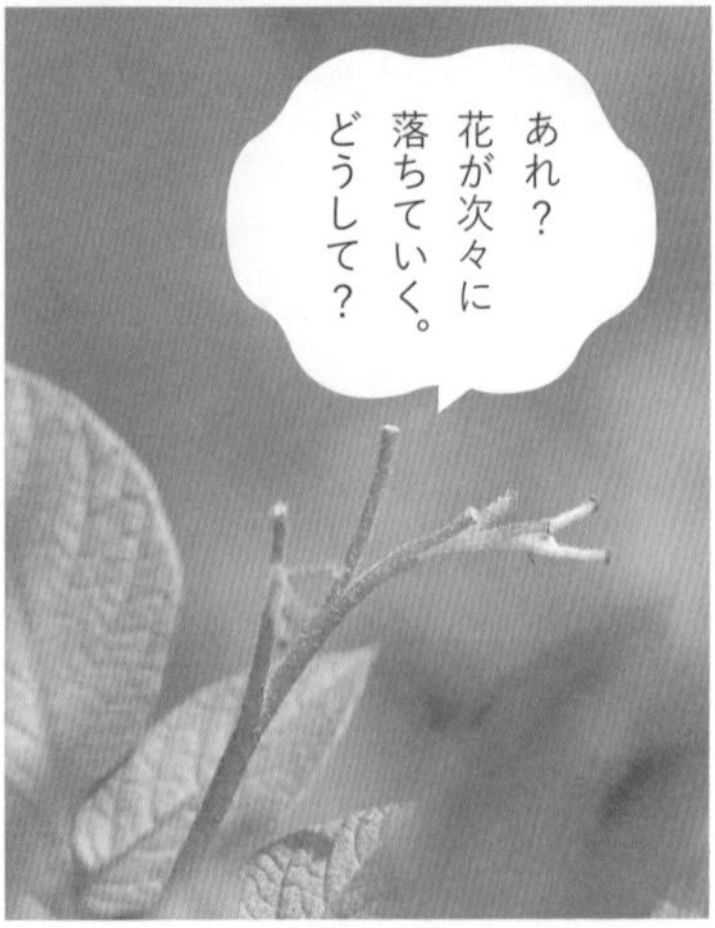
あれ？
花が次々に落ちていく。
どうして？

調べてみると、じゃがいもには色々な種類があり、その品種によって実を付けやすいものと付けにくいものがあるようです。

実を付けて種を作らないと子孫を残せなくて困ってしまうのではないかと思ってしまいますが、もうすでに見た通りで、じゃがいもは芋自体を植えればまた新しく芽生えることができます。なので、毎年同じ品種のじゃがいもを作る場合は、種ではなくて芋自体を継いでいけばいいので、それはそれで特に困りはしないのですね。

花が落ちてしまったじゃがいもも、収穫期に掘り起こせばゴロゴロと地中から芋が出てきます。

あっ、しまった。地中でどうなっているのか見たかったんだった。

慌てて地上部と根っこと地下茎が一緒になっているものが残っていないか探したら、ひとつだけありました。
7/19

地下茎の先に、丸々と太った新しいじゃがいもができているのが分かります。こうやって大きくなるんですね。なんだか芋も面白そうな予感がしてきました。他の芋はどのように育つのか、引き続き挑戦してみます。

苗はこんなかたち(実物大・部分表示)

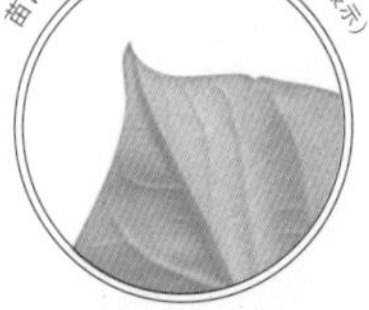

地下部分を食べるお野菜

さつまいものお話

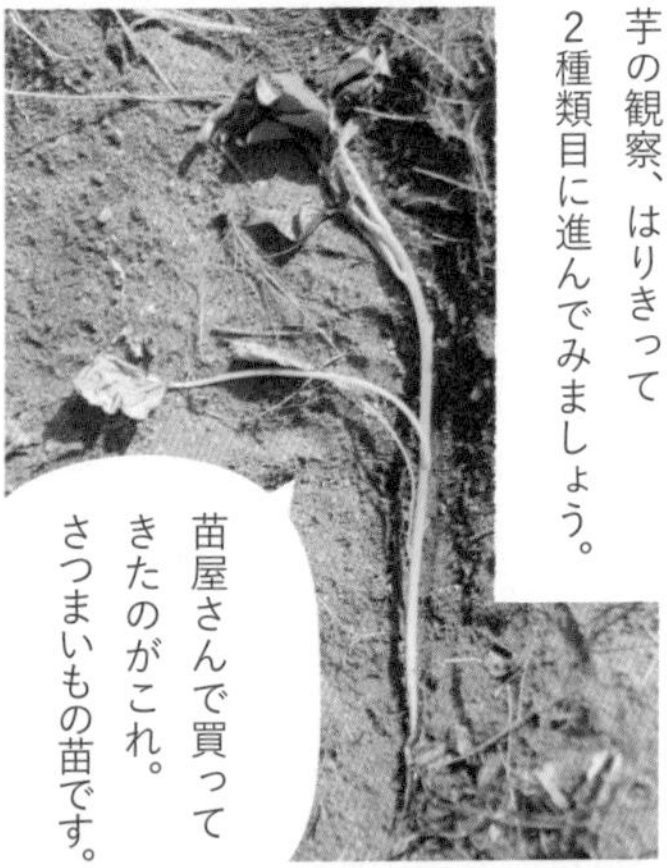

芋の観察、はりきって2種類目に進んでみましょう。

苗屋さんで買ってきたのがこれ。さつまいもの苗です。

苗って言うけど、これ葉っぱじゃん。とツッコミたい気持ちをおさえて

葉っぱ付きの茎を、そのまま土に埋めます。

葉っぱだけ地上に出しておいて、しばらく経ってから見にいくと

あらびっくり。
こんな心もとない
作業でも、なぜか
元気に成長する
さつまいもがいました。
とっても不思議
ですが、これが
さつまいもの
育て方です。
秘密は、苗の下の
方にあります。

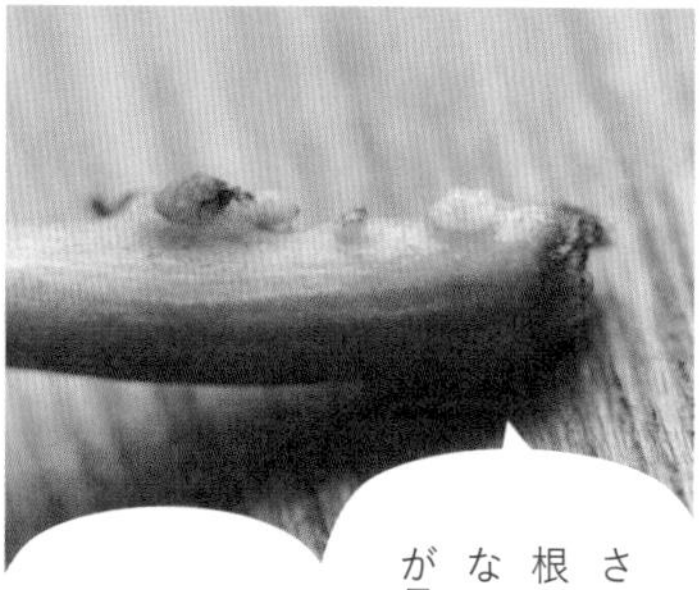

さつまいもの茎の
根元を見ると、
なにやら白い粒々
が見えます。

ここを水に浸けて
おいたり、ぬれた
新聞紙で包んで
おいたりすると

その5日後には、
ニョキッと根っこ
が出てきます。

その翌日。
一回伸び出すと
速いです。

更に5日置いて
おけば、こんなに
たくさん！

このようにして、さつまいもは切った茎
から根っこを出すことができるのです。
なので、茎を地面に埋めておくだけで

そこに根を下ろし、
生きていくことが
できるというわけです。
5/25

体の一部を植えるとまた新しい個体を作ることができるなんて、人の感覚からするとびっくりですよね。腕をちぎってそのまま植えたら小さい人が新しく誕生した、みたいな感じですもんね、これって。芋そのものを植えたじゃがいもの方が、感覚的に受け入れやすかったようにも思います。

また掘り起こすと、根っこが更に伸びていました。

6/11

地上部の葉っぱが増えてきた頃にまたまた掘り起こすと、

7/19
8cm
さつまいもの子どもができてる！
小さい。かわいい。
ぷっくり膨れている部分の前後から、
ひげのようなものが出ているのが見える……
ということは、さつまいもって根っこなのかしら。

地上部のつるがかなり長くなってきた頃。

地下部を見ると、さつまいももかなり成長してきました。このままいけば、大きな芋が採れるかも。

随分こんもりしてきました。もうそろそろ収穫してもいいかな？

全体を掘り起こしてみました。

長い！こんなにつるが伸びていたんですね。

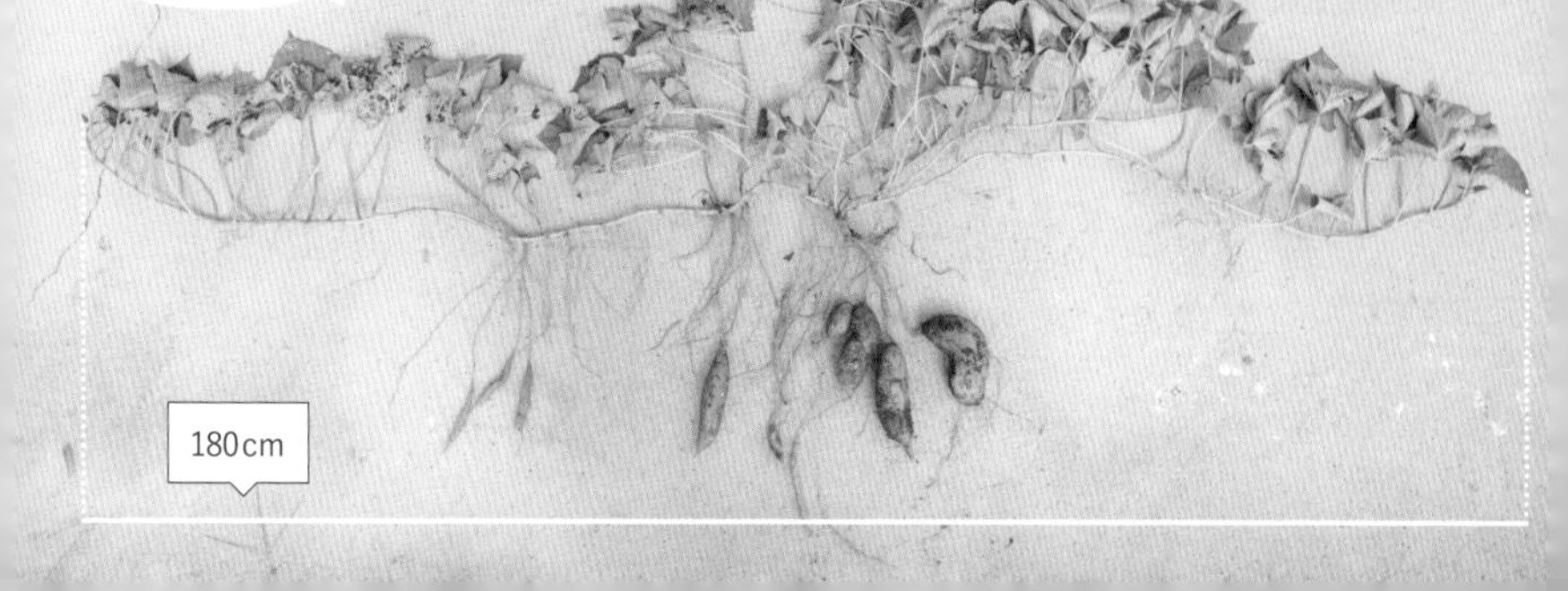

さつまいもの表面からは、ひげのような根っこが出ているので、やっぱりこの芋は根っこでいいみたい。

じゃがいもは地下茎に栄養を貯めるタイプでしたが、さつまいもは根っこに栄養を貯めて太らせるタイプなんですね。

そういえば収穫直前にこんなものも観察しました。地上に伸びるつるが地面に触れている部分。ここをちょっと持ち上げて地面から離してみると……

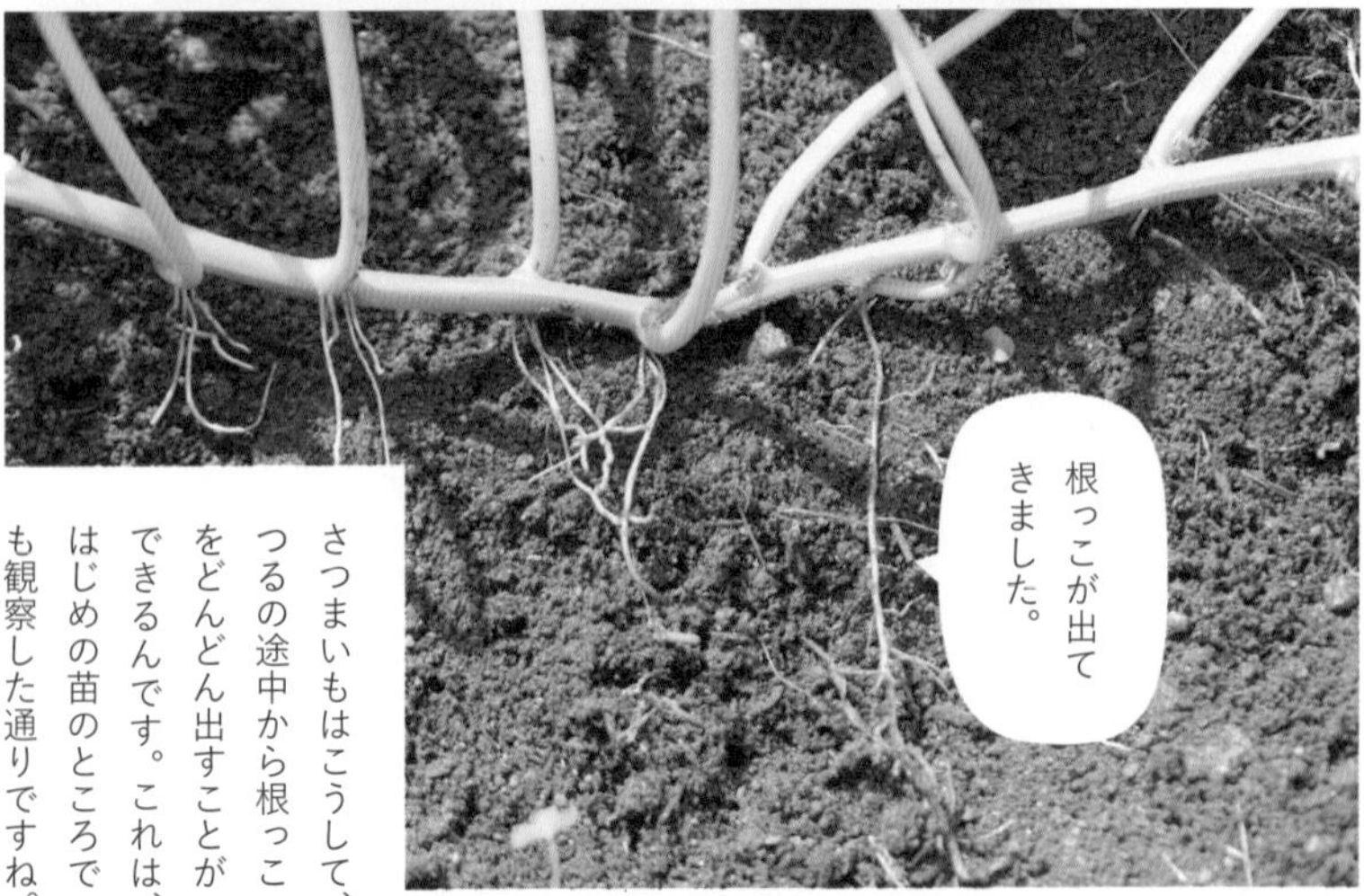

根っこが出てきました。

さつまいもはこうして、つるの途中から根っこをどんどん出すことができるんです。これは、はじめの苗のところでも観察した通りですね。

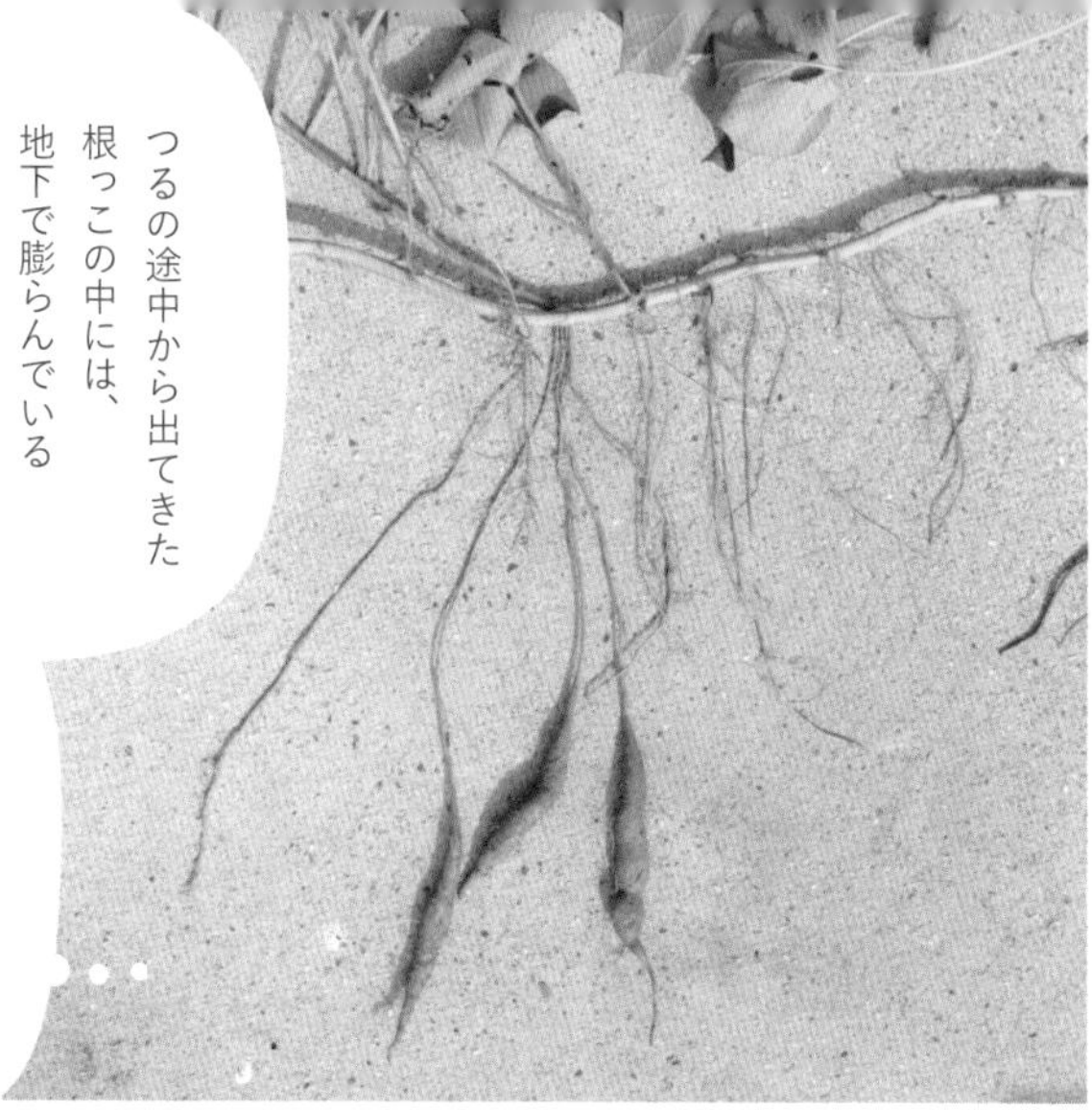

つるの途中から出てきた
根っこの中には、
地下で膨らんでいる
ものがありました。
膨らんでいる根っこと、
そうでない根っこが
あるのは、それぞれ
役割分担があるのだと
思います。

水分を吸収する用と、
栄養を貯め込む用の
2種類の根っこを用意
しているのかもなあ。

それにしても、
この地上部の葉っぱの量！
凄いです。

こんなにあるのに、芋を収穫してしまっ
たらこれはもうお役目終了なんだよね。
なんだかもったいない。

ということで、先端にある
若い葉っぱをつんで

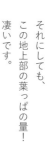

お味噌汁にしてみました。さつまいもの芋と葉っぱの味噌汁。うまい！　火を通した葉っぱはクセがなくて食べやすく、ほのかに甘いような気がしました。

葉っぱも食べられるなんて素晴らしい。これぞ家庭菜園の醍醐味。あぁ、季節の味はいいなぁ。と気分は満足してしまっていますが、まだふたつの疑問が残っています。

そういえば花を見なかったなぁ。
それからここで根こそぎ収穫してしまったら、来年植える葉っぱはどうやってゲットするの？

という疑問です。

花に関しては、やはり原産地と関係があります。さつまいもは、中南米を起源とし、そこから世界中の熱帯地域や亜熱帯地域に広がっていったとされます。となると、わたしが暮らす関東地方では気候が合わないために、さつまいもは花を咲かせることができないのだと考えることができます。ただし、品種や条件によっては関東でも稀に花を咲かせることがあり、農家さんのようにたくさんさつまいもを育てている方はたまに花を見かけるそうです。

わたし自身はまだ実物を見たことがありませんが、農家さんに写真を見せて頂いたことがあります。

これがそれ。
見せて頂いたときにはびっくりしました。これ、ヒルガオの花にそっくりですね……！　と。

じゃがいもがナス科だったので、芋っていうのは全部ナス科なのかなと思っていましたが、さつまいもはヒルガオ科だったのです。同じ芋でも、じゃがいもはナス科で茎を食べる芋。さつまいもはヒルガオ科で根っこを食べる芋。全然違うんですね。とても興味深いです。

撮影：本多知明さん

それからもうひとつの疑問点。

来年植えるための葉っぱはどうやって作るの？

それを確かめるべく春に農家さんを訪ねると、こんなものを見せてくれました。

これ、さつまいもから出てきている葉っぱなんです。

前年に収穫したさつまいもを翌年まで保存しておいて、春先になったら適度な温湿度管理をして葉っぱを出させます。これがある程度育ったら茎をほどよく切って、それを畑に植えるという手順です。

このさつまいもから葉っぱを出させる作業、わたしも挑戦してみたのですが、これがまた難しいんですよね。こういうのを事もなげにやっているように見える農家さんは本当に凄いです。

よし。これにて、残った疑問も解決。かと思いきや、この本をよく読んで頂いている方には、更にこんな疑問も残っているかもしれません。

でもさ、さつまいもって根っこだったんでしょ？　たけのこや、じゃがいものところで「根っこからは芽が出ない」って読んだんだけど。あれは嘘だったの？

そうなんです。わたし、確かに書きました。基本的には間違いではないんです。多くの植物では、根っこから葉っぱは出ないんです。

植物には、様々な種類に広く共通するルールが一応ありますが、中には例外があります。たとえば、葉っぱには他になにかの器官が付くことがないのが普通ですが、セイロンベンケイソウという植物は、葉っぱから芽を出すことができます。

根っこから芽を出すことは多くの植物にとっては普通ではないですが、さつまいもの場合は出すことができるんです。普通は出る場所じゃないところから出る芽のことを不定芽《ふていが》と言います。なので、正確を期して言うのであれば、サツマイモの苗は不定芽なのだということになります。

あぁ、さつまいもひとつで凄い情報量になってきました。ひとつの野菜からこんなにも知ることができるなんて素晴らしい。野菜を通して植物の勉強をするのもいいもんだなぁ。

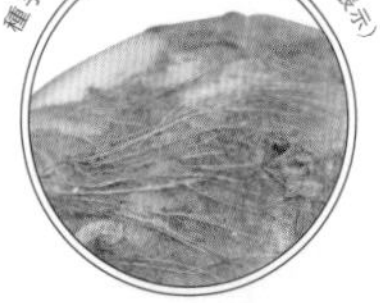

種芋はこんなかたち（実物大・部分表示）

地下部分を食べるお野菜

里芋のお話

続いて、新たな芋の登場です。

今回は里芋にしました。

美味しそうですが、食べずに我慢して、春になったらこのまま土に植えてみます。

すると、緑色のものが出てきました。

すくすく育っていきます。

昨日降った雨が、葉っぱの上に残ってる。里芋の葉っぱって、よく水を弾くんだなぁ。

雨を受け、太陽の光を浴びながら里芋は大きくなっていき、秋になった頃。

もうそろそろ収穫していいかな？　という大きさになりました。

芋の仲間は地下に収穫する部分があるので、地上部からだと収穫の頃合いが分かりにくいんですよね。大丈夫かな。もう大きな芋になっているかな。とドキドキしながら掘り返すと

11/10
やった！

できてたみたい！　ちょっと頭が白く見えている部分、これが新しくできた里芋です。

この状態だと芋の様子が分かりにくいので、地上部は切って、地下部を水で洗ってみました。

すると……

こんな感じに。

芋がゴツゴツたくさん付いていて、白い根っこがあちこちから伸びているのが分かります。

ちょっと裏からも見てみるか、とひっくり返してみると

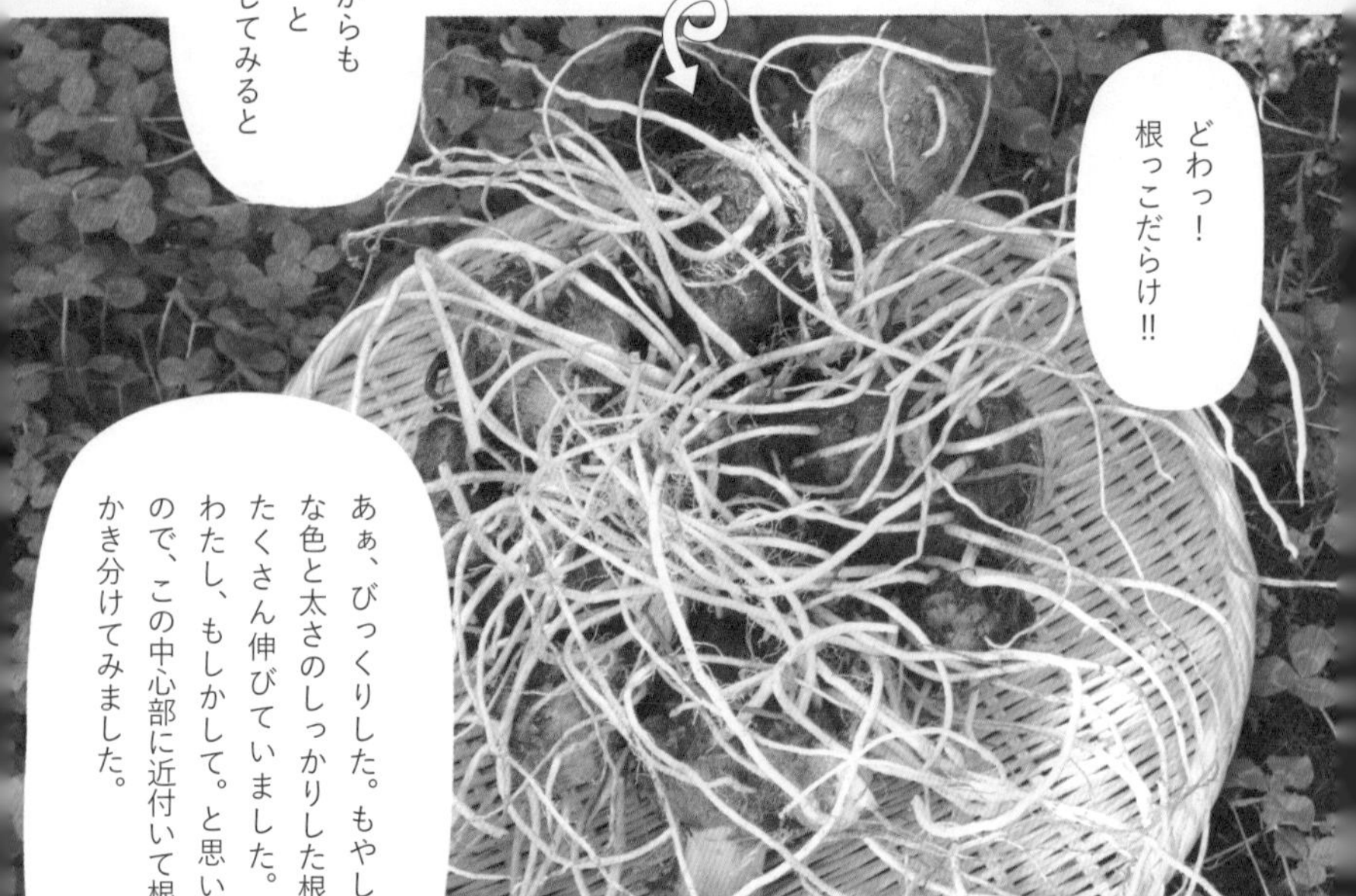

どわっ！根っこだらけ!!

あぁ、びっくりした。もやしみたいな色と太さのしっかりした根っこがたくさん伸びていました。ここでわたし、もしかして。と思いましたので、この中心部に近付いて根っこをかき分けてみました。

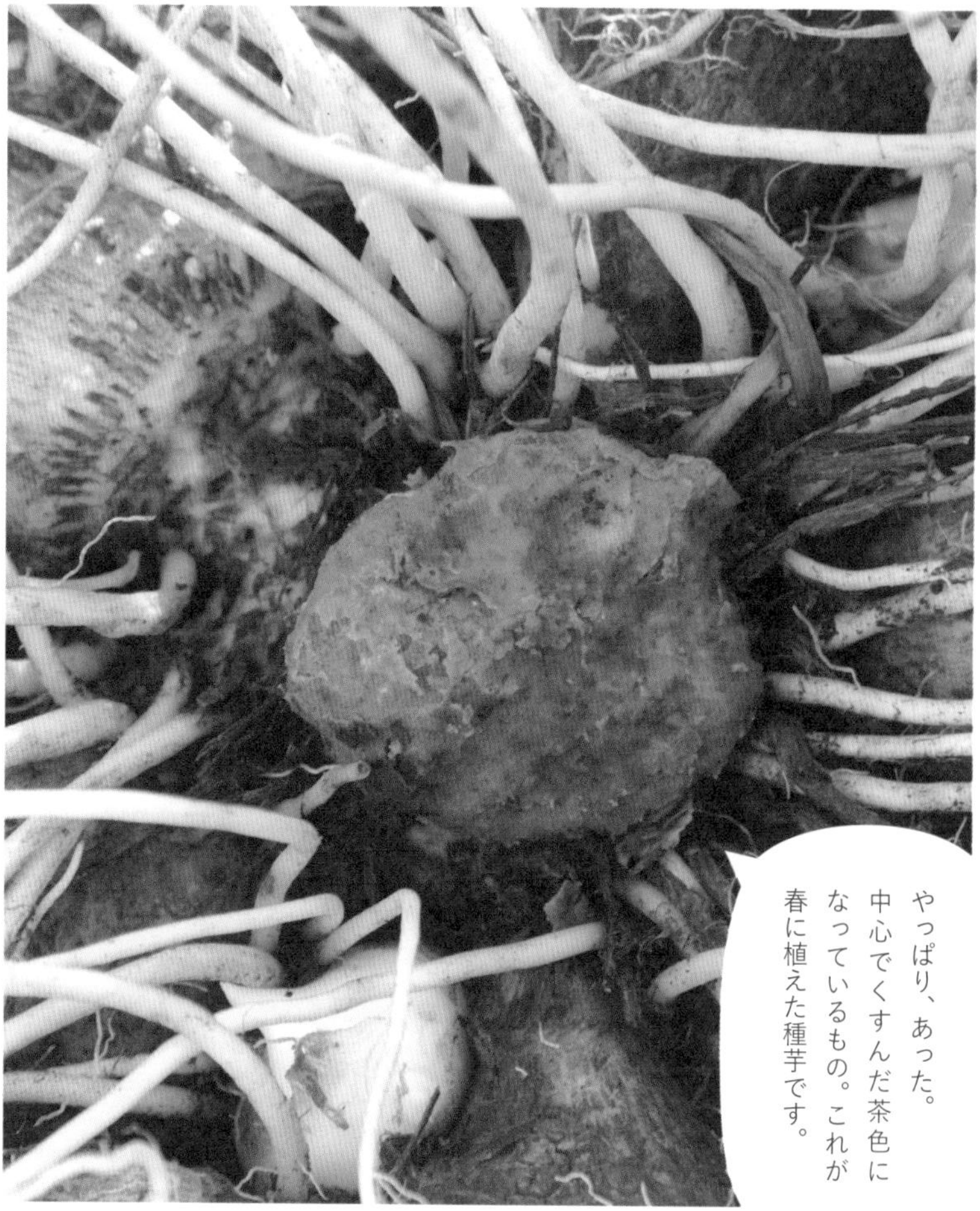

やっぱり、あった。
中心でくすんだ茶色になっているもの。これが春に植えた種芋です。

このたったひとつの芋からスタートして、秋にはこんなに多くの里芋や根っこ、そして地上部ができ上がっていったわけです。種芋の様子を見ると、どうもすっかりエネルギーを使い果たして、どことなくカサカサしているように見えます。はじめに植えたときの姿からは見る影もありません。もう十分に役目を果たしたんだね。あなたは。

さぁ、それではこの種芋ががんばって作り上げてきた芋は、どんな感じにできているのでしょうか。気になります。

まずは、種芋の上にできていた一番大きな芋と、その周りに付いていた芋を分離。
見えにくいので、根っこを切ります。

すっきり

種芋の上にできていた大きな芋は親芋と言います。この写真の真ん中の大きなやつです。この裏にさっき見た種芋がくっ付いているので、要するにこの親芋が、里芋の成長の中ではじめにできる芋だということです。種芋から親芋ができると、次は親芋から子芋ができます。それが今バラバラにしたものです。

これ
ですね。
あれ？　ちょっと待てよ。
子芋にもまたもうひとつ
別の芋が付いているぞ。
子に付くものってことは、
もしや、孫……？　ということで、
これも分離してみると

こうなり
ました。

親芋…●
子芋…●
孫芋…●

種芋から親芋ができ、親芋から子芋ができ、子芋からは孫芋ができる。という順序で、ひとつの里芋からたくさんの芋ができていました。この株には、1個の親芋から8個の子芋と14個の孫芋ができていました。

こりゃ大変な大家族です。凄いや。

ちなみにこの里芋を
よく見ると

先端や脇に芽が付いていています。地下にあって芽があるということは、これも地下茎であるようです。なので、里芋も種ではなく、この芋（地下茎）を植えれば育てることができます。

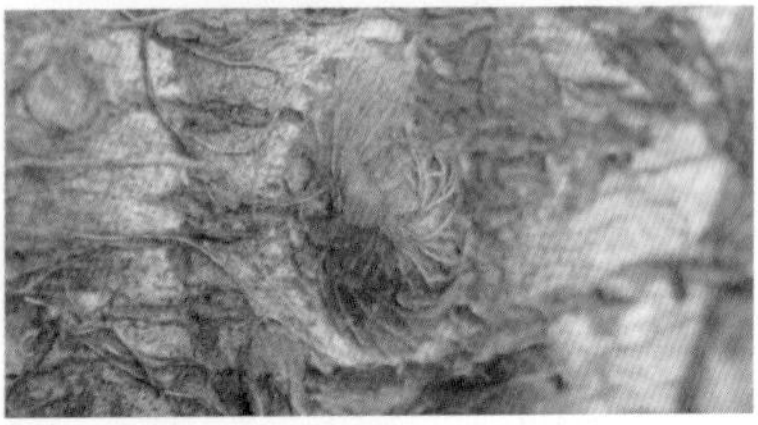

花や種はなくても育てられる里芋ですが、どんな花を咲かせるのか気になるなぁ。ということで、ひとつ収穫せずに残しておくと……

シーズンではじめて氷点下まで気温が下がった朝に、急にくたーっとなってしまいました。

もうこの先は気温が上昇しても復活しなかったので、どうやら地上部は枯れてしまったようです。

里芋は、インドやインドシナ半島が原産と考えられていて、原産地に近い場所では何年も生きると言います。ですが、日本では冬の寒さが原因で1年で枯れてしまいます。花が咲かないのは、気候の問題が大きいのでしょうか。

うーむ。やはり日本で野菜のすべてを知ることは難しそうです。いつの日か、野菜の花と実、種を探し求めて世界旅行に出かけないといけないですね。

なんだかウズウズしてきました。野菜の観察の日々は、これからもまだまだ続いていきそうです。

コラム

芋ってなに？ ー野菜と植物の違いについてー

じゃがいも、さつまいも、里芋と三種類の芋を観察しました。芋の種類は他にもまだたくさんあります。たとえば菊芋。これは地下茎を食べる芋で、その名の通り、菊の花が咲きます。他にはアピオス。馴染みがないかもしれませんが、北米原産の芋で、育てるとなんとマメの花が咲きます。それから長芋ならつるから複数の花が立ち上がり、小さな白い花をいくつも付けるというように、どれもこれも違うタイプの花を見せてくれます。違う花が咲くということは、その科が異なるということなので、芋と科を対応させてみると、下記のようになりました。

地下部にある太ったものを食べるというだけで、どれも「芋」と括っていますが、じつはその芋は根っこだったり地下茎だったりして、食べる部分が異

菊芋：キク科

アピオス：マメ科

他にも… じゃがいも：ナス科　さつまいも：ヒルガオ科　里芋：サトイモ科　長芋：ヤマノイモ科

なっています。そして、それだけではなく、そもそも科だって違うのです。このことはわたしにとって大きな発見でした。なぜなら、ここにこそ「野菜」と「植物」の違いがあると思ったからです。

野菜として芋を見るとき、主役は芋ではなく私たち人です。人にとって地下にある太ったものは芋なのです。食べるときには、この芋がどんな風に大きくなって、地上部ではどんな花を咲かせるのかなんて、気にする必要はありません。栄養があるものが食べられればいいのです。

でも、植物として野菜を観察すると「芋」と括ってしまうことがなんと大雑把な方法かということに気が付きます。花を見れば一目瞭然。花以外の部分でも、菊芋は直立した茎が1m以上の高さになりますし、アピオスはつるで伸びていくなど様々な特徴があります。こんなに違うものを「芋」としてまとめていいはずがありません。野菜か植物か、どちらの目線で見るかによって、その姿は大きく変わり、どちらも正しい姿なのです。

じゃがいもを食べるときに、「よし、わたしはこれからナス科の芋を食べるぞ」なんてことをわざわざ思う必要はないですが、今食べているものが野菜であり、植物であるということをちょっとでも意識できると、その味や見え方、楽しみが増えるのではないでしょうか。

野菜プレートを食べる

夏のお野菜が美味しそうな姿で大集合しています。

カレー風味のポテトサラダ
小エビとピーマンの炒め物
小松菜のお浸し
なすの蒸し浸し
ミニトマト
おし麦入りご飯・みょうがの甘酢漬け
揚げ餃子

夏のプレート

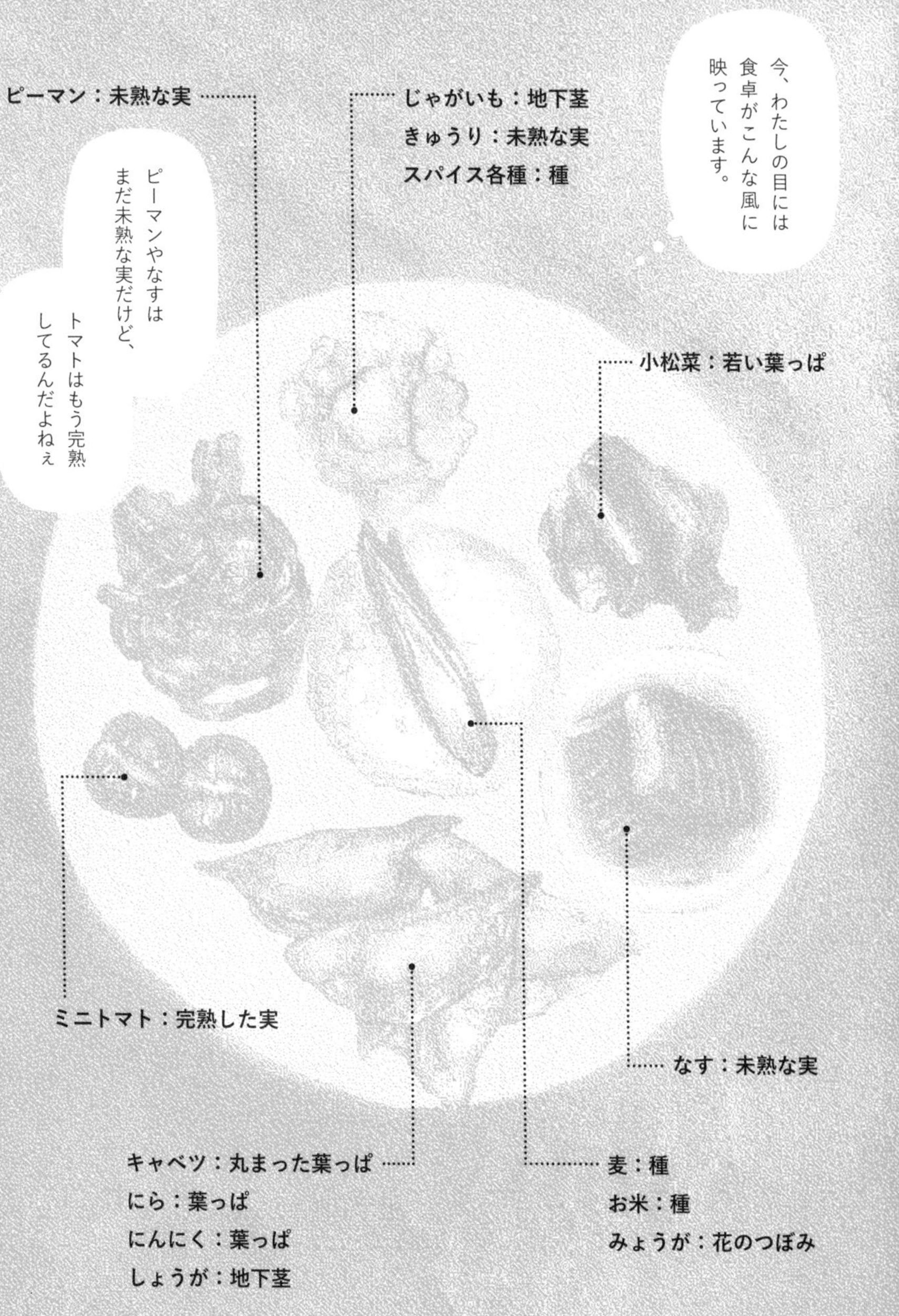
今、わたしの目には
食卓がこんな風に
映っています。
ピーマン：未熟な実
じゃがいも：地下茎
きゅうり：未熟な実
スパイス各種：種
ピーマンやなすは
まだ未熟な実だけど、
トマトはもう完熟
してるんだよねぇ
小松菜：若い葉っぱ
ミニトマト：完熟した実
なす：未熟な実
キャベツ：丸まった葉っぱ
にら：葉っぱ
にんにく：葉っぱ
しょうが：地下茎
麦：種
お米：種
みょうが：花のつぼみ

冬のお野菜たちも色とりどりでとってても美味しそう！
胚芽ご飯・
かぶの葉と炒り子の佃煮
きんぴらごぼう
茹でブロッコリー
かぶの
甘酢漬け
青大豆と
さつまいもの温サラダ
ロールキャベツ

冬のプレート

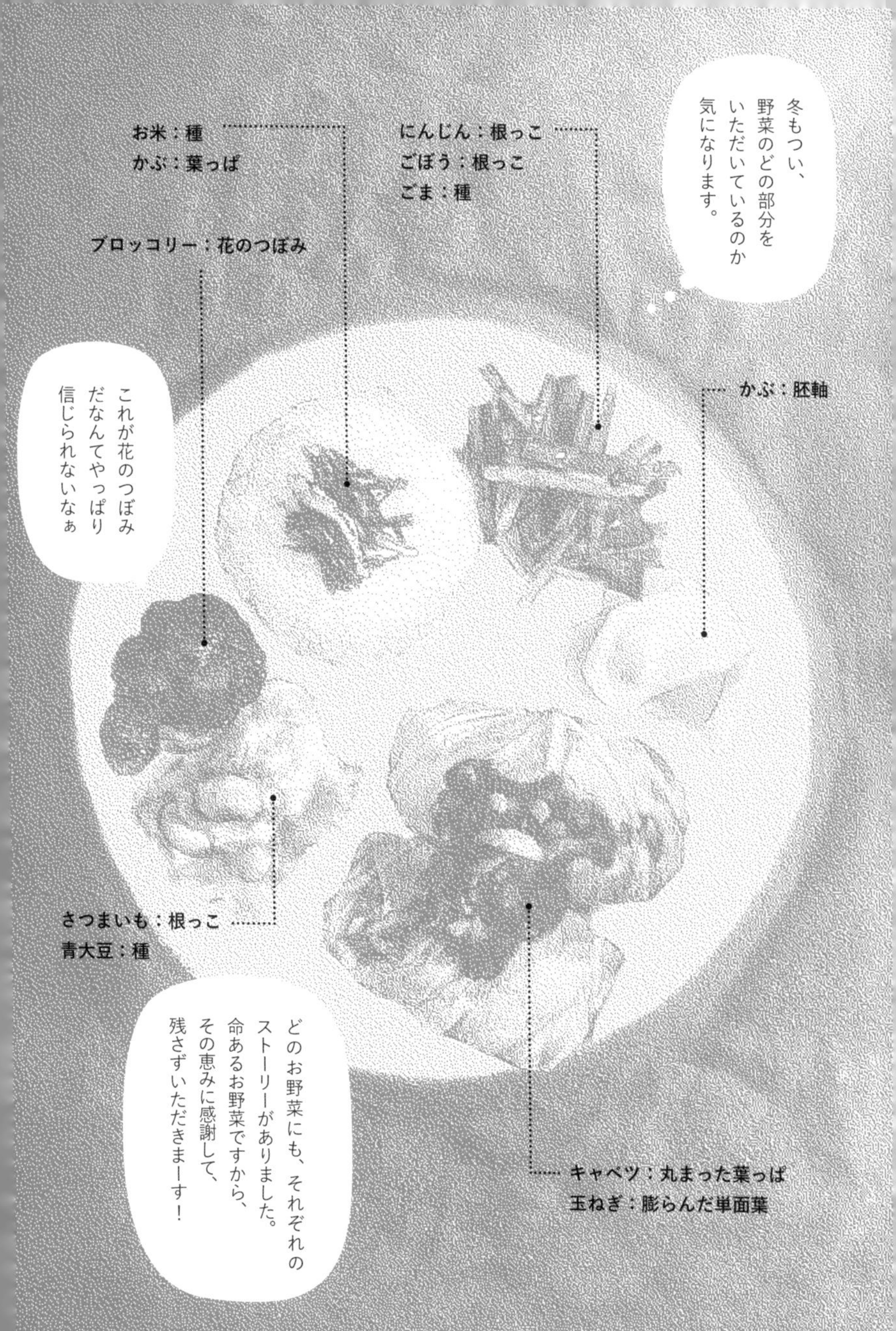
冬もつい、
野菜のどの部分を
いただいているのか
気になります。
お米：種
かぶ：葉っぱ
にんじん：根っこ
ごぼう：根っこ
ごま：種
ブロッコリー：花のつぼみ
これが花のつぼみ
だなんてやっぱり
信じられないなぁ
かぶ：胚軸
さつまいも：根っこ
青大豆：種
キャベツ：丸まった葉っぱ
玉ねぎ：膨らんだ単面葉
どのお野菜にも、それぞれの
ストーリーがありました。
命あるお野菜ですから、
その恵みに感謝して、
残さずいただきまーす！

おわりに

同じにらでも、畑に生えていれば「野菜」で、路上で見かけたら「植物」。この違いってなんなのだろう。そう考えながら観察を続けてきました。

わたしにとって違ったのは観察の方法です。これまで植物観察家として、街中に生きる植物を探して歩き回り、偶然の出会いを楽しんできました。路上で定点観察していた草が、途中で虫に食べられたり、誰かに踏まれたりしても特に慌てません。それが街に生きる植物の定めだとよく知っているからです。

野菜の場合は何度も同じ場所に通って成長を見守ります。わたし自身の手で種をまいているので、途中で鳥に食べられたりすると慌ててしまいます。鳥よけの工夫や、成長に合わせて支柱を建てるなど、必要に応じて手助けをしていく。そうすることでやっと生育の過程を観察することができます。

その一生に人の手が関わっているかどうか、それが大きな違いだと感じました。

人が関わっているものが野菜であるならば、野菜とは文化そのものであるとも言えるのではないでしょうか。それぞれの野菜には原産地があり野生植物として生きていたときがあります。人にとって有用だと思われた植物は、世界各地で選抜され交配され、その姿をどんどん変えていき、ついにはキャベツの結球のように、野生植物としては考えにくいつくりをした野菜まで生みだされたのです。品種改良の歴史には、多くの人の苦労や喜びがあったのだろうと想像できます。何気なく口にしている野菜は、当たり前に与えられているものではなく、先人たちが工夫して作り上げてきた文化そのものだったのだということに気付かされました。

野菜と植物には共通点もあります。それは、どちらも命であるということです。種からは芽が出て花が咲き、やがて実へと姿を変えていきます。その実の中にある種からは、また次の一生がはじまるのです。当たり前ですが野菜も植物も、自分で移動することができません。芽生えた場所で暑さや寒さに耐え、虫に食べられながら成長していく……種からはじまり種へと還ってくる命のストーリーは見ているだけで感動的でした。

そして、人もまた命です。人という命が、野菜という命をいただいて生きている。観察を通して、そんな生の原点のようなところにまで思いがけず立ち返ってきたような気持ちでいます。食事をするときに何気なく用いる「いただきます」という言葉も、今ではまるで違う響きを持つものに変わりました。文字通り、わたしは毎日、命を「いただいて」生きていたのです。

私たちが囲む食卓に上がる野菜の背景には、それを育てる農家さんがいらっしゃいます。そして、その野菜は土壌で育まれています。季節の移り変わりや天候の変化、土の中に息づく微生物や虫、そして地上の動物などが複雑に関わりあうことで成長するお野菜。人々の生活はずっと昔からそうした自然のサイクルと農の営みによって支えられてきました。その記憶が無意識に刻まれているのか、忙しい日々の中でたまに土に触れると、なにかとても安心した気持ちにさせられることがあります。

ぜひ、読者の皆様も自分なりに野菜を育ててみてほしいです。畑や庭がなくても、小さめのプランターがあれば十分。もし上手に育てることができなくても落ち込む必要はありません。それは野菜が人工物ではなく、自然物である証拠なのです。初心者の方には、ラディッシュやルッコラなどのように、すぐに成長し、収穫しやすいものがおすすめです。

今回も多くの方にお世話になりました。コラムでもご紹介した清水農園さん、すどう農園さん、ほんだ自然農園さんの存在がなければこの本を書き切ることはできませんでした。どうもありがとうございます。前作の『そんなふうに生きていたのね　まちの植物のせかい』と同じチームでまた本作りができたことも嬉しかったです。最後の野菜プレートの料理写真に協力してくれたパートナーの千尋さん、娘の詩もありがとう。

撮り切れなかった野菜の姿がまだたくさんあります。カリフラワーの花はいつか咲かせてみたいですし、みょうがの実も見てみたい。空心菜の水耕栽培を見に東南アジアにもいかないといけません。たくさんの宿題が残っています。わたしのお野菜観察はまだまだ続いていきそうです。

穏やかな春の午後、庭に咲く大根の花を見ながら

令和三年四月八日　植物観察家　鈴木純

参考文献

日本の野菜 ―青葉 高 著作選 Ⅰ― 青葉高／著 八坂書房 2000年

野菜 在来品種の系譜 青葉高／著 法政大学出版局 1981年

サラダ野菜の植物史 大場秀章／著 新潮社 2004年

小学館の図鑑 NEO 野菜と果物 板木利隆 畑中喜秋 三輪正幸 吹春俊光 横浜康継／監修 真木文絵 石倉ヒロユキ／企画 小学館 2013年

ゲッチョ先生の野菜探検記 盛口満／著 木魂社 2009年

花からわかる野菜の図鑑 たねから収穫まで 亀田龍吉／著 文一総合出版 2016年

白菜のなぞ 板倉聖宣／著 仮説社 1994年

科学のアルバム イネの一生 守矢登／著 あかね書房 1973年

科学のアルバム ジャガイモ 鈴木公治／著 あかね書房 1981年

科学のアルバム・かがやくいのち（9） ダイズ 豆の成長 中島隆／著・写真 白岩等／監修 あかね書房 2012年

科学のアルバム・かがやくいのち（16） サツマイモ いもの成長 亀田龍吉／著・写真 白岩等／監修 あかね書房 2013年

絵でわかる植物の世界 大場秀章／監修 清水晶子／著 講談社 2004年

観察する目が変わる植物学入門 矢野興一／著 ベレ出版 2012年

はじめての植物学 ―植物たちの生き残り戦略 大場秀章／著 筑摩書房 2013年

野外観察ハンドブック 写真で見る植物用語 岩瀬徹 大野啓一／著 全国農村教育協会 2004年

図説 植物用語事典 清水建美／著 梅林正芳／画 亘理俊次／写真 八坂書房 2001年

週刊朝日百科 植物の世界 2・25・45・46・54・73・84・117・121 岩槻邦男 大場秀章 清水建美 堀田満 ギリアン・プランス ピーター・レーヴン／監修 朝日新聞社 2013年

プロフィール

鈴木 純（すずき・じゅん）

植物観察家。1986年、東京生まれ。東京農業大学で造園学を学んだのち、青年海外協力隊に参加。中国で2年間砂漠緑化活動に従事する。帰国後、仕事と趣味を通じて日本各地に残る自然を訪ね歩き、2018年にフリーの植物ガイドとして独立。主に街中を舞台にした植物観察会を多く開催している。現在は、保育や教育の現場に赴くことが多く、雑誌・新聞・テレビ番組の製作協力なども行う。著書に『そんなふうに生きていたのね　まちの植物のせかい』（雷鳥社）

種から種へ　命つながるお野菜の一生

2021年6月22日　初版第1刷発行
2023年5月10日　　　第2刷発行

文・写真　鈴木純

デザイン・イラスト　窪田実莉
協　力　鈴木千尋／田村知子
編　集　林由梨

発行者　安在美佐緒
発行所　雷鳥社
〒167-0043　東京都杉並区上荻2-4-12
電話　03-5303-9766
FAX　03-5303-9567
http://www.raichosha.co.jp
info@raichosha.co.jp
郵便振替　00110-9-97086

印刷・製本　シナノ印刷株式会社
箔押し加工　有限会社 真美堂手塚箔押所

PRINTED IN JAPAN.　ISBN 978-4-8441-3776-4